KB102982

엄마가 한 말이
모두 사실일까

El poder del discurso materno

By Laura Gutman

엄마가 한 말이
모두 사실일까

Laura Gutman : El poder del discurso materno

라우라 구트만 지음＊김유경 옮김

르네상스

일러두기

1. 각주는 모두 옮긴이 주이며, 본문 중 괄호 안의 글은 모두 저자가 쓴 것이다.

2. 본문에서 언급하는 단행본은 국내에서 출간된 적이 없으므로 최대한 원제와 가깝게 번역하고 원제를 병기하였다.

나의 아이들 미카엘, 마이아라, 가이아에게

이 책을 처음 출간한 이래[*] 내 의견과 해석에 더 분명한 확신이 생겼다. 과연 논란의 여지가 없다고 여길 만한 것이 있을까? 물론, 있다. 어머니가 위대하고 희생적인 분이라는 생각이다. 정말 사실일까? 어머니의 내적 경험만 보면 의심의 여지가 없다. 그러나 우리가 어렸다는 게 문제이다. 그때는 감각적이고 신체적인 만족을 주는 어머니의 다정한 보호와 따뜻한 사랑이 필요했다.

그러나 우리는 그것을 제대로 받지 못했다. 어린 시절 우리는 심리적으로 다양한 형태의 폭력과 두려움, 애정 결핍, 복종, 외로움을 경험했다. 그러나 어린 시절에 겪은 일들은 세세히 기억하지 못하고, 떠올리려고 해도 잘 안 된다. 반면에 어머니가 말한 내용은 잘 기억한다. 우리가 어떤 아이인지 설명하고 평가한 말은 물론이고 어머니의 괴로움과 희생, 어려움까지도 기억한다. 아마도 어머

니는 우리에게 똑똑하다, 성숙하다, 잘한다고 칭찬하거나 또는 반대로, 말을 잘 안 듣고 쓸데없는 요구를 한다고 화내며 나무랐을 것이다. 어쨌든 우리의 기억은 어머니 혹은 길러 준 사람의 말을 바탕으로 형성된다.

이 책에는 그 증거들이 담겨 있다. 나는 수십 년간 이 일을 하면서 유년 시절 기억을 확인하는 과정이 결코 쉽지 않음을 깨달았다. 가장 큰 장애물은 오랫동안 쌓인 어머니에 대한 **정서적 충성심**이다. 그렇다면 어떻게 유년 시절을 확인할 수 있을까? 내가 선택한 방법은 바로 '**휴먼 바이오그래피**_Human biography_' **작성***이다.

만일 우리가 어머니의 말을 듣고 그대로 따른다면, 어머니가 믿는 대로 믿고 생각하는 대로 생각할 가능성이 높다. 실제로 우리는

---

* 저자가 원문에서 사용한 단어인 'construcción'은 '구성' 또는 '구축', '조직'이라는 뜻이지만, 이해하기 쉽게 '작성'으로 번역하였다.

어머니상에 문제를 제기하는 자체를 꺼린다. 그것은 어머니를 존경하지 않는 행위이며, 무엇보다도 이제까지 키워 주신 수고와 희생을 **배신**하는 행위라고 생각하기 때문이다. 그렇다면 정말 어머니가 많은 것을 해주고 희생했을까? 어머니 입장에서 보면 당연히 그렇다. 분명히 최선을 다했을 것이다. 어머니에 대해 문제를 제기하거나 의심하는 것을 참지 못하는 이유는 마음속에 있는 엄청난 충성심 때문이다. 이런 반응은 지속적인 위협과 버림받을지 모른다는 두려움 속에서 오랫동안 형성된 무의식적 약속 때문이다. 어머니와 최초로 합의한 것은 바로 "나와 함께 있으면 절대 나쁜 일이 안 생길 거야."였다. 이 말 속에는 "나를 떠나 자유를 찾는다면, 널 보호해 주지 않을 거고, 그러면 넌 위험해질 거야."라는 뜻이 숨어 있다.

어린 우리에게는 선택의 여지가 없었다. 물론 어머니의 보호가 필요했지만, 그것은 **어떤 조건이 없는** 보호여야 했다. 자녀는 키워준 대가로 뭔가를 갚아야 하는 존재가 아니다. 여기에서 세대 간 불협화음이 생겨나기도 한다. 어린 시절에 결핍된 사랑 때문에 정서적으로 아이에 머물러 있던 어머니들은 어린 우리에게 확고한 **충성**을 통한 동맹을 강요했다. 그래서 어머니를 따르지 않고 우리 스스로 뭔가를 하려는 생각조차 배신행위로 여기게 되었다.

　이 책에는 우리도 모르는 사이에 앞길을 막는 장애물들이 나온다. 이것들은 우리를 꼼짝 못 하게 하거나, 문제를 일으키도록 생각을 사로잡고서 끝까지 어머니를 옹호하게 한다. 그러나 무엇이 좋고 나쁘고, 맞고 틀리고는 없다. 이 책은 누군가를 판단하거나 특정 기준을 강요하려고 쓴 게 아니다. 따라서 좋은 사람이 되거나 좋은 일, 좋은 생각을 하는 방법을 제시하지 않는다. 나는 다양한 연구와 저술을 통해 객관적인 **실제 현실** *real reality*에 접근하는 방법을 제시하고 싶었다. 과거에 일어난 일, 그것 때문에 했던 행동, 그리고 지금 하는 행동을 이해하는 능력을 키우는 것이 목적이다. 그렇게 된다면 궁극적으로 우리가 원하는 대로 생각하고 행동할 수 있게 될 것이다.

미리 판단하지 않고 실제 현실에 접근하는 이 의미심장한 일을 하려면 먼저 **어머니가 한 말과 우리가 주관적으로 경험한 것의 차이**를 분명하게 파악해야 한다. 예를 들어, 어른들은 아이들이 뭔가를 요구하거나 받을 자격이 없다고 생각하는 것 같지만, 아이들은 늘 원하는 게 있다. 보통 아이들은 무엇을 요구할까? 아이들은 원래 만들어진 인간 본연의 모습대로 대우받기를 원한다. 그러나 어머니(그리고 어머니들이 이룬 문명)는 아이가 그저 착하고 조용하기만을 바란다. 아이들은 본래 이리저리 움직이고 바쁘게 뛰어다니는 존재인데도 말이다. 다른 예를 들어 보자. 어머니(그리고 어머니 주변의 모든 환경)는 아이들에게 뭔가를 하지 못하도록 제한해야 한다고 생각한다. 그러나 포유류의 특성을 타고난 아이에게는 어머니의 사랑과 보호, 정서적 교감, 함께하기, 민감함, 지속성 등이 끝없이 필요하다. 태어난 순간부터 그런 것들이 공기처럼 늘 필요하다. 그러나 문명은 인간의 본성을 거스른다. 그런 중요한 본질을 별로 중요하게 여기지 않기 때문이다. 여기에서 말과 실제 사이의 괴리감이 생긴다. 바로 거기에서 우리를 덮친 **생태학적 재앙**이 시작되었다.

인류 역사에는 인간 본연의 모습과 그것을 거스르는 문명이 공존한다. 정해진 문명은 원하는 결과를 얻기 위해 목적을 강화하는 쪽으로 현실을 해석할 것이다.

나는 이 고랑 속에서 벗어나 자율적으로 생각하는 게 쉽지 않다는 것을 강조하기 위해 이 글을 쓴다. 고랑 밖에서 실제 상황을 바라보는 것조차 비범하고 용기 있는 행동처럼 보일 정도로 쉽지 않다. 게다가 어머니에 대한 배신이고 절대 용서받지 못할 행동이라는 생각까지 한다면 더욱 그 안에서 벗어나기 어렵다.

이 책에는 여러 세대에 걸쳐 낡고 착색된 렌즈를 끼고 현실을 바라본 결과도 적혀 있다. 나는 독자들에게 폭넓고 논리적이며 편안한 시선으로 다가가고 싶다. 물론 이 내용이 불편한 독자도 있겠지만, 나에게는 언제나 진실에 더욱 다가간다는 확신이 있다. 우리가 누구인지, 무엇을 가졌는지에 대한 진실, 즉 인간의 진짜 진실 말이다.

2016년 3월, 라우라 구트만

옮긴이의 말

라우라 구트만은 스페인 언어권을 비롯하여 유럽, 미국에 이르기까지 세계적으로 유명한 가족 심리 상담 전문가이자 열 권 이상의 베스트셀러를 쓴 인기 작가이다. 라캉과 함께 프랑스를 대표하는 정신분석가인 프랑수아즈 돌토의 제자이며, 자연주의 출산에 영향을 준 미셸 오당의 제자이기도 하다.

라우라 구트만이 개발한 '휴먼 바이오그래피'는 유년기부터의 경험을 조작이나 왜곡 없이 논리적으로 정리하는 개인 탐구 기법이다. 이는 몰랐던 진실, 즉 자신의 본질과 만나려는 간절한 노력이다. 이 과정에서 어머니가 한 '말'의 영향력을 강조하는데, 여기에서 어머니의 말은 단순한 단어나 표현이 아니라 서술 전체, 즉 이야기를 뜻한다. 그 '말'의 진의를 이해하고 현재에 끼치는 영향을 깨달을 때, 더 넓은 통찰력으로 타인을 이해할 수 있게 된다.

수많은 사람들이 라우라 구트만의 저서를 읽거나 강연을 듣고 삶에서 어려운 문제들을 해결할 힘을 얻었다고 말하며 그녀에게 열광한다. 이제 우리나라에 처음으로 라우라 구트만의 저서를 소개하며, 우리 독자들이 더 나은 선택을 하는 데 이 책이 도움이 되기를 바란다.

2019년 5월, 김유경

차 례

1 _ 누군가 벌어지는 일을 말하다

2 _ 어머니의 말

3 _ 거짓 자아의 말

4 _ 흔한 이야기

몇 가지 관련 설명

　강연이나 세미나를 하다 보면 주제나 내용보다 나한테 관심이 더 많은 사람들이 있다. 그들은 내가 한 번 더 봐주고 웃어 주며 안아 주길 바란다. 실제로 내 강의에 등록할 때 돈을 더 많이 내면 나와 따로 이야기할 수 있는지 물어보기도 한다. 그러면서 마치 산타를 기다리는 아이처럼 나를 간절히 만나고 싶어 한다. 우리는 종종 타인에게 마법의 힘을 투사하거나, 직접 마법사로 변장하는 사람들도 있다. 일부는 만족감을 얻으려고, 일부는 자신이 진짜 마법사라고 믿기 때문에 그렇게 한다. 그러나 사실상 우리는 자기 일에만 마법을 부릴 수 있다. 문제는 우리가 해야 할 일을 타인에게 맡기고 싶어 한다는 사실이다.

　내가 마법사 놀이를 함께한다면, 진짜 전하고 싶은 내용을 놓치게 될 것이다. 이 책에서는 **휴먼 바이오그래피 작성**과 관련된 상담 사례들을 들어 설명할 것이다. 나는 휴먼 바이오그래피 작성 방법을 잘 가르칠 수 있게 된 동시에, 도움이 필요한 많은 사람의 개별 과정을 도우면서 빈틈없이 정확하게 일하는 특별한 전문가를 양성하는 방법도 알게 되었다. 수년간 이 일을 하면서 얻은 경험을 글로 정리하는 것이 내 인생의 목표 중 하나이다.

나는 대부분 사람들이 안고 있는 큰 장애물이자 인간 행동을 전반적으로 이해하는 데 필요한 핵심 열쇠가 **어머니가 한 말의 힘** 때문에 우리에게 남아 있는 유아기적 복종이라고 생각한다. 우리는 특정 안경을 끼고 하는 말(어머니의 말)을 계속 듣다가, 그것을 삶을 보는 유일한 안경으로 선택했다. 세상을 이런 식으로 계속 '보면' 오랫동안 거기에 맞는 명령과 편견, 두려움, 도덕, 철학적 개념, 종교, 비밀을 따르거나 갖게 되고, 결국 삶이 황폐해진다. 자신이 누군지도 모른 채, 그저 그 기준에 따라 **무턱대고 무엇이 옳고 그른지만 질문한다.**

과거를 돌아보는 과정을 거치면 어려운 일이 생길 때 맞서 싸울 힘을 얻을 수 있다. 물론 길고 고통스러운 여정이지만 분명 가치 있는 일이다. 그러나 이 과정은 힘들고 사람마다 느끼는 강도도 다르기 때문에, 수년 전부터 나는 이 문제를 풀 간단하고도 정돈된 방법을 찾으려고 애써 왔다. 개인 개발 과정과 상담, 질문들, 어두운 실체와의 자기대면 등을 통한 다양한 경험은 과거의 경험을 찾으려고 하나의 이론만 따라가는 것보다 더 풍성하고 가치 있다. 따라서 과거를 돌아보는 과정에 대한 이야기를 나누기 전에 먼저 내가 30년 넘게 이 일을 하면서 이 책에 담긴 내용을 어떻게 정리해 왔는지를 독자들에게 간단하게 밝히는 게 좋을 것 같다.

나는 어머니의 **행동과 말**처럼 사회적으로 소홀히 다루지만, 보이지 않는 수많은 문제를 일으키는 인간의 행동을 연구한다. 이것은 모든 어머니의 약점이고, 나는 이 부분에 대해서 깊이 공감한다. 나 역시 어머니가 되기 전은 물론이고 지금도 그런 약점이 있다. 그래서 어린 자녀를 품에 안은 어머니들을 도와주고 지원하며, 그들이 갖는 모든 양가감정을 설명해 주는 게 내게는 당연하고 자연스러웠다. 그것이 내가 이 일을 시작한 이유이다. 내 두 아들은 내가 프랑스 파리에 살 때 태어났다. 그곳에서 나는 확실히 프랑스 사람들이 라틴아메리카 사람들보다 더 많은 정서적 거리감을 느끼고 그것 때문에 고통스러워한다는 걸 느꼈다. 그 당시는 모유 수유가 별로 유행하지 않았고 일부 소아과 의사들만 그 방법을 인정하던 때였다. 따라서 나는 출산 과정에서 일어나는 학대와 모유 수유의 어려움을 경험하고 지켜본 증인이다. 젊은 시절 나의 이상과 타지 생활, 페미니즘 물결, 68년 프랑스 5월 혁명 이후 장수식*과 자유주의 이념이 광풍처럼 나타난 진보적인 동양 사조들 틈바구니에서 나는 지켜야 할 정당한 이유가 있는 모든 곳에 깃발을

---

*건강을 위한 식사나 식이요법을 말한다.

올렸다. 아무도 나를 막을 수가 없었다. 그러나 수많은 일 중에서 모유 수유 지지만이 좋은 성과를 거두었다. 아무튼, 나는 젊은 시절에 주로 그런 일들을 했다.

이후 부에노스아이레스로 돌아와서는 '어머니 지원' 업무를 시작했다. 물론 누군가를 돕는 일은 늘 옳다. 여성들은 출산 기간에 많건 적건 모두 절망을 느끼고, 이상하고 균형이 깨진 듯한 느낌을 받기 때문에 이들을 위한 지원은 어디에서나 환영받았다. 그렇게 수십 년간 여성들과 일하다가 이후에는 남성들의 참여도 차츰 늘어났다. 진실한 마음으로 공감하고 긍휼히 여기며, 사랑을 품고 마음을 열자 많은 사람이 다가왔다. 그러면서 나는 이 일에 뿌리 깊게 숨겨진 장애물이 있다는 사실도 깨달았다. 그것은 오늘날 이 사회에서 어머니로서 겪는 어려움보다는 각자가 삶을 바라보고 살아가는 방식과 관련이 있었다.

이 일 초반에는 아주 조심스럽게 유년 시절의 기억을 바탕으로 하는 조사 시스템을 만들었다. 그러나 기억이 개인의 진실에 다가가는 데 별 도움이 안 된다는 사실을 깨달았다. 그 기억이 거의 늘 다른 뭔가에 **물들어** 있었기 때문이다. 그래서 나는 방향을 바꿨다. 그러면서 유년기 기억에 접근하는 일이 마치 40년간 방치되어 뒤죽박죽 어지럽혀진, 더러운 걸레들이 가득한 방을 도구 없이 청소하는 것처럼 매우 어려운 과제임을 절실히 느꼈다. 마법 도구라도 써서 지저분한 방을 번쩍이는 공주님 방으로 만드는 게 시급했지만, 이 과정에서도 도움이 안 되는 것을 버리고 또 도움이 될 만한 것을 한쪽에 모아 두도록 판단할 만한 기준이 없었다. 이것은 모든 사람의 삶에서 공통으로 나타나는 현상이었다.

또, 나는 문제를 급박하게 해결하려는 태도에도 주목했다. 준비를 더 많이 하면 할수록 이 일을 더 급하게 진행하거나 처리하려는 경향이 두드러졌다. 그러나 결국, **급박함은 병원 응급실이나 소방서 일에만 필요한 특징**임을 깨달았다. 보통 우리가 다루는 개인의 문제들은 삼사십 년 혹은 오십여 년에 걸쳐 생겨난 것들이다. 그런 일들을 분석하고 해결하는 데도 그만큼 시간이 필요하다. 즉, 우리 '과정'은 급하게 진행할 수 없는, 시간이 필요한 일이다.

그 당시 이런 문제를 더 급하게 해결하려는 사람들은 자기 자신을 들여다볼 준비도 안 하고 그저 마법 해결책을 찾는 데만 혈안이었다. 그러나 나는 시간 개념이 매우 주관적이고, 상상하는 해결책이 사람마다 다르다는 사실도 조금씩 깨달았다. 초조해하거나 절망할 필요가 없었다.

수년이 지난 후 나는 연구를 바탕으로 책을 한 권씩 펴냈다. 여전히 반응이 가장 뜨거운 책은 『모성과 자기 그림자의 만남*La maternidad y el encuentro con la propia sombra*』이다. 이 책은 여성인 나 자신을 알기 위해 쓴 책이다. 이 책을 읽은 사람들을 통해 '이건 나한테도 일어났던 일이다, 누군가에게 이해받는 느낌이 들었다, 작가가 우리의 모든 문제를 정확하게 해결할 수 있을 것 같다……'는 의견들을 들었다. 가장 자주 들은 의견은 "만일 누군가 나처럼 느끼고 생각한다면, 그 사람이 내린 결론도 내게 딱 맞을 것이다."였다. 비록 책 한 권에 불과하지만, 어린 자녀를 키우는 많은 어머니들에게 위로가 되고, 수많은 여성이 '구원'을 받은 것 같은 경험을 했다고 말하는 것을 들었다. 특히, 산욕기[*]에 생각이 수없이 변하고 심리적으로도 많은 어려움을 겪기 때문이다. 또, 다른 사람의 의견을 듣고 스스로 잘 지내고 있다는 안도감을 느끼고 싶어 하는 심리에 대해서도 어렴풋이 알게 되었다. 안타깝지만 그런 안도감을 느끼면, 더는 자기 자신을 이해하는 데 관심이 없어진다는 것도 확인했다.

물론 같은 생각을 하는 사람과 만나는 건 즐겁지만, 그것은 문제 해결에 **아무런 도움이 안 된다**. 그저 나와 함께하는 사람이 조금 더 많아졌다고 느낄 뿐, 그 이상도 그 이하도 아니다. 내면 깊은 곳을 폭로하고 밝히는 일은 **그림자의 통합**^{**}을 목표로 한다. 자기 그림자와 만나는 모든 과정에 동반되는 방법론과 철학과 언어, 시스

[*] 분만 후 모체가 임신 전 상태로 회복될 때까지 걸리는 기간.

^{**} 융의 분석심리학적 입장에서 볼 때 그림자 통합은 거부되고 억압된 그림자를 인식하고 자아의식에 통합하는 것으로 이때 건강하고 창조적인 힘을 발휘할 수 있다.

템과 메커니즘은 이후에 의식적 혹은 무의식적으로 결정할 때 하는 선택과 책임을 이해하는 데 도움이 될 것이다. 결국, 우리만이 우리의 삶을 만들어 갈 수 있으며, 그 누구도 대신해 줄 수가 없다. 따라서 우리와 상관없는 일은 우리 삶에서 일어날 수 없다. 우리가 만든 일 때문에 고통스럽다면, 어떻게 그런 일이 생겼는지 이해하는 것도 우리에게 달려 있다. 여기에는 타인의 **어떤 조언도 도움이 되지 않는다**는 사실을 분명히 이해하길 바란다.

나는 고통을 덜어 주는 마법사가 되어 달라는 요청을 많이 받았지만, 들어주지 않았다. 분명히 말하지만, 나는 그런 일을 믿지 않는다. 대신 수십 년간, 개인의 정서적 현실*emotional reality*[*]에 접근하는 방법론을 다듬어 나갔다. 정말 어려운 숙제였다. 우리는 모든 일에 각자 의견이 있고, 특히 우리 자신에 대해서는 더 많은 의견이 있기 때문이다. 또한, 상담사의 역할이 문제의 과정을 밝혀내는 **탐정**에 불과하다는 사실을 분명하게 인식시키는 것도 어려운 일 중 하나였다. 상담사가 하는 일은 정보를 취합해서 맞지 않는 것은 버리고 부족한 부분은 채워서 내용을 재정리하고 분명하게 밝히는 것이다. 또한, 카메라 줌을 당기거나 늘리듯 그 내용들을 가까이 혹은 멀리 그리고 모든 각도에서 보는 일이다. 그러고 나서 내담자와

---

[*]자신과 주변 환경에 대한 평가를 바탕으로 인식하는 주관적 세상으로 외부 세상을 보는 틀이다. 기질과 물질대사, 경험에서 파생된 일종의 습관적 자동 조절 장치로 자연스럽게 만들어진다.

함께 그 내용을 대조하면서 확인해 나간다. 이것은 궁극적으로 내담자의 삶을 다루는 일이기 때문이다. 결국, 내담자 자신만이 자기 삶의 이야기와 집단, 가족 구조, 삶의 무대 등을 그린 '도표'를 바라보며 '맞고', '틀리고'를 판단할 수 있다.

이런 의미에서 상담사가 **꼭** 많은 것을 알 필요는 없다. 또한, 상담사는 우리 삶에서 벌어지는 모든 일에 어떻게 대처해야 하는지 물어볼 대상도 아니다. 그들은 그저 이 일에 대한 특정 방법론을 훈련받은 사람들이다. 상담사는 내담자의 기억과 감정을 정돈하고, 유년 시절에 어떻게 불렸는지, 왜 침묵하게 되었는지를 깨닫도록 정리하는 일을 도와줄 뿐이다. 즉, 옆에서 삶의 무대 전체를 볼 수 있도록 도와주는 사람이다. 결과적으로 삶의 조각들이 적합한지 확인할 사람은 바로 자신이다.

내가 이 책을 쓴 목적은 우리가 일상에서 하는 선택들을 이해하고, 더 나은 선택을 하는 데 도움이 되도록 휴먼 바이오그래피 작성 과정과 일상생활에서 맡은 배역을 찾는 방법, 특정 말을 한 사람과 내용 확인, 개인 탐구 과정을 돕는 방법 등을 설명하기 위해서이다. 분명 나는 5년 이내에 또 다른 방법으로 이 일을 하게 될 것이다. 왜냐하면, 이 일이 참여하는 사람들에 따라 순간순간 변하는 매우 역동적인 일이기 때문이다. 게다가 요즘은 인터넷을 통해 변화하는 속도가 더 빠르기 때문에 이 책이 발간될 때쯤에는 일하는 방식이 또 다양하게 변할지도 모르겠다.

따라서 이 일에서는 옳고 그름이 중요하지 않다. 나는 뭔가에 찬성하거나 반대하려는 사람이 아니다. 여기에서는 우리의 행동과 분노, 두려움, 경직성의 논리를 더 잘 이해하는 것이 핵심이다. 만일 우리의 안이 아닌 밖에서 조화를 찾는다면 결국 아무것도 찾지 못하고, 기껏해야 동맹자를 만나는 것으로 만족해야 할 것이다. 그러나 그런 건 이 일에 전혀 도움이 안 된다.

이 일을 설명하기 위해 여러 곳을 방문하다 보면, 이전에 이미 이삼일 혹은 그보다 더 오랫동안 집중적으로 내 이야기를 들었던 수백 명의 사람을 만나게 된다. 그들은 내게 가끔, "라우라, 유아나 아동이 부모와 한 침대에서 자는 것을 어떻게 생각하나요?"라고 질문을 던진다. 그리고 백신 접종이나 식생활, 경제, 전통적 정신분석, 정치 등 수많은 것들을 질문한다. 물론 나도 다른 사람들처럼 나만의 의견이 있다. 그러나 그들에게 내 의견이나 삶의 방식은 하나도 중요하지 않다. 내 의견은 내 일이고 내 그림자와 관련 있기 때문이다. 내 것은 다른 사람의 그림자나 빛과 상관이 없다. 그러나 그들은 내가 다 알고 있고, 내 말이 다 맞다고 생각한다. 물론 부분적으로 맞을 수는 있다. 하지만 마치 그들은 자기 의견에 반대하는 사람들과 논쟁할 준비를 다 해놓고 이런 질문을 던진 것처럼 전투적이다. 다시 말하지만, 그런 논쟁은 쓸데없는 짓이다. 이것은 그저 전쟁에서 이겨야만 계속 살아갈 이유를 느끼는 배역처럼, 그 역할을 지속하려고 하는 행동일 뿐이다. 만일 우리가 그런 배역을 맡고 있다면, 그 세상에서 계속 미끼를 던지며 황폐하게 살아갈 게 아니라 그것을 벗어 버려야 한다.

수십 년간 이 일을 하다 보니 나와 함께할 수 있는 준비된 새로운 전문가들도 계속 늘어나는 추세다. 따라서 교육 방법도 계속 변하는데, 날마다 실습과 경험이 쌓이면서 사랑과 지식으로 다가가는 새로운 방법들이 계속 열리기 때문이다.

독자들이 너무 환상을 갖지 않도록 부에노스아이레스에서 내가 맡은 '전문 상담사 양성 학교'가 어떻게 운영되는지 잠깐 설명하겠다. 많은 사람이 이곳에 들어오고 싶어 하지만, 끝까지 이수하려면 많은 인내심이 필요하다. 내가 이런 설명을 하는 이유는 운영하는 곳을 광고하기 위해서가 아니다. 다만 나와 함께 일하는 전문가들이 이 학교에서 교육을 받았고, 이곳의 기본 연구를 바탕으로 일하며, 휴먼 바이오그래피 작성 방법론을 실습하는 교육을 받았다는 사실을 많은 독자에게 알리기 위해서이다. 물론 내 방법론이 최고는 아니다. 그러나 이 방법이 훌륭하고, 많은 사람에게 도움이 되는 방법인 것만은 확실하다.

나는 인터넷을 통해 전 세계 여러 장소에 이 학교의 '지점'을 열어 달라는 요청을 무수히 받았다. 그러나 개인 또는 그룹을 돕는 법을 배우는 것은 지점만 연다고 해결되는 게 아니다. 따라서 우선 이 학교에서 무슨 일을 하는지 가능한 한 자세히 설명하려고 한다.

상담 전문가 양성 교육 과정의 첫해는 매우 단순하다. 모든 수업은 내가 진행한다. 동시에 학생들은 그룹 실습을 해야 한다. 각 그룹에 속한 두 명의 전문가가 **각 학생의 휴먼 바이오그래피** 작성을 1년 내내 도와준다. 일부 학생이 휴먼 바이오그래피를 작성하는 동안 나머지 학생들은 이 과정을 함께 지켜본다. 대부분 학생은 이미 다른 직업을 가진 전문가들이라서 자신의 지나온 이야기를 되돌아보는 일, 즉 '자신을 드러내는' 시스템에 거부감을 느끼거나 더디게 반응한다. 그러나 자신의 배역과 선입견들이 이런 촘촘한 체에 걸러지지 않으면, '전문 교육'이 이루어질 수 없다. 보통 우리는 지성으로만 이론에 접근하려는 경향이 있다. 그러나 인간의 마음에 접근하는 가장 진실한 방법은 순차적 추론과 직관적 느낌에 집중하는 것, 즉 이 두 인간적 도구가 조화를 이루는 것이다. 따라서 처음 1년은 스스로 자신을 발견하고, 특히 유년기의 정서적 현실에 다가간다. 그리고 그때 자신의 유년기가 상상했던 것보다 더 결핍되고 외롭고 학대당한 시절이었음을 알게 된다. 왜 이런 과정을 거쳐야 할까? 그동안 아무도 그런 사실을 말해 주지 않았기 때문이다. 그래서 사실을 깨달은 학생들은 첫 번째로 충격을 받는다. 이 과정을 통해 자신이 알았던 내용보다 더 삭막하고 힘든 일을 겪었고, 심지어 자신도 모르게 상처를 그대로 드러냈음을 깨닫는다.

많은 사람이 이 과정을 거치면서 고통스러워한다. 그리고 재발견한 것들을 하나씩 살펴보는 데 많은 시간이 걸린다. 여기에서 재발견이라고 하는 이유는 사실 완전히 새로운 내용이 아니고, 자신에 대해서 아는 내용을 새로운 방법으로 관찰하고 새로운 말로 표현하는 과정이기 때문이다.

이 과정이 끝나면 의지와 열정이 있는 학생은 2학년 과정으로 올라간다. 자기를 드러내는 과정을 끝냈기 때문에 더 이상 자신을 속일 필요가 없다. 이제 각자의 '가족 도표'를 그리는 방법을 배우는 것에 집중한다. 현재뿐만 아니라 유년 시절의 전체 가족 장면들을 그려 보고, '외부에서' 그 모든 움직임을 관찰한다. 그리고 같은 학년 학생 모두가 동료들이 그리는 도표를 함께 살펴본다. 이렇게 모든 학생이 각자 삶의 이야기와 빛과 그림자에 '집중'한다. 어려움과 이성의 상실, 편견들이 휴먼 바이오그래피에 접근할 때 가장 큰 장애물이지만, 학기 말이 되면 이것들도 극복한다. 이 일을 시작하기 전에 학생들은 자신의 삶이 '폭로된다'는 생각에 가장 큰 두려움을 느낀다. 그러나 이 일을 마칠 때가 되면 자신의 고통과 방어기제, 방치 상태, 속이는 말을 어느 정도 확인했음을 깨닫는다. 무엇이 진실인지, 진짜 무슨 일이 있었는지 제대로 바라볼 준비가 되었다면, 자신의 이야기를 드러내는 데 부끄러울 이유가 전혀 없다. 이 집단적 경험이 끝나면 보통은 자신을 잘 표현하고 책임감 있는 사람이 되며, 함께한 모두에게 강력한 형제애와 연대감을 느끼게 된다. 자기 자신에 대해 더 많은 것을 이해하게 되었기 때문이다. 또한, 학생들은 개인 탐구 그룹에서 휴먼 바이오그래피와 연계하여 현재 겪는 문제를 다룰 때 발생하는 어려움에 대해서도 살펴본다.

이 과정을 잘 통과하면 2학년 과정이 마무리된다. 보통은 다른 사람을 돕는 일을 하고 싶다는 열정을 품고 이 과정을 시작하는 사람이 많은데, 이때쯤 되면 숫자가 많이 줄어든다. 학생들은 다른 사람의 변화를 끌어내려면 무엇보다도 자신의 내면을 관찰하는 것이 중요함을 깨닫는다. 물론 예상치 못한 일이 벌어지기도 한다. 그저 새로운 방법을 알아보려고 이 교육에 참여했던 사람들도 많은데, 그들은 그 목적보다는 자기 내면에 대한 지속적인 작업이 필요함을 깨닫는다. 그래서 그때부터 개인 관심사에 집중하게 된다. 또한, 아이러니하게도 오히려 처음에 개인적 호기심이나 더 나은 기분을 위해 또는 더 나은 자녀 양육법을 배우기 위해 이 여정을 시작했던 사람들이 자신의 소명과 생각을 정돈하는 법, 다른 사람들과 일하는 법을 계속 배우고 싶다는 강한 욕구를 느끼기도 한다.

이런 과정 중에 거의 대부분은 개인적 혹은 집단으로 **불쾌감과**

고통을 경험한다. 그렇게 자기 **그림자**를 찾아 간다. 그림자는 대개 그리 멋진 장면이 아닐 것이다. 임산부들을 돕겠다는 생각은 여전하지만, 미처 인식하지 못했던 자신의 슬프고 폭력적이며, 적대적인 정서적 현실에 다가간다.

이렇게 2년간 자신의 가면을 벗고 '타인의 소리를 듣고 다른 각도에서 바라보는' 연습을 하다 보면, 삶을 사는 방식이 변한다. 그러고 나면 나는 학생들에게 또 다른 제안을 한다. 전문 상담사와 휴먼 바이오그래피를 작성하는 일에 초대한다. 2년이라는 긴 과정이 그들에게 특별한 영향을 끼쳤다고 믿기 때문이다. 그들의 **이전 직업이나 상태는 그리 중요하지 않다**. 길게 말하자면, 이전에 의사였든 심리학자, 정신과 의사, 사회학자, 변호사, 건축가, 교사, 요가 강사, 간호사였든, 목적 없이 떠돌던 사람이든 가정주부 또는 젊은이, 노인, 남자, 여자, 자녀가 있든 없든, 동성애자든 이성애자든 별로 중요하지 않다. 우리 학교 입학에는 어떤 조건도 없다. 그저 마음을 열고 자기감정에 책임을 지고 약속을 지킬 생각만 있으면 된다. 어쨌든, 개인 탐구 과정은 개인적이고 주관적인 시선으로 하는 평가이다. 따라서 정확하지 않고 오류도 많다. 그러나 결국은 지적, 정서적 조화 속에서 모두의 진실과 행복을 지켜 줄 것이다.

어쨌든 어떤 학생들은 이 과정을 끝내고 3학년 과정을 하기로 결정한다. 3학년 과정은 '실습생'이다. 실습 과정은 다음과 같다.

하루에도 수많은 사람이 도움을 얻기 위해 우리 기관에 문의한다. 이들 중에는 비용을 낼 여력이 없는 사람들도 있다. 그래서 원하는 사람들에게 '기관 비용' 서비스를 제공한다. 비용을 적게 내고 여기에 동의하면 우리 학교를 졸업한 '실습생'에게 서비스를 받을 수 있다. 물론 실습생들은 **휴먼 바이오그래피 작성**을 담당하는 '진짜 전문가'가 될 사람들이다. 신청자의 상담 동기나 유형에 상관없이 맡는다. 3학년 때는 내가 사례나 인터뷰마다 계속 감독한다. 이 과정에서 실습생들은 더 어렵고 고통스러운 현실과 마주한다. 눈먼 사람, 저항하는 사람, 고통스러워하는 사람, 망각한 사람, 혼란을 겪거나 부정하는 사람, 경멸하는 사람들을 만나게 되는데, 결국 그들은 모두 유년기에 배운 정서적 방어 방법을 사용한다. 이런 상황에서 상담사는 내담자가 그런 사실을 잘 깨닫도록 돕는다.

이 실습 기간에 이것 외에 더 배우는 부분이 있는데, 바로 작업 시스템과 관련된 기술이다. 실습생은 보고서 작성법을 배워서 이후 상담 순서에 맞게 진행 과정을 작성해야 한다. 또한, 감독하고 정돈하는 법, 내담자의 배역과 거짓 자아의 말을 파악하는 법 등을 배운다. 도표 그리기와 각 과정에 맞는 자세한 방법도 배운다. 이렇게 실습생은 해야 할 일이 아주 많다.

3학년 학생들은 대부분 이 과정을 매우 어려워한다. 현실을 마주하는 일은 참으로 잔인하다. 특히, 깊은 감정의 구멍과 마주하는 일은 더 그렇다. 실습생은 여기에서 자신의 한계와 두려움, 어려움, 경직성, 그림자와 마주한다. 그러면서 결국, 내담자 한 사람 한 사람 역시 자신과 같은 과정을 겪는다는 사실을 깨닫는다.

이렇게 3학년 과정을 마치면 가슴 아픈 선택을 해야 하는 순간이 다가온다. 우리 팀에서 일할 사람을 선별하는 과정이다. 여기서 선택된 사람들 중 몇몇은 실습생 시스템 안에서 또 다른 수업을 신청한다. 여전히 자기 그림자가 다른 사람들의 이야기에 영향을 끼치고, 생각을 정리하는 데 어려움을 느끼며, 더 교육이 필요하다고 느끼기 때문이다. 이것도 해마다 상황은 다르다. 어떤 이들은 자신이 원래 하던 일로 돌아가기도 하고, 어떤 이들은 '휴먼 바이오그래피' 팀에서 함께 일할 꿈을 꾸기도 한다.

마침내 모든 과정을 마치고 우리 팀에 들어온 사람을 4학년이라고 생각한다. 그 사람은 우리 팀과 함께 일을 맞춰 나간다. 즉, 휴먼 바이오그래피 그룹 내에서 더 오래 일하고 많은 경험을 가진 다른 동료들에게 계속 배운다. 이런 식으로 '기존' 학생과 '새로운' 학생 사이에서 교육이 계속 이루어진다.

끊임없이 변화하는 전문가 그룹은 아주 특별한 뭔가를 가지고 있고, 그것이 이 과정을 더 풍요롭게 해준다. 모두가 서로의 휴먼 바이오그래피와 여기까지 함께해 온 과정을 잘 안다. 그래서 내담자 혹은 배우자, 그룹과의 관계에서 어려움을 겪을 때, 내담자와의 관계뿐만 아니라 가족 또는 동료들과의 관계도 잘 해결할 수 있다. 나는 이것이 아주 중요하다고 생각한다. 상담하는 장소는 형식적인 곳이 아니기 때문이다. 내담자뿐만 아니라 모두를 위한 곳이다.

한마디 덧붙이자면, 이 그룹에 함께하는 전문가들은 상상도 못한 **불쾌감**을 겪을 수도 있다. 만족스러운 순간보다는 내담자의 조작과 의지 부족, 약속 파기, 분노 투사, 결과 요구, 비용 미지급 순간을 경험할 때가 더 많다. 이곳에 온 사람들의 이야기를 생각한다면 어떻게 보면 당연한 일이다. 왜냐하면, 우리 모두는 누군가가 모든 필요를 채워 주길 바라는 방치된 아이와 같기 때문이다. 즉, 채우지 못한 유년 시절 욕구를 누군가 채워 주길 원한다. 따라서 더 나은 세상이 되기를 바라는 소망을 이루는 것 이상으로 **자기 그림자를 찾는 일은 매우 어렵다**. 아이를 팔에 안는 건 행복할 수 있다. 그러나 자신의 어린 시절 황량함을 마주하는 것은 정말 복잡하고 어려운 일이다.

또한, 지극히 개인적인 고백이지만 나는 오랜 시간 최선을 다해서 전문가를 양성하고자 노력했다. 그러나 내가 좋아하고 보호하며, 도와준 많은 사람이 수년이 지나 이 기관을 떠났다. 이 일에 싫증을 느꼈기 때문이다. 이 일은 수많은 것이 요구되는 까다로운 작업이다. 실제 경험들이 상상했던 것보다 훨씬 더 불쾌할 수 있다.

물론 여기에는 내 충고를 듣는 일도 포함된다. 여성의 경우는 임신으로 그만두는 경우도 있다. 그들이 감당하기에 너무 과한 일이기는 하다. 가정과 이 일을 병행하기가 쉽지 않기 때문이다. 물론 내가 모르는 이유들도 있다. 문제는 이런 전문가를 양성하는 데 수많은 시간과 노력이 필요한데, 꼭 그 전문가가 '늘 내 옆에 머무르지는' 않는다는 사실이다. 그렇다고 한탄하는 건 아니다. 단지 내가 수년 전부터 경험한 사실을 이야기하고 싶을 뿐이다.

일상생활 속 어려움과 수많은 가정의 정서적 현실을 살펴보다 보면 전 세계 곳곳에서 '원격' 학교를 만들어 달라는 요구를 받는다. 많은 사람이 인터넷을 통해 이런 교육 과정을 받을 수 있다고 생각한다. 처음에는 거부감이 있었지만, 이런 요구에 부응하기 위해서 온라인 학교를 세워 나가며, 온라인 경험에도 조금씩 익숙해졌다. 또한, 다양한 운영 체제 덕분에 해마다 시스템도 좋아졌다.

나는 온라인 학교를 어떻게 하면 더 정직하고 진지하게 운영할 수 있을까 끊임없이 고민한다. 따라서 콘텐츠를 학생들과 연결하는 방법들을 계속 수정해 나간다. 휴먼 바이오그래피를 작성하는 상담사에게 필요한 교육을 한다. 특히, **휴먼 바이오그래피 작성이라는 개인 과정**을 통해 도표를 그리고, 인간관계를 살피며 배역을 명확히 파악하고, 누군가의 입에서 나온 말을 감지하고, 어려움을 살펴보며, 불행과 두려움 및 생존을 위한 방어 기제들과 직면한다. 수십 년간 학교를 운영하면서 이 과정에 많은 시간이 필요하고, '떼뜨 아 떼뜨*tête-à-tête*(서로 마주 보고 앉아)' 하는 일이 훨씬 더 어렵다는 것을 실감했다. 많은 사람들이 자기 내면의 어두운 부분과 직면할 때, 이 '교육'을 중단하고 싶어 한다. 그렇다면 어떻게 해야 할까? '멀리서' 어떤 제안을 해야 할까? 이 일은 큰 도전이고 학생들은 유쾌하지 않은 개별 과정과 자기 그림자를 찾는 일을 조화롭게 하도록 노력해야 한다. 나는 부에노스아이레스에 있는 본교 수준으로 온라인 학교를 운영하고자 노력한다.

이 모든 설명은 **이 책이 자녀 양육 도서가 아니라는 것**을 말하기 위한 것이다. 이 책은 우리의 유년기, 기억하지 못하지만 삶을 송두리째 흔드는 근원이 되는 시절에 대해서 다루는 책이다. 즉, 자신을 좀 더 이해하도록 도와주는 책이다.

관심과 사랑이 부족한 가부장제 사회에서 태어난 우리는 경직된 감정과 두려움 속에 매몰된 어머니에게 의존해 살아왔다. 그렇게 관심이 절실히 필요한 존재로 자랐다. 이후 어른이 되면서 문제가 생기자, 아이가 어른에게 무언가 해주기를 바라는 것처럼 누군가 자신의 문제를 해결해 주기를 바란다. 마법 같은 해결책에 너무 중독되어 있다. 누군가가 우리가 해야 할 일이 무엇인지 정확히 말해 주길 바라고, '그렇게' 하면 그 문제가 해결될 거라고 생각한다.

분명 이런 행동은 더 설명할 필요가 없을 정도로 유치하다. 그럼에도 불구하고 오늘날 이런 해결책을 제시하는 책이 수없이 쏟아지고, 나 또한 날마다 웹사이트를 통해 마법 같은 해결책을 요구하는 수백 명의 메일을 받는다.

솔직히 나는 이런 메시지를 받으면 좌절하게 된다. 메시지는 보통 "친애하는 라우라, 저는 당신을 믿고 따라요. 당신의 책들을 다 읽었는데 당신이 저를 도와줄 거라고 믿어요."라는 말로 시작한다. 그리고 난 후에 바로 예를 들어, "우리 남편은 아들에게 살갑지 않아요."라는 문제를 털어놓는다. 그리고 "아이가 사랑받지 못하는데, 남편이 태도를 바꿔야 한다고 생각하지 않나요?"라며 해결책을 요구한다.

짐작하겠지만 나는 그런 질문에 "제가 당신이나 남편, 아들에게 필요한 걸 알 도리가 없어요. 뭐가 필요한지 직접 알아보는 게 가장 좋은 방법일 것 같습니다."라고 대답한다. 물론 친절하게 애정을 담아 답하겠지만, 내게는 그들이 원하는 대답이 없다.

나는 내가 쓴 모든 책에서 자기 이야기를 검토해야 하는 이유를 썼다. 어떤 책에서는 휴먼 바이오그래피 작성 방법론을 조금 더 자세히 썼다. 휴먼 바이오그래피 작성 과정에서 나타나는 **그림자의 힘은 매우 강력하다.** 사랑과 이해, 돌봄을 받으려는 우리의 욕구 또한 매우 강하다. 그래서 늘 힘이 되는 말을 듣고 싶어 한다. 그것이 **내면에 있는 감정의 사막을 살펴보자는 차가운 제안**보다 훨씬 더 따뜻하기 때문이다.

마지막으로 경고하건대, 이 책은 우리의 **메마른 정서적 현실에 접근하기 위해** 썼다. **자녀를 건강하고 행복하게 키우는 비법을 알려 주는 책이 아니다.** 누군가 나를 아주 냉혹한 사람 같다고 말한다면, 정말 냉혹한 건 내가 아니라 사람들의 삶이라고 대답할 수밖에 없다. 냉혹한 건 아기들의 삶이다. 어린이들의 삶도 잔혹하다. 또한 사람들의 정서적 현실은 무미건조하고 애정 관계는 공허하다. 내가 하는 일이 바로 이런 사람들의 목소리에 다가가는 것이다.

1

누군가 벌어지는 일을 말하다

의식은 언급된 것을 기억한다

어머니는 우리가 태어나자마자 혹은 태어나기도 전에 '어떤 존재인지'를 결정한다. 이는 임신 중에도 쉽게 확인할 수 있다. 한 어머니가 배 속의 아이를 두고, "티아고는 많이 움직였는데, 카탈리나는 아주 조용하네."라고 말한다. 그 결과 카탈리나는 아주 불가사의한 방법으로 '조용하고 착한' 아이가 된다. 물론 그 반대 성격이 되는 것도 어렵지 않다. 이런 일이 이때만 벌어지는 게 아니다. 수많은 상황에서 우리가 본래의 모습을 드러내기도 전에 어떤 사람인지 규정하는 말이 존재한다. 이런 일이 생기는 이유는 비교 방식을 통해 대상이나 상황을 이해하기 때문이다. 즉, 아름다움은 추함이 있기에 존재한다. 또한, 작은 것이 있기에 큰 것이 존재한다. 남성적인 것도 여성적인 것이 있기 때문에 비교가 된다. 빛과 그림자, 밤과 낮도 마찬가지이다. 서로 반대되는 것들이 존재하기 때문에 대상을 이해하고 판단할 수 있다. 마찬가지로, 어머니는 비슷하거나 정반대인 대상과 비교해서 자녀에 대해 말하거나 이름표를 붙인다. 그래야만 '그 말이' 있어야 할 자리에 놓였다고 생각하며 안심한다.

태어나는 순간부터 **누군가** 우리가 원하는 것과 우리 모습과 벌어지는 일을 **말한다**. 여기에서 '누군가'는 어른들(보통은 어머니)로,

우리에게 자신들의 모습이나 자신들이 원하는 바를 투사하는 경우가 많다. 예를 들어, 너는 "변덕스러워, 울보야, 아주 까다로워, 잘 보채, 조용해, 소심해, 고집이 세, 짓궂어, 개구쟁이야……."라고 말한다. 그런데 과연 그 말들이 다 사실일까? 물론 어머니가 볼 때는 사실이다. 왜냐하면, 모두 자기가 보는 대로 대상을 평가하기 때문이다. 우리 입장에서는 친구가 괴롭혀서 울 수도 있는데, 어른들은 자기보다 잘 참지 못하는 것 같으면 잘 우는 아이라고 평가해서 "너는 울보이고 변덕스러워."라고 단정 짓는다. 정작 우리는 누군가 안아 주거나 이해와 관심을 가져 주길 바랐을 수도 있다. 그러나 부모는 지나치게 고집이 세고, 가진 것에 만족할 줄 모른다고 **판단하며** "네가 그래서 우는 거야."라고 왜곡한다. 즉, **우리에게 벌어지는 일이 타인의 경험을 바탕으로 해석되고 언급된다. 이런 일이 생기는 이유는 단순하다. 어릴 때는 벌어진 일을 직접 말로 잘 표현할 수 없기 때문이다.** 여러 경험을 통해 그런 말들을 듣다가 그렇게 '붙여진' 이름표를 자연스럽게 받아들인다. 예를 들어, "나는 정말 엉망이야. 엉망인 건 맞는데 그 이유를 잘 모르겠단 말이야."라거나 "나는 열정적인 사람이 맞지만, 솔직히는 그렇다고 생각하진 않아. 그래서 자주 헷갈려. 늘 열정적인 건 아니거든." 이라고 말한다. 과연 이 말이 맞을까? 일부분은 맞다. 내가 원래 매우 고집스럽고 끊임없이 말을 할 정도로 에너지가 엄청난 아이였을 수도 있지만, 사실은 사랑을 갈구하는 필사적인 표현이었을지도 모른다. 사랑을 너무나 받고 싶다는 표현이었지만, **아무도 그 사실을 말해 주지 않았다.**

세상에 태어나서 아직 미래가 전혀 보이지 않을 때부터, 이미 어른들의 말을 통해 가족들 안에서 우리 역할이 어느 정도 정해졌다. 한쪽에서 기쁘고 안정적이고 편안하며 힘들고 복잡하고 적대적인 수많은 삶의 경험을 쌓는 동안, 또 다른 한쪽에서는 어른들이 '이름'을 붙여 준다. **의식은 실제로 일어나는 상황보다 언급되는 사실을 더 중요하게 여긴다.** 다시 말해, 실제로 일어나는 일은 기억하지 못할 수도 있다. 여기에서 주목할 만한 사실은 실제로 **일어나지 않았지만,** 누군가가 그렇다고 말한다면, 의식이 가짜 기억을 만들 수도 있다는 것이다. 이상하게 들리겠지만, 우리 안에서 그런 일이 벌어진다.

실제로 어린 시절에 많은 경험을 했지만, 그것이 **말로 표현되지 않았기 때문에, 의식 속에는 존재하지 않는다.** 쉽게 말해, **기억하지 못한다.** 예를 들어, 내가 어릴 때 늘 어머니와 어린 동생들을 돌보는 일에 헌신했다고 가정해 보자. 그 당시 어머니에게 가장 중요한 일은 아픈 외할머니를 돌보는 일이었다. 그러나 그때 나와 동생들이 어머니의 보호와 돌봄을 제대로 받지 못했다는 사실은 아무도 말해 주지 않았다. 그래서 지금 어른이 된 나는 그때 내게 일어난 일들은 기억하지 못해도, 어머니가 겪은 모든 불행한 일들은 자세히 기억한다. 수년간 어머니가 그 상황들을 말했기 때문이다. 그러나 이상하게도 어머니는 내가 어린 시절 겪었던 고통은 모른다. 그저 그때 내가 착했고 책임감 있는 아이였다고만 말한다. **아무도 나에게 평생 따라붙어 있는 결핍이나 채워지지 못한 욕구 또는 방치 상태에 대해서는 말하지 않았다.** 그래서 의식적인 기억 속에서 나는 착하고, 예의 바르며, 학교 공부도 잘하고, 아무런 갈등 없이 지내며, 집안일도 잘하는 아이였다. 즉, 나의 구체적인 행동이나 태도에 대한 **해석이 정서적 현실과 매우 다를** 수도 있다. 이 경우 나의 의식은 채워지지 못한 욕구나 방치 상태에 대해서는 전혀 알지 못한다. 그저 착한 아이였고 어머니에게는 힘든 일이 많았다는 정도로 기억을 '정리'한다. 그런 기억은 일어난 일에 대한 해석이지만, **모든 진실이 반영된 건 아니다.** 그렇게 우리는 계속 다른 사람의 관점으로 삶을 생각하고 느끼며 해석하려고 노력한다. 그 관점의 주체는 삶에서 가장 중요한 영향을 끼치는 어른으로, 대부분은 어머니이다. 어머니의 관점에 생각을 맞추고 선입견을 갖는다. 어머니의 '그런' 말로 자신이 좋은 사람인지 나쁜 사람인지, 친절한지 똑똑한지 아니면 멍청한지, 약하거나 게으른 사람인지를 판단하고 믿는다. 따라서 이런 '판단'이 유년 시절 어머니나 아버지가 한 말과 관련이 있다는 것을 깨닫는 것이 중요하다. 특히, '그 말은 자신이 갖는 자아 이미지와 관련'이 있다.

여기에서 큰 문제가 생긴다. 지금까지 말한 것처럼 **의식은 말해진 것만 기억한다.** 즉, **실제로 일어난 일도 누군가 말해 주지 않으면 기억하지 못한다.** 예를 들어, 내가 유년 시절에 성적 학대를 당했다고 가정해 보자. 그리고 주위 모든 어른이 모른 척하며 그 일에 대해서 아무 말을 하지 않았다고 하자. 그 누구도 "넌 정말 끔찍한 학대를 당했어."라고 말하지 않았다. 오히려 "엄마에겐 이것 말고도 힘든 일이 많으니까 이 일로 걱정시키면 안 돼."라고 말했다. 또는, "이건 우리끼리 비밀이야. 너는 정말 운이 좋은 아이야. 왜냐하면, 내가 널 사랑하니까. 너는 세상 모든 아이 중에 가장 사랑스럽거든. 그러니까 내가 너를 선택한 거야."라고 했다. 결국 실제로는 매우 고통스럽고 안타까운 일을 겪었지만, **의식은 그것을 기억하지 못한다.** 학대에 대해서 **어떤 언급**도 없었기 때문이다. 결과적으로 생각이 '정리'될 수가 없다. 감정 혹은 정신의 선반 위에 '생각'을 정돈해 놓을 수 없다. 그래서 실제로 일어났지만, 전혀 일어난 적 없는 일처럼 여겨지기도 한다. 종종 흐릿하거나 혼란스러운 느낌을 받을 수는 있어도, 그 일을 **구체적으로 기억할 수는 없다.** 이후에 아무도 '그 일'에 대해서 말한 적이 없고, 어린 나도 '어떻게 설명해야 할지를 몰랐기' 때문에, '그 일'은 존재하지 않는 일이 되었다.

이런 말이 거짓말처럼 들릴 수도 있겠지만, 주변에서 아주 흔하게 벌어지는 일이다. 따라서 **우리는 실제로 경험한 일을 기억하지 못할 수도 있다.** 반대로, 경험하지 않았지만 삶에서 중요한 누군가가 우리의 유년 시절을 **말하면 의심 없이 그것을 진짜 사실로 기억한다.**

배역 형성

어머니는 우리가 태어나자마자 관찰해서 **우리에 대해서 말한다.** 어머니의 생각을 투영해서 우리를 표현할 단어를 고른다. 특성을 표현하는 그 단어는 우리에게 나타나는 모습과 일치한다. 예를 들어 우리가 울면(접촉과 돌봄, 시선, 함께하는 사람 등 수많은 이유로 아기에게 충분히 있을 만한 현상), '울보'가 된다. 물론 어머니가 참기 힘들 정도로 심한 울음이어야 한다. 그러나 손위 형제자매가 더 심하게 울었다면, 오히려 '순둥이'가 되기도 한다. 우는 것은 하나의 사실이지만, 어머니는 본인 사고의 틀 속에서 '그 울음'을 해석하여 '울보'라고 부르고', 그렇게 우리 모습을 결정한다.

어머니의 이런 사고는 가족 관계 속에서 다양한 연극이 펼쳐지는 걸 보아도 알 수 있다. 부모는 새로운 식구가 생길 때마다 상자 속에서 배역에 잘 어울릴 만한 의상을 찾아서 입히고 꾸며 준다.

모두가 무의식적으로 이 놀이에 참여한다. 그 상자 안에는 각양각색 의상이 들어 있다. 신데렐라와 중세 기사, 마녀, 악녀, 사냥꾼, 늑대, 잠자는 숲속의 공주, 난쟁이들, 계모, 구원자, 신, 천사들, 숲속의 꽃, 전사, 성녀, 시녀, 욕심쟁이, 대장 등 매우 다양하다. 여기에서 흥미로운 점이 있는데, 갓 태어난 아이에게 미리 준비된 배역의 옷을 입힌다는 사실이다. 가족들이 많이 사용한 옷은 거의 입히지 않는다. 하지만 아이마다 '독특한' 특성이 있다고 생각할 수는 없을까? 성격은 전혀 상관이 없는 걸까? 아이 스스로 그 옷을 '선택'할 거라고 상상할 수는 없을까? **물론** 옷을 입힐 때 아이 성격이 반영되기도 하고, 아이 스스로 어떤 옷을 입을지 선택하기도 한다. 그러나 가족 관계 속에서는 정확히 어떤 상황인지 알아내기 어렵다. 어머니가 아이의 타고난 힘과 생명력, 절제, 균형감과 감수성을 감지하지만, 이 모든 것이 무의식적인 느낌이기 때문이다.

어른인 우리가 한 아이에게 구원자 배역을 맡기기로 했다고 생각해 보자. 누구를 구원할지는 차츰 알아볼 것이다. 이제 아이에 대해서 생각나는 대로 말해 줄 차례이다. 자기 복을 갖고 태어난 특별한 아이라고 할 수도 있고, 반대로 가족들과 닮은 구석이 없고, 말도 잘 안 듣는다고 할 수도 있다. 또는, 너무 순해서 잠투정도 안 하고, 손이 거의 안 갈 정도로 혼자 잘 크고 있다고 말할 수도 있다.

이렇게 어른들은 아이들에게 저마다 배역을 정해 준다. 그러나 시간이 지나면 그 배역을 정해 줬던 순간은 거의 기억하지 못한다. 일단 아이가 용감한 사람, 소심한 사람, 예민한 사람, 요란한 사람으로 변장하고 나면, 그 배역으로만 보인다. 아이의 본모습을 전혀 모르기 때문이다. 따라서 아이가 듣게 되는 긍정적 또는 부정적인 말은 맡은 배역과 관련이 있다. 필사적으로 사랑이 필요한 아이는 용감한 사람 중에서 가장 용감하고, 아름다운 사람 중에서 가장 아름답고, 아픈 사람 중에서 가장 아픈 사람이 되려고 할 것이다. 다른 사람들보다 더 눈에 띄게 변장해야 더 빛나고, 그래야 어른들의 주목을 받을 수 있다고 생각하기 때문이다.

그렇게 시간이 흐른다. 어른이 되어도 변장한 모습이 자기 본모습과 다르다는 사실을 깨닫지 못한다. 오히려 변장한 모습이 '원래 모습'이라고 믿는다. 그러면서 뭔가 복잡한 일이 생긴다. 가족이라는 무대에 올라가자마자 해야 할 역할이 많아진다. 장면을 만드는 데 필요하기 때문이다. 또한, 맡은 역할을 잘해야 나머지 사람들도 각자 배역을 수월하게 할 수 있기 때문이다. 이처럼 우리는 배역에 매여 있는 '포로'이다. 일단 배역을 맡으면 완벽하게 소화하기 위해 최선을 다하기 때문이다. 만일, 아이가 어머니의 '구원자' 배역을 맡았다면, 어머니가 많이 아프거나 무엇이든 도움을 받아야 하는 상황이어서 그랬을 것이다. 아이는 그렇게 자신이 '구원자'라고 생각하며 이 세상 모든 문제를 해결하고 사람들을 도와준다고 생각하겠지만, 정작 자신에게 필요한 게 무엇인지는 잘 모른다. 그렇다면 이것이 나쁜 배역일까? 여섯 살 또는 일곱 살 또는 아홉 살이나 열두 살에 이런 배역을 맡았다면 당연히 좋을 리가 없다. 왜냐하면, 어른이 아이가 원하는 것과 필요에 대해서는 한마디도 하지 않고, 오로지 완벽한 가족 장면에 필요한 구원자 배역을 강요했기 때문이다. 그 옷을 입는 순간 아이는 본모습을 잃어버렸다. 어린 시절에 어려움을 함께하거나 기댈 만한 존재가 없었고, 그렇다는 사실조차도 몰랐기 때문이다. 자기 안에 무슨 일이 일어났는지도 모르면서 자신이 어떤 사람인지 알 수는 없다.

이 모든 배역에는 같은 약점이 있다. 주어진 역할은 할 수 있지만, 그 역할이 자신의 본모습과 완전히 일치하지는 않는다. 본모습인 '내면의 자아'는 배역보다 훨씬 더 풍부하고 넓으며, 특히 더 양면적이다. 반대로 배역은 최선을 다해 정해진 특징만 나타내면 된다. 나머지 특징은 이미 가족 중 다른 사람이 연기하기 때문이다. 예를 들어, 〈빨간 모자〉 이야기에서 할머니를 잡아먹는 늑대 배역은 절대 착해질 수가 없다. 그러나 늑대 변장을 하지 않은 보통 사람은 착하거나 나쁘거나 그 외에 여러 성격이 함께 나타날 수 있다. 이것이 바로 '본모습'으로 사는 것과 정해진 배역으로 사는 것의 큰 차이점이다.

만일 내가 가족 안에서 나쁜 늑대 배역을 맡았다면, 늑대처럼 공격적으로 반응하는 데 익숙해지고, 이 배역을 통해 얻는 이점을 발견한다. 이를테면 모두가 나를 무서워하게 만들 수 있다. 만일 내가 다른 아이들에 비해 방치된 환경에 있다면, 가장 큰 적은 두려움일 것이다. 이럴 때 늑대처럼 다른 사람들을 먼저 공격해서 힘센 위치를 차지한다면, 이 배역으로 인한 혜택을 확인할 수 있다. 즉, 사람들이 나에게 상처를 주지 못한다는 걸 경험하면, 이 공격성이 내면의 두려움을 막는 효과적인 도구임을 깨닫는다. 따라서 두려움이 생길 때마다 계속 이 도구를 사용할 것이다. 무의식적으로 변장한 나쁜 늑대 배역을 '갈고 닦으며' 갈수록 그 역할을 더 잘하기 위해 노력할 것이다. 그러나 갈수록 상황은 더 악화될 수밖에 없다. 점점 더 크게 으르렁거리면서 다른 사람들을 위협해야 할 것이다. 그리고 좀 더 크면 영토를 장악하고 더 사납고 잔인한 청년이 될 것이다. 그렇게 보이지 않을 거라는 두려움에 맞서 더욱 잔혹해지면서 배역을 강화할 것이다. 싸움꾼이 되거나 아니면 마치 적들이 가득한 전장에서 싸우는 것 같은 저돌적인 사업가가 될 수도 있다. 그렇게 모든 전쟁터에서 '승리할' 것이다. 그러나 정작 내가 유년 시절의 두려움에서 벗어나고 싶어 하는, 상처 입고 겁먹은 어린아이라는 사실은 잊고 산다. 그래서 계속 변장한 채 잠자러 갈 때도 그 배역을 벗지 않는다.

오랫동안 익숙해진 배역은 안식처가 되고, 그 덕분에 많은 혜택을 얻는다. 예를 들어, '나쁜 사람' 배역을 맡으면 늘 먼저 공격하기 때문에 상처를 받지 않아도 된다. 다른 배역도 마찬가지이다. '만성 환자' 배역을 맡으면 늘 아프기 때문에 다른 사람의 부탁을 받지 않아도 된다. 또, '만성 우울증' 배역 옆에는 모든 일에 시중을 드는 시녀가 늘 있다. '아무것도 모르고 주변에 관심을 갖지 않는' 배역을 맡으면 현실과 접촉하지 않아도 되고, 거품 속에 살며 다른 사람에게 모든 책임을 미룰 수 있다. '전능자' 배역을 맡으면 영향력을 행사하고 권력을 장악할 수 있다. '조종자' 배역으로는 다른 사람이 가진 것을 빼앗고 자신에게 당한 사람들에게조차 사랑을 받을 수 있다. 수많은 배역이 존재하는데, 결론적으로 **모든 배역은 생존을 위한 것이다**. 이 배역들은 유년 시절의 무력감과 어른들의 몰이해, 경직성과 권위주의 속에서 살아남도록 도와준다. 또는, 외로움을 견디는 방법이기도 하다. 익숙해진 배역만은 우리를 버리지 않고 오히려 돌봐 주기 때문이다. 즉, 여러 혜택을 누리며 삶을 여행하게 도와준다.

그렇다면 왜 맡은 배역으로 평생 편안하게 살 수는 없는 걸까? 너무 쉬운 대답일 수도 있지만, 우리 본모습이 **나타나려고** 하기 때문이다. '진실한 자아' 또는 '진짜 나'는 배역 속의 나보다 훨씬 더 넓고 풍부하며 복잡하다. 그러나 우리는 배역을 내려놓고 싶어

하지 않는다. 오히려 그 배역으로 삶에서 위기 순간을 넘어가려고 한다. 특히 그런 순간에 배역이 자동으로 튀어나오기 때문이다. 그러나 동시에 배역의 한계도 경험한다. 예를 들어, '나쁜 사람' 배역을 맡은 사람이 이혼하게 될 때, 상대방한테 이해를 받고 싶어도 그럴 수가 없다. 또한, 용감한 배역을 맡은 사람은 아무도 자신을 해칠 수 없다고 큰소리치지만, 정작 엄청난 전쟁 속으로 들어가면, 상처를 입을 수밖에 없다. 만성 환자 배역은 더 이상 아픈 게 싫어도, 만일 그것이 사랑을 받는 유일한 방법이라면, 병을 선택할 것이다. 물론 배역이 더 이상 도움이 안 될 때도 있다. 그래서 그 배역을 벗고 싶을 때, 다른 사람들에게 도움을 구하기도 한다. 그러나 그 배역이 여전히 편안하고 단점보다 장점이 많은 한 실질적인 삶의 변화를 기대하기는 어렵다.

이 부분이 중요하다. 특히 상담사들이 알아야 한다. 모든 치료 전문가들은 환자가 고통을 당하지 않게 도와주려는 마음으로 임한다. 그러나 그 과정에서 가장 중요한 것은 어린 시절 맡은 배역과 그것의 이점들을 이해하는 것이다. 동시에 배역이 주는 이점들을 버릴 적절한 순간도 파악해야 한다. 그러지 않으면 배역을 아직 벗지 않고도 '더 이상 고통스럽지 않은' 척 연기할 수도 있기 때문이다. 그러면 전문가가 실질적인 도움을 줄 수가 없다. 따라서 상황과 관계, 사건 또는 가족이 우리에게 고통을 주고 더 이상 도움이 안 되면 전략을 바꿔야 한다. 그 전략을 짠 사람도 우리이기 때문에 우리만이 바꿀 수 있다. 우리의 행동 논리를 이해하면 가능한 일이다. 예를 들어, 내가 나쁜 늑대 배역을 맡았고, 가족들은 내가 무섭게 화낼까 봐 나를 속였다고 생각해 보자. 나는 그 사실을 알고 난 후에 가족들 사이에서 소외되고 무시당했다는 느낌을 받는다. 가족 일에서 나를 제외시켰고, 일어난 일을 제대로 설명해 주지 않았기 때문에 크게 포효하거나 사람들을 응징할 수도 있다. 그러나 가족들은 내가 사나운 늑대라서 겁을 먹고 사실을 속일 수밖에 없었을 것이다. 내가 가족들과 더 많이 어울리고 싶다면, 그들이 나를 두려워하지 않게 해야 한다. 가족들이 나를 겁내지 않게 하려면, 내가 가족 일에 더 많이 참여해야 한다. 그러면 집안에서 일어나는 일을 다 알 수 있다. 하지만 한편으로는 누군가 나에게 해를 끼칠 수도 있다. 이제 모두가 내게 가까이 다가올 수 있기 때문이다. 여기에 모순이 있다. 그렇다면 과연 나는 큰 혜택을 주는 이 배역을 기꺼이 포기할 수 있을까? 다른 사람들에게 약한 사람으로 보일 준비가 되었을까? 물론 이것은 오로지 개인의 선택이다. 그리고 그 선택은 배역의 이점과 단점 사이의 균형에 달려 있다. 만일 배역의 단점이 더 커지거나 배역이 쓸모없어지면, 그때가 바로 그 배역에서 조금씩 빠져나올 좋은 기회이다.

의지만으로 이런 결단이 가능한 건 아니다. 우리는 오랫동안 정서적 보호막이 된 피난처에서 좀처럼 벗어나기 힘들다. 따라서 첫째, 이 상황을 인식해야만 한다. 둘째, 일상생활에서 자신이 어떻게 행동하는지 파악해야 한다. 셋째, 긍정이든 부정이든 자기가 한 일에 책임지겠다고 결단해야 한다. 이후에는 평생에 걸쳐서 해야 하는 네 번째 과정이 시작된다. 자동으로 튀어나오는 반응이나 습관을 버리고 거짓말과 '방어 행동'을 줄이며, 더 의식적으로 행동하려고 노력해야 한다. 배역을 벗는 과정은 이후에 다시 설명할 것이다. 우선 지금은 모두 저마다 배역이 있고, 그것을 충실히 지키고 있다는 사실을 분명히 인식하는 것이 무엇보다도 중요하다.

배역으로 사랑받기

유년 시절의 피난처인 배역을 버리고 삶을 바꾸기는 쉽지 않다. 그동안 배역을 완벽하게 소화해서 사랑받았고, 그것으로 평가받고 신분이 정해졌기 때문이다. 또한, 많은 배역이 서로 영향을 주고받는 무대 위에 있기 때문에 맡은 배역에 계속 충실할 수밖에 없다.

특히 더 어려운 이유는 배역을 벗으면 다른 사람들이 어떻게 생각할까, 과연 그래도 사랑해 줄까 하는 불안감 때문이다. 예를 들어, 내 배역은 도움이 필요한 사람을 돌보고 혼자서 일을 잘 처리하며 절대 아무런 문제도 일으키지 않는 사람인데, 갑자기 너무 피곤하고 외롭다고 느껴지면서 누군가 돌봐 주었으면 좋겠다는 생각이 든다. 그러나 내가 그렇다고 말하는 순간, 분명 모두가 혼란스러워하고 이 갑작스러운 변화를 받아들이지 않을 것이다. 결국, 주위 사람들은 내 변화를 거부하며 하던 대로 배역을 유지하라고 강요할 것이다.

우리는 무의식적으로 익숙한 행동을 하려고 하기 때문에, 새로운 일을 하다가 장애물을 만나거나 중요하게 생각하는 사람에게 이해받지 못하면 다시 원래 하던 대로 돌아가려고 한다. 또한, 전체 상황에 어울리는 '기능적인' 사람이 되려고 하기 때문에, 다른 누군가 주어진 역할에 충실하지 않으면, 나머지 모두는 혼란스러워하고 '정상' 상태로 돌아가라고 요구한다. 예를 들어, 내가 아이답지 않게 성숙한 언니 배역을 맡았다고 가정해 보자. 그래서 나는 가족 사이에서 갈등을 일으키지 않고 어떤 문제도 집안에 끌어들이지 않는다. 그러나 내가 가족이 아닌 나를 중심으로 생각하면, 가족들은 그 행동을 반대하며 나를 깎아내릴 것이다. 나에게 어린 두 자녀가 있고 일요일마다 부모 집에서 형제들과 모인다. 그런데 조카 중 한 명이 내 아들을 괴롭힌다. 아들은 위기 상황이 생기자, 도움을 청한다. 나는 우선 내 배역을 인식하고 나머지 가족들의 배역도 살핀다. 그리고 남편과 이야기를 나눈 다음 성숙한 배역답게 행동하리라 다짐한다. 나는 이 배역에 충실하기 위해 평생 내 주장을 하지 않으려고 애썼다는 것을 모든 가족이 알아주길 바란다. 그러나 이런 배역을 맡은 순진한 나는 알아주지 않는 가족들에게 상처를 입고, 내 아이에게도 상처를 줄 수밖에 없다. 그러면 성숙한 남편이 내가 어린 시절부터 맡은 배역을 계속 연기하지 못하게 막는다. 그래서 나는 조카의 복잡한 심리 상태를 살피고, 가족의 상황도 살펴본다. 그리고 주변에 더 도움을 청해 본다. 그러면서 내 삶도 되돌아본다. 그런데 어린 시절 상황들이 잘 떠오르지 않는다. 어떤 문제도 일으키지 않은 아주 착한 소녀였기 때문이다. 그러나 조금씩 내가 체계적인 거부에 익숙해졌다는 사실을 깨닫는다. 잠깐 부모를 바라본다. 나는 어둠 속에서 나아갈 방향을 찾는다. 한번 찾기 시작하니까 눈을 뗄 수가 없다. 고통스럽다. 나는 한발 더 나아가서 기억들을 되돌아본다. 혼란스럽다. 모든 것이 다 유리처럼 투명해진다. 유년 시절에 길들여진 속임수와 이중적인 말들도 들린다. 거짓말들도 보인다. 나를 보호하리라 결심했던 순진한 장면도 보인다. 나는 눈앞에 뻔히 일어나는 상황을 거부함으로써 느끼는 편안함도 바라본다. 어린 시절에 있었던 정서적 학대 장면도 보인다. 어머니는 아버지에게 불평이 많았고, 오빠는 약물 중독으로 재활 치료를 받았다. 그래서 나는 동화 속에 혼자 갇혀 있었다. 오후가 되면 나무로 만든 분홍색 작은 집에서 인형을 가지고 놀았다. 언니가 부모님과 싸우고 집을 나가는 장면도 보인다. 나는 열다섯 살이 되어서도 혼자 놀았다. 여전히 부모는 늘 서로를 비난했지만, 둘 사이에 무슨 일이 있는지는 알고 싶지 않았다. 지금 나는 조카에게 괴롭힘을 당하는 내 아들을 바라본다. 나는 이 일에 대한 결정을 앞두고 먼저 눈앞을 가린 가리개를 벗고 벌어지는 상황을 직면하기로 한다. 그러자 가족들은 나에게 미쳤다고 한다. 잠시 나는 내가 미칠 수도 있겠다고 생각한다. 늘 아주 착하고 잘 웃는 아이였지만, 지금 보니 다 왜곡된 이미지이다.

내가 보는 게 사실인지 어떻게 알 수 있을까? 앞뒤가 꼭 들어맞는 걸 보니 사실이다. 내 의식 속에서 한 번도 나타나지 않았던 유년 시절 기억이 조금씩 더 떠오르기 때문이다. 그리고 감정의 조각이 놀랍도록 쉽게 맞춰지기 때문이다. 기억이 끊임없이 폭포처럼 쏟아지고 아무도 말하지 않았던 상황이나 단어를 내가 말하고 있기 때문이다. 그 순간 나는 더 이상 순진하고 멍청한 소녀 배역에 머물러 있지 않겠다고 결심한다. 이것은 단지 나를 위해서가 아니라, 내 아들을 위해서이기도 하다. 내가 상황에 직면해서 말한 덕분에 아들은 밤새 평화롭게 잔다. 만일 내가 그 상황에서 괴롭히는 게 별거 아니라며 우물쭈물하거나 핑계를 댔다면, 아이는 무서운 밤을 보냈을 것이다. 나는 이 어둠 속의 외침을 들으며 더 이상 뒤로 물러서면 안 되겠다고 생각한다. 유년 시절에 이런 바보 같은 소녀 배역이 나에게 가장 좋은 피난처였다는 사실을 깨달은 지금

나는 다른 사람을 위협하는 위험한 포식자가 되었다. 자녀를 비롯해 내게 의존하는 사람들이 생겼기 때문에, 이전에 맡았던 잘 웃고 사랑스러운 배역이 할 행동은 아니지만 사나워질 것이다. 단, 그 피난처에서 나오기로 결심한 순간, 더 이상 다른 사람들에게 **사랑받지 못하는** 값을 치러야 한다는 것이 모순이기는 하다.

여기에서 중요한 부분이 있다. 더 이상 내 배역이 도움이 안 된다는 걸 깨닫는 순간, 더 이상 사랑받지 못할 거라는 엄청난 두려움이 밀려온다. 더 이상 다른 사람이 원하는 대로 반응하지 않을 것이기 때문이다. 그러나 이것은 착각이다. 왜냐하면, 그 배역을 맡기 **전에도 이미 사랑받는 존재가 아니었기** 때문이다. 누군가에게 편리하고 필요한 존재이긴 했지만, 사랑받는다는 건 다른 의미이다. 한 번도 받아보지 못한 것을 잃어버릴지도 모른다고 두려워하는 것은 앞뒤가 맞지 않는다. 그러나 어쨌든 익숙했던 배역에서 **더 넓은 의식 상태**가 열리는 무한한 가능성의 상태로 **도약할 때** 이런 두려움이 밀려오는 건 사실이다.

이 예에서 이 가정에는 학대와 방치 상태를 비난하거나 신고하지 않는 사람이 필요했을 것이다. 아마도 그런 배역은 이미 오빠나 언니들이 맡았을 것이다. 따라서 부모는 행복한 가정에 대한 이상을 실현하기 위해서 막내딸을 인형같이 입히고 참고 견디라고 강요했을 것이다. 그리고 그들 뜻대로 되었고……, 계속 유지되었다.

가족들은 각자 배역을 유지할 수 있었을까? 물론이다. 그러나 어리고 귀여운 배역을 맡은 나는 변장을 시켜 준 어머니를 위해 편안한 삶을 포기해야 했다. 이 모든 일이 벌어지는 이유는 사랑이 아닌 두려움 때문이다. 그러나 배역을 버릴 수 있을 정도로 충분히 성숙해지면, 사랑의 땅에서 절대 길을 잃지 않을 것이다. 이런 걸 보면 참 현실이 잔인한 것 같다.

정서적 방치가 심할수록 배역은 더 큰 피난처가 된다

피난처에 대한 이야기는 곧 연약함에 대한 이야기이다. 유년기에 대한 이야기이기도 하다. 모든 아이는 모든 면에서 의존적이기 때문이다. 우리도 아이였을 때 부모에게 육체적, 정서적, 경제적으로 의존했다. 어른들의 도움 없이 혼자 할 수 있는 게 없었다. 그래서 어린 시절의 보호나 방치, 외로움, 몰이해 또는 정서적 거리감은 살아남기 위해 만들 수밖에 없었던 피난처의 유형과 관련이 있다. 이런 피난처들은 보통 정서적 피난처이다. 그리고 배역이 삶의 관계 속에서 만들어지는 동안 피난처들은 구체적인 모양을 갖춘다.

다른 배역과 비교해서 더 중요하거나 강한 배역이 정해진 건 아니다. 예를 들어, 내가 만성 환자 배역을 맡았다면, 겉보기와는 달리 가족 중에 가장 힘센 배역이 될 수도 있다. 게다가 맡은 지 오래 되었다면, 수많은 사람이 나에게 영향을 받았을 것이다. 우리는 보통 용감하고 성공한 사업가 배역이 심장병 환자 배역보다 강하다고 생각하지만, 실제로는 심장 발작 위험 때문에 절대 나쁜 소식을 듣지 말아야 하는 심장병 환자가 더 강하다. 즉, 곁을 더욱 지켜 줘야 하고 뭔가 긴급한 상황에 놓인 배역이 훨씬 더 강하다.

유년기에 더 많은 방치 상태에 있었을수록(본인이 인식하든 아니든), **배역은 더 강해진다.** 어린 시절에 느낀 공포를 여전히 느끼기 때문에, 유일한 피난처인 배역을 버리면 공황 상태에 빠진다. 결국, 배역이 가장 믿을 만한 보호자인 셈이다. 배역은 우리가 원하는 보이거나 보이지 않는 모든 보호를 제공한다.

이런 사실을 깨닫는 게 중요하다. 왜냐하면, 의식을 확장하는 일을 시작하면, 유년기 실제 정서적 거리감 또는 소외감을 살펴보고, 배역을 찾아내며 그것을 벗어 버리길 원하기 때문이다. 그러나 유년기에 너무 많은 고통을 겪었다면, 그 배역과 작별하는 일을 서두를 필요가 없다. 과거에 느꼈던 감정의 뿌리를 뽑는 과정에 확신이 설 때까지는 절대 서두르지 말아야 한다. 우리 모두는 사랑받기를 원한다. '맡은' 배역을 통해 조금이라도 사랑을 얻는다면, 그것이 편안함을 주는 유일한 도구가 된다.

내가 유능한 해결사 배역을 맡았다고 가정해 보자. 그래서 고작 열여덟 살에 복잡한 가족 문제들을 해결해야 했다. 게다가 최근 부모의 은퇴 과정에서 수많은 절차까지 도맡아 해결했다. 또한, 학교에 빈자리가 없어서 못 들어간 조카들의 입학 문제도 해결했다. 회사에서는 인사과에서 일하면서 고용주와 직원 사이 분쟁을 해결하는 일을 한다. 물론, 이 역할을 맡은 나는 **문제를 해결할 때** 늘 존경과 사랑을 받고 가치 있는 사람이라는 생각이 든다. 이후 한 여자를 사랑하게 되었다. 과연 나는 어떤 여성과 사랑에 빠질 수 있을까? 당연히 해결해야 하는 갈등 요소가 많은 사람이다. 그 여성은 나와 함께 있으면 아주 좋아한다. 내가 그녀를 잔인한 부모의 위험으로부터 구해서 나의 조화로운 성안으로 데리고 왔기 때문이다. 아마도 그녀가 기억하는, 내가 멋졌던 순간들은 그녀의 갈등과 스트레스를 해결해 주는 순간일 것이다. 내가 그녀를 보호했기 때문에 우리는 사랑이라는 바다에 빠질 수 있었다. 아마도 몇 년간은 그렇게 살아갈 가능성이 높다.

처음에는 유능한 해결사인 내가 해결 못할 '문제'가 없었지만, 살다 보니 마법사 메를린*을 찾을 수밖에 없는 상황들이 생겼다. 옆집에 사나운 이웃이 이사를 왔는데, 그 집에 쉴 새 없이 짖어 대는 개가 세 마리나 있다. 물론 처음에는 그들과 좋게 대화로 해결하려고 노력했지만, 잘되지 않았다. 그래서 국가 기관에 민원도 넣

---

*아서 왕의 마법사.

었는데, 소용이 없었다. 게다가 이 일을 도와줄 사람도, 내 편을 들어 주는 사람도 없다. 만능 해결사인 나는 상처를 입었다. 도와줄 사람이 없는 것도 힘든데, 이제 주변에서 슬슬 무시하려 한다. 가족 속에서 맺은 배역 '계약서'에는 나에게 도움이 필요할 수도 있다는 사실은 적혀 있지 않다. 내가 누군가에게 도움을 청하면, 암묵적 합의로 이루어진 '계약'이 깨지는 셈이다. 그래서 무슨 일만 생기면 자동으로 문제를 해결하려는 나와, 나에게 미해결된 문제를 해결하라고 요구하는 주위 상황들 사이에서 이 배역을 벗어 버리기가 어렵다. 특히, 꼭 받아야 하는 '사랑'을 잃어버렸다는 느낌이 들 때는 이 배역에 더 집착한다. 내가 이 배역을 계속 맡으면 모두가 나를 사랑할 거라고 믿기 때문이다. 그러나 사실은 예전이나 지금이나 아무도 나를 사랑한 적이 없다. 왜냐하면, 조건적인 사랑은 사랑이 아니기 때문이다.

　다음 장에서는 배역을 어떻게 소화하는지, 이것이 어떤 도움이 되는지, 얼마만큼 집착하는지 보여 주는 짧은 예화를 소개할 것이다.

2

어머니의 말

어머니의 말 탐지

개인 상담 과정에서 유년 시절에 대해 질문을 할 때, 기본적으로 **개인이 받은 '모성애 경험'**에 관심을 둔다. 의식은 개인이 받은 보호 혹은 방치 상태에 영향을 받기 때문이다. 즉, 의식이 그것에 따라 크고 작은 피난처를 만든다. 흔한 일은 아니지만 만일 충분한 보호를 받았다면, 기억이 쉽게 떠오를 것이다. 그러나 대부분 내담자의 유년 시절은 그러지 못했을 확률이 높다. 따라서 기억은 유년 시절에 누군가에게 들었던 말에 영향을 받는다. 그리고 대게 그런 말은 **어머니의 말**이었음이 드러난다.

어디에서부터 시작해야 할까? 우선 유년 시절에 대한 질문부터 시작한다. 이때 질문을 하면 주로 "좋았어요, 다 정상이었어요."라는 대답이 나온다. 스페인에서는 '훌륭하다'라는 표현을 습관처럼 많이 한다. 그러나 이런 대답은 상담에 도움이 안 된다. 보통은 유년 시절을 '정상적으로' 보냈다고 생각한다. 가족이 '내가 아는 세상의 전부'였기 때문이다. 진짜 유년 시절을 알아보려면 좀 더 신중하게 구체적인 질문을 해야 한다. 잠들기 전에 누구랑 있었나요? 주로 누가 이야기책을 읽어 주었나요? 가장 좋아하는 음식은 누가 만들어 주었나요? 그 사람을 겁낸다는 걸 누가 알았나요? 누가 학교에 데려다주었나요? 문제가 생기면 누가 도와주었나요?

물론 이런 질문들을 하면 아무것도 기억이 안 나 혼란스럽거나, 반대되는 이미지가 머릿속에 떠오를 수도 있다. 전혀 기억이 안 난다면, 너무 아픈 기억이어서 '그림자' 속으로 밀어 넣었기 때문일 수도 있다. 그림자 속에는 보호받지 못한 고통이 계속 남아 있지만, 의식은 그 고통이 사라졌다고 스스로를 속인다. 또한, 종종 떠오르는 기억이 다른 기억과 충돌을 일으키기도 한다. 이런 경우에는 질문을 좀 더 날카롭게 해서 충돌되는 그 부분을 깊게 파고든다. 예를 들어, 누구와 함께 학교에 갔는지 기억하지 못하는 이유는 늘 혼자 학교에 갔기 때문이다. 돌아올 때도 분명 혼자였을 것이다. 그러나 내담자는, "어머니는 제가 태어나자 직장을 그만두고 저를 돌보셨어요."라고 대답한다. 그러면 다시 이렇게 물어봐야 한다. "당신이 외아들이었고, 어머니가 일하지 않는데, 왜 여섯 살 아이가 혼자 학교에 갔을까요?" 뭔가 앞뒤가 안 맞는 상황이다. 상담하다 보면 왕왕 이런 일들이 벌어지는데, 아이의 정서적 현실이 묘하게도 **어머니가 한 말**과 비슷하기 때문이다.

이제 여섯 살에 혼자 학교에 다닌 남자아이의 학창 시절에 대해 물어볼 것이다. "그때 학교 가는 걸 좋아했나요? 친구들은 있었나요? 특별히 기억에 남는 선생님이 있나요?" 그러면 보통 이런 대답이 나올 가능성이 높다. "저는 아주 소극적인 편이라 공격적인 아이들과 노는 게 무서웠어요." 여기까지는 좋다. 그럼 다음 질문이 이어진다. "다른 아이들을 무서워한다는 걸 혹시 주변에 누가 알았나요?" 이 질문에서 내담자는 처음으로 놀란다. 마흔이 된 지금에서야 그 당시 **아무도** 자기 고통을 알지 못했다는 사실을 깨달았기 때문이다. 늘 혼자 학교에 갔던 여섯 살 아이 마음속에는 두려움이 있었다. 그건 말 그대로 아이에게 재앙이었다. 그런 상태를 바로 **방치라고 부른다.** 더 쉬운 말로 외로움이라고도 한다. 이제 **말의 차이**를 살펴보자. 내담자는 "어머니는 저를 돌보려고 직장을 그만두셨어요."라고 했다. 그리고 다시 "저는 혼자 있어서 두려움이 많은 아이였어요."라고 말한다. 아마도 어머니는 "네가 태어난 후로 쭉 집에서 너를 돌봤어."라는 말을 자주 하셨을 것이다. 순전히 어머니 입장이지만, 직장을 그만두고 아이를 돌본 건 사실이다. 정작 아이는 제대로 된 보호를 받지 못했지만 말이다.

아이는 형제도 없이 철저히 혼자였다. 어머니는 그때 자신이 아이를 어떻게 대했는지 정확히 알지 못한다. 질문을 이어 간다.

"어머니는 무엇을 하셨나요?"

"집안일을 하셨어요."

"아버지는요?"

"대장장이셔서 일이 늘 많았어요."

"두 분 사이는 어땠나요?"

"안 좋았어요. 아버지가 아주 폭력적이었거든요."

"그런데 그런 게 다 기억이 나나요?"

"아니요. 하지만, 아버지는 술을 많이 드셨고 어머니를 많이 때리셨어요."

"또 생각나는 장면이 있나요?"

"네, 어머니는 늘 울었어요."

"아버지가 술에 취해 있던 모습도 기억이 나나요?"

"아니요, 부모님은 제가 세 살 때 헤어지셨거든요."

"아! 세 살 때요? 정말 헷갈리네요. 아주 옛날 일은 보통 기억이 잘 안 나잖아요."

"네, 맞아요. 기억이 잘 안 나요. 아, 그래도 기억나는 게 있긴 있어요. 제가 열여덟 살 때 아버지가 제 졸업식에 오고 싶어 하셨어요. 그것도 잔뜩 술 냄새를 풍기면서요."

"아, 하지만 그건 좀 커서 일어난 일이잖아요. 지금은 시간 순서대로 정리해 보죠. 아주 어린 시절 경험부터 먼저 이야기해 봅시다. 물론 어려우시겠지만요."

"네, 정말 어렵네요."

여기까지 상황으로 볼 때, 과연 무슨 일이 벌어진 걸까? 내담자의 어린 시절 기억이 전부 **어머니의 말에 영향을 받았다**. 어머니가 말한 대로 유년 시절을 기억한다. 부모가 세 살 때 헤어졌다면, 지금 하는 말은 아버지의 관점과는 다를 가능성이 높다. 내담자가 기억하는 분명한 사실은 어머니가 많이 울고 고통스러워했다는 사실이다. 하지만 그것도 아주 확실한 건 아니다. 그러나 여기서 분명한 사실은 어머니가 아이에게 자신의 **고통을 분명하게 말했고**, 아이가 혼자였다는 것이다. 이런 식으로 계속 **시간 순서대로** 질문을 이어 나가야 한다.

왜 시간 순서를 따르는 게 중요할까? 의식은 기억을 건너뛰기 때문에 중복되는 내용이 중요하다. 또한 의식은 다가갈 수 없는 기억을 그림자 속으로 밀어 넣는다. 그래서 상담사는 내담자가 **기억하지 못하는 부분에 더 관심을 갖는다**. 기억 못 하는 부분인 특정 날짜와 나이, 벌어진 일들을 말할 때 거짓말을 방지하려면 시간 순서를 따르는 것이 매우 효과적이다.

다시 앞의 이야기를 이어서 해보자. 질문을 더 좁혀 나간다.

"세 살 때 부모님이 헤어지셨고, 어머니가 일을 안 하셨으면, 집안의 생계는 누가 책임졌나요?"

"아버지가 하셨던 것 같아요."

"어머니가 혹시 재혼하셨나요?"

"아니요, 아버지를 용서 못 한 어머니는 모든 남자를 믿지 못하셨어요."

과연 누가 이런 말을 해준 것일까? 물론 어머니이다. 아이 머릿속에는 아버지가 나쁘고 절대 용서 못 할 사람이며, 반대로 어머니는 착하고 고통받는 존재였다. 그러나 **아무도 그때 아이에게 일어난 일은 말해 주지 않았다.** 반면, **아이는 어머니에게 있었던 일을 모두 다 알았다.** 바로 이 부분이 중요하다. 어머니가 아이의 외로움을 한 번도 언급한 적이 없었다는 사실에 주목해야 한다. 아이가 겪은 어려움이나 억눌린 욕구, 두려움 등 실제 있었던 일은 한마디도 하지 않았다. 반대로, 어머니는 계속 자신의 감정을 어린아이에게 말했다. 이쯤 되면 유년 시절이 뻔히 보인다. 이제 **이 아이가 바라보는 어머니 모습**을 바탕으로 유년 시절에 대한 작은 도표를 그리는 과정으로 넘어간다. 그림 속에 이 아이의 모든 고통이 드러난다. 상담사는 내담자에게 그 상태를 그대로 말해 준다.

보통 이 과정에서 내담자는 마음의 동요를 느끼고 "한 번도 이런 장면을 본 적이 없어요."라고 말한다. 의심스러운 부분을 먼저 확인하고 나면, 나중에 더 깊이 들어갈 수 있다. 지금 어머니에게 충분한 관심을 받지 못하는 아이가 있다면, '미래 예측' 방법을 써볼 수도 있다. 나중에 일어날 일을 예측하는 방법으로 조금만 훈련하면 쉽게 할 수 있다. 어머니의 주목을 받지 못하는 아이에게 나중에 무슨 일이 생길 수 있을까? 주변에 정서적으로 보호하고 돌봐 줄 사람이 없기 때문에 기본적으로 **위험한 상황**에 놓일 수 있다. 그렇다면 이런 위험에 처한 아이에게 무슨 일이 벌어질까? 미세한 고통부터 심각한 학대까지 다 일어날 수 있다. 많은 경우가 있겠지만, 아주 극적인 상황이 아닌 비교적 그동안 일어났던 일들 정도의 수준으로 생각해 보자. 우선 이런 경우 아이에게 어떤 일이 일어났는지, 어렸을 때 겪었던 고통을 비롯해 어머니가 알지 못했던 상황들에 대해 물어보아야 한다. 이렇게 좀 더 인내심을 갖고 질문하다 보면, 주변에서 아이를 억압한 학교생활이나 괴롭힌 형들 혹은 또래들이 나타날 것이다. 쉬는 시간에 음식을 빼앗거나, 학용품을 훔쳐 간 일들도 나타날 수 있다. 혹시 어머니가 그 사실을 알았는지 물어보면, 대개 "한 번도 말한 적이 없어요."라고 대답한다. 아이가 상급 학생들에게 학대당한 것도 끔찍하지만, 그보다 **더 최악은 어머니가 전혀 그런 상황을 몰랐고, 전혀 관여하지 않았다는 사실**이다. 내담자는 이렇게 작은 일로 어머니를 걱정시키지 말아야 한다고 생각했다고 한다. 이런 이야기를 하다 보면, 폭포수처럼 어릴 적 기억이 쏟아진다. 대개 **외롭거나 거의 주목을 받지 못한 상태**라고 기억한다. 이러한 삶의 장면은 간단하게 **외로움과 두려움**이라는 말로 정리된다. 이렇게 상황들이 딱 들어맞을 때, 의식은 '기억을 끌어낼 수' 있다. 그것들을 정리할 공간이 생겼기 때문이다. 전에는 그것들이 말로 나오지 않았기 때문에, 의식이 그것들을 '기억'할 수가 없었다.

상담사는 내담자가 그런 기억들을 떠올리느라 지치거나 괴롭지 않도록 그 외 다양한 유년 시절의 경험들도 함께 나눈다. 학교에서 또는 혼자 있었을 때, 어머니에 대해서, 그리고 어머니가 한 말에 대해서, 그렇게 주변 상황들을 따라가다 보면 외로움과 방치 외에 유년 시절의 흩어진 기억 조각들을 끼워 맞추게 될 것이다.

여기에서 가장 중요한 질문이 있다.

"어머니가 당신에 대해서 뭐라고 말했나요?"

"아주 착하고 똑똑해서, 커서 의사가 될 거라고 하셨어요."

바로 이때가 **어머니가 아이에게 그 배역의 옷을 입혀 준** 순간이다. 아이는 어머니의 기대에 부응하려고 착하고 똑똑한 사람이 되어야만 했다. 그러려면 최소한 공부는 잘해야 했다. 이쯤에서 이런 질문을 할 수 있다.

"그렇다면 학교생활은 좋았나요?"

"네, 한 번도 문제를 일으킨 적이 없었어요. 어머니가 한 번도 숙제를 도와주신 적은 없지만요."

그러면 다른 아이들이 괴롭힐 때 어떻게 대처했는지 알아보고 다른 어른들의 학대 여부도 물어봐야 한다. 물론 없다고 대답할 것이다. 그러나 마음속 외로움을 달래 주는 책들을 보며 외로운 유년 시절을 보냈을 것이다.

이제 사춘기로 들어가 보자. 이 시기에 보통 '배역'을 정하는 과정이 끝난다. 이때부터 정해진 옷을 입고 '세상으로 나가서' 맡은 역할을 잘 수행한다. 이제 어머니의 말과 관련된 부분을 질문한다.

즉, 어머니가 원하는 대로 입혀 줬던 옷에 대해서 질문한다. 여기에서 생각해야 할 두 가지 주제가 있다. 바로 직업과 이성 교제이다. 청년이 된 이 아이는 어떻게 자랐을까? 아마도 직업은 해결했을 것이다. 어머니가 말하기를, 똑똑한 아이이며 커서 훌륭한 의사가 될 거라고 했기 때문이다. 의사라는 직업을 선택하지 않았을 수도 있지만, 어려서부터 공부에 흥미를 느꼈을 것이다. 물리학을 좋아해서 좋은 직업을 갖게 되었다고 가정해 보자. 그러나 이성 교제는 쉽지 않았을 것이다. 대화를 하며 가능한 한 이와 관련된 모든 장면을 확인해야 한다. 이제까지 어머니가 아이보다는 자기 자신에게 더 집중했기 때문에 아이는 외로웠고, 함께 나눌 형제나 아버지도 없었다는 상황을 파악했다. 그러나 그 이상은 잘 나타나지 않았다. 직업은 특별히 문제가 있어 보이지 않는다. 그러면 다음으로 친구나 애정 관계 부분을 살펴보는데, 이 부분에서 문제가 드러난다. 사람들과 교류가 많지 않고, 늘 어머니를 걱정한다.

여성들과의 관계에 대해서 알고 싶은데, 내담자의 대답이 별 도움이 안 된다면, 학창 시절 어머니의 어떤 점이 가장 걱정되었는지 물어봐도 좋다. 그러자 '그 당시' 어머니가 아팠다고 대답한다. 그러면 좀 더 자세하게 상황을 파악해야 한다. "어머니가 공황 발작으로 치료를 받았는데, 상황이 좀 복잡했어요. 약을 여러 번 바꿨는데, 몇 년 후에는 결국 조울증 진단도 받으셨어요."라고 대답한다. 이제 그때 상황을 좀 더 잘 알게 되었다. 어머니는 다 큰 아들에게도 여전히 안 좋은 영향을 끼치고 있다. 어머니에게 여전히 정서적인 학대를 당하는 그의 리비도*는 처음에는 학업, 이후에는 직장 일에 집중되었다. 여기까지만 보면 착하고 똑똑하고 신사적이며 외로운 남자의 평범한 이야기이다.

그는 좀 늦었지만 때가 되어 여성을 만나기 시작한다. 이때는 그의 전체 이야기에서 여성들이 어떤 위치를 차지하는지 파악할 수 있도록 경험들을 자세히 살펴보면 된다. 몇 가지 가설을 세워 보자. 그는 어떤 여성에게 매력을 느낄까? 아마 도움이 필요하고, 심각한 개인 갈등을 겪는, 즉 친절하고 사랑스러우며 온순한 남자의 말과 인내심을 원하는 여성들일 것이다. 말을 잘 들어 주는 남자를 거부할 여자가 있을까? 여성들은 자신의 말을 잘 들어 주는 남자를 만나는 게 쉽지 않다는 것을 안다. 그래서 이 영웅은 연애를 하면서 점점 안정감을 얻는다. 사랑받는다고 느끼기 때문이다. 그러나 여기에서 아주 중요한 사실을 일깨워 줘야 한다. 어려울 때 **도와주고 이야기를 잘 들어 줄 때만 사랑을 받는다**는 사실이다. 누가 이 사실을 일깨워 줄까? 물론 어머니다. 어머니는 아들을 사랑한다. 단, 어머니의 요구에 복종하는 아들이어야 한다.

그는 고등 교육을 받은 한 여성과 결혼을 했다. 만나면 만날수록

*정신분석학 용어로 성욕 또는 인간의 삶을 지속시키는 에너지를 의미한다.

더 많은 것을 요구하는 여성들 때문에 지친 그는 이상형인 아내를 만났다. 아내는 상대적으로 자족할 줄 알며 균형적인 삶을 살기 위해 다른 사람의 도움을 받지 않아도 되는 여성이다. 그들은 사이가 좋고 공통 관심사도 있어서 별문제 없이 살았다. 둘 다 일과 공부를 좋아하고 영화광이다. 아내는 문제를 오래 끄는 것을 좋아하지 않아서 늘 단순해지려고 애쓰고 일을 크게 만들지 않는 성격이다. 아주 이상적인 여성이다. 아무 문제가 없었다. 그렇다면 지금 왜 이 남자는 상담을 할까? 3년 전부터 자녀 계획을 세웠지만, 임신이 안 되었기 때문이다. 검사 결과 정자 활동성 저하가 나타났지만 그리 심각한 상태는 아니라서 사실 명확한 이유가 없었다. 아내가 불임 치료를 권했지만, 그는 별로 내키지 않았다. 무엇보다도 비용이 많이 들어가기 때문이다. 그들은 생활이 넉넉한 편은 아니다.

이제 무엇을 해야 할까? 우선 전체 도표를 살펴보고, 현재 아내 상태를 질문한다. 그는 가장 최악의 상황, 결혼 생활에서 가장 부담되는 부분, 아내와 싸우는 유일한 이유가 어머니 때문이라는 사실을 털어놓는다. 마침내 그가 날마다 어머니를 방문한다는 사실이 드러난다. 오전과 저녁, 그리고 주말마다 어머니를 돌보는 사람들이 따로 있고 그들에게 각각 돈을 지불한다는 사실도 나타난다. 외아들이 병든 어머니를 책임지는 것이 나쁜 일일까? 부모를 버려야 하나? 당연히 아니다. 또한 이런 식으로 개인을 판단하는 일은 상담사의 몫이 아니다. 사람들은 각자 자신에게 가장 잘 어울리는 삶을 산다. 그러나 이런 도덕적인 문제를 넘어, 오래전부터 우울증을 앓아 온 어머니가 아들(외아들이기 때문에 혼자 감당해야 함)이 가진 모든 에너지를 '빨아들이고' 함부로 이용하다 못해 자녀를 낳고자 하는 성욕까지 떨어뜨린다는 사실을 이해해야 한다.

과연 이런 생각이 맞을까? 아닐 수도 있다. 이것도 하나의 생각에 불과하다. 이 마흔 살 남성은 의식적으로 늘 바르게 살아왔다. 열심히 일하며 정직하고 똑똑하다. 결혼 후 현재 자녀를 낳고 싶지만, 아이가 생기지 않는다. 그리고 모든 삶의 에너지를(자신도 잘 모르고, 제대로 보이지도 않는 상황) 어머니에게 다 쏟고 있다. 앞으로도 경제적, 애정적, 정서적인 면을 비롯하여 모든 면에서 지치고 텅 빌 때까지 어머니에게 에너지를 쏟게 될 것이다.

이럴 때 보통 내담자는 무엇을 해야 할지 물어보는데, 그건 상담사도 모른다. 하지만 적어도 책상 위에 모든 기억의 카드를 꺼내 놓을 수는 있다. 그렇게 하면 내담자는 직접 하나하나 보면서 생각하고 "그래 맞아, 맞아, 맞지."를 연발한다. 우리 역할은 여기에서 끝이다. 물론 계속 더 상담하고 싶은지 물어볼 수는 있다. 지금까지 한 일은 **어머니의 말과 실제 자신의 삶을 비교**, 조합하는 작업이었다. 어머니의 소망 안에 갇힌 세상과 자신의 내면, 자신이 원하는 세상을 철저히 비교하는 일이었다. 이 과정을 하고 나면 지금 각자의 삶에 놓인 여러 가지 결정들을 더 쉽게 내릴 수 있다. 따라서 자기 삶에 벌어진 일을 전체적인 눈으로 바라봐야 한다. 아이가 없다고 무작정 불임 치료부터 시작하는 게 최선이 아닐 수도 있다. 물론 그것도 중요하지만, 첫 단계는 아닌 것 같다. 적절한 기회를 봐서 아내가 생각하는 것보다 더 복잡하게 얽힌 자신의 상황을 정직하게 이야기해야 한다. 또, 스스로를 돌아보고 오랫동안 지속된 에너지의 고갈을 인정해야 한다. 어떤 방법이든, 통합적인 눈으로 이 문제를 해결해 나간다면 모두에게 좋은 방향으로 변화가 일어날 것이다. 처음에는 힘들 수도 있지만, 어머니에게도 좋은 변화의 계기가 될 것이다.

어머니의 말을 어떻게 감지해야 하는지 설명하려고 사용한 이 가상 사례는 실제로 충분히 일어날 수 있는 일이다. 사람은 저마다 특별하고 고유한 관계적 우주를 품고 있다. 이 방법으로 '어머니의 말'이라는 가방을 메고 한 경험 속에서 모든 일을 해석하거나 **그 경험에** 현혹되지 않고, '내면의 이야기'를 찾을 수 있을 것이다.

왜 내담자의 입을 통해 찾는 게 중요할까?

우리는 문제가 생길 때마다 누군가 해결해 주기를 바라며, 늘 두 가지 환상을 품는다. 첫 번째는 누군가 우리에게 정확한 해결책을 줄 거라는 환상이고, 두 번째는 해결책을 얻으려면 문제 상황을 있는 그대로 전문가에게 설명해야 한다는 환상이다. 그러나 결과적으로 '있는 그대로'란 사실상 '내가 이해한 대로'를 의미한다. 모두 저마다 주관적인 안경으로 상황을 바라본다. 사실상 '객관적인 시선'은 존재하지 않는다. 그러니 적어도 어떤 안경을 끼고 있는지는 알아야 한다. 그것이 '우리가 보는 것'을 좌우하기 때문이다. 따라서 문제를 해결하기 전에, 쓰고 있는 안경부터 점검해야 한다. '보는' 방식을 알아야만 문제도 해결할 수 있다. 어렸을 때는 누군가의 말이 우리의 정신세계를 좌우했다. 그리고 들었던 '그 말'이 구체적인 실제 경험과 너무 다르면, 정신적으로 혼란을 겪는다. 그러나 안심하길 바란다. 결국에는 불편한 이야기와 '안 맞는 느낌' 또는 지속적인 혼란의 원인을 이해할 수 있을 테니까.

모든 사람이 **들은 말과 실제 경험 간의 차이**를 경험했을까? 안타깝게도 경험하지 않은 사람을 찾기 힘들 정도이다. 따라서 다른 문제에 접근하기 전에, 우선 무슨 안경을 쓰고 자신과 타인을 바라보는지 정확히 알아야 한다. 신념, 생각, 판단, 선호, 삶의 방식은 초기 유년 시절에 누군가의 말과 추측으로 만들어진다. 따라서 살면서 계속 부모의 말과 반대 길을 간다거나 그분들의 관점이나 삶이 옛날 방식이라서 자신의 방식과 전혀 일치하지 않는다는 느낌을 받았다면, 그런 이유 때문이다. 즉, 누군가의 말로 만들어졌기 때문이다. 부모는 어떤 방법으로든 우리의 저항과 반항, 실수를 언급한다. 그리고 우리는 그와 관련된 배역도 맡게 된다. 부모가 우리에게 이유 없는 반항아라는 배역을 맡겼다면, 이후 어른이 되어서도 평생 큰 문제에 맞서 싸우는 삶을 살고 있다고 믿는다. 그래서 사회에서도 그런 모습을 드러낸다. 혁명가처럼 용기 있는 사람임을 자랑스러워한다. 그러나 삶을 자세히 파고들어 보면 용기나 영웅심의 흔적이 전혀 나타나지 않을 수도 있다. 그저 어머니나 아버지가 반복했던 속이는 말을 듣고 스스로 '그런' 사람이라고 믿었기 때문이다. 모든 상황에서 우선 우리에 대해서 들은 말이 실제 사실과 일치하는지, 또는 유년 시절 내내 질리게 들었던 그 말을 지금도 계속 무작정 따르는지를 밝혀야 한다. 그러고 나서 다시 시작해야 한다. 그러려면 구체적인 기억에 도움을 청해야 한다. 정직한 이야기를 바탕으로 삶의 퍼즐을 맞추려고 노력해야 한다.

우리 마음에 새겨진 그 말은 늘 어머니의 입에서 나오는 걸까? 대부분은 그렇다. 그러나 경우에 따라서는 **아버지의 말**이 될 수도 있다. 또한, 불안정한 가족을 이끌어 가는 중요한 인물인 **할머니의 말**이 될 수도 있다. 어떤 가정에서는 형제마다 또 다른데, 어떤 자녀는 어머니의 말이, 어떤 자녀는 아버지의 말이 영향을 끼치기도 한다. 이런 경우는 분명 오랫동안 정서적 싸움을 하면서 부모가 각각의 자녀와 동맹을 맺었을 것이다. 그래서 형제들은 서로 미움과 증오를 품은 채로 함께하거나 또는 반대편에 서 있게 된다. 이 부분의 이해를 돕기 위해 이후에 구체적인 사례를 소개할 것이다.

이후 전체 가족 무대와 가족의 중요한 주제들이 지나가는 이정표를 그리기 위해서는 꼭 이런 사실을 내담자의 입을 통해 찾아야 한다. 거의 모든 가정에서 전쟁이 벌어지는데, 어떤 전쟁은 다른 전쟁보다 훨씬 더 눈에 잘 띈다. 따라서 각 배역이 어느 편에서 연기하는지 꼭 알아야 한다. 이것은 매우 중요한 정보이다. 이것을 알아야 우리 의견이 왜 할머니와 형제, 어머니 또는 선생님의 모든 정치적, 경제적, 철학적 견해와 일치하는지를 이해할 수 있다. '개인적 의견'이라고 말하는 것도 완전히 개인적 의견은 아니다. 비록 깊이 생각한 결과라고 해도 '거짓 자아'의 말에 끼워 맞췄을 가능성이 높다. 또한 각 배역이 꼭 한 가지 역할만 맡는 건 아니다. 무대에서 특정 장소를 차지할 수도 있고, 대본을 들고 상황을 설명해줄 수도 있다.

자녀들에게 속이는 말을 안 하는 방법

이쯤에서 우리는 당황한다. 어떤 배역을 맡았는지 분명히 알고, 행동의 원인을 파악하며, 사랑하는 사람들에게 어떤 역할을 강요했는지를 알아보는 일이 너무 어려워 보이기 때문이다. 또한, 우리는 안경을 벗고 어린 자녀들에게 미리 준비한 의상을 강제로 입히지 않겠다고 결심하지만, 그것이 마치 절대 이루어질 수 없는 꿈처럼 느껴진다. 어른에게는 많은 책임이 있다. 자녀를 사랑으로 키우는 것뿐 아니라, 훨씬 더 복잡한 숙제가 있다. 자유로운 아이로 키우고 싶다면, 우리를 **투사하지 않기 위해** 노력해야 한다. 아이들이 스스로 장난감이나 옷을 선택한다고 자유로워지는 게 아니다. 그것은 진짜 자유가 아니다. 여기서 말하는 자유란 안경을 쓰거나 눈을 가리지 않은 부모에게서 **깨끗한** 시선과 도움을 받는 것이다.

좋은 부모는 자신의 어린 시절 정서 상태에 과감하게 의문을 제기하고, 감정들을 조사할 수 있어야 한다. 자녀들에게 좀 더 진실하고 자유로운 삶을 물려주고 싶은 부모라면 당연히 해야 하는 일이다. 여기에서 개인적인 이야기를 조사한다는 게 무슨 뜻일까? 도움을 받아 **그림자를 자세히 살펴보는 일**이다. 즉, 의식 속에서 잊혔던 고통 속으로 들어갈 준비를 하는 것이다. 어른이 된 지금 우리는 유년기에 있었던 일과 마주할 수 있다. 이제는 방법이 많고 아주 나쁜 일이 우리에게 일어나지 않을 거라는 걸 이미 알기 때문이다. 적어도 그때보다 나쁜 일은 일어나지 않을 것이다. 보통 여기에서 가장 큰 두려움은 '다시 고통을 당할지도 모른다'는 생각이다. 그러나 이제까지 계속 고통을 받은 이유가 우리의 그림자 때문임을 깨달아야 한다. 개인적 경험을 밖으로 드러낸다고 해서 꼭 고통이 멈추는 건 아니지만, 적어도 무슨 고통인지는 알 수 있다. 예를 들어, 어렸을 때 어머니가 자기밖에 모르는 이기적인 사람이었다면, 나는 지금도 진짜 사랑에 목말라하며 끊임없이 사랑을 갈구할 것이다. 물론 실제 있었던 일들을 살펴보면서 어머니가 유아적이고 자기밖에 모르며 독립적으로 살 능력이 없었다는 사실을 하나씩 확인하다 보면 너무 괴로울 것이다. 그러나 이를 통해 어머니뿐 아니라 나를 이해하게 되고, 그것을 바탕으로 새로운 **결단을 할 수 있다.** 즉, 어머니가 줄 수 없는 사랑을 더 이상 기다리지 않겠다고 결심할 수 있다. 이것만으로도 이미 고통은 줄어든다. 계속해서 같은 예를 들어 보자. 만일 내가 학업이나 더 나은 직업을 위해 다른 나라로 이민을 갔다가 임신을 해서, 어머니가 아이를 돌봐줄 거라는 기대를 품고 고향으로 돌아왔다면, 그 실망은 말도 못 할 것이다. 지금 어머니는 과거에 자신 외에는 그 누구도 책임질 수 없었던 바로 그 어머니이기 때문이다. 그런데도 실제로 아이를 안고 어쩔 줄 몰라 하는 내 전화를 받고도 어머니가 달려오지 않으면, 예상보다 훨씬 더 놀란다. 또, 어머니가 손자를 보러 오기로 해놓고 그때마다 뜻밖의 일이 생겼다고 핑계를 댈 때, 나는 어머니가 아무런 책임을 지지 않는 사람이라는 걸 몰랐다는 듯 매우 우울해하며 스스로 사랑받지 못하는 존재라고 생각한다. 그러나 어머니의 상황을 알고 나면, 나의 상황들과 어머니의 정서적 현실 그리고 어머니가 이해하는 것과 실제 현실에 차이가 있다는 걸 깨닫는다. 그 덕분에 **어머니의 말에 따라 정해진 유년기의 환상**이 아닌, 실제 가족의 진실을 토대로 삶의 결정을 내릴 수 있다. 어른이 된 지금은 유년기에 어머니가 입혀 준 옷이 더 이상 필요가 없다. 오히려 **실제 현실을 깨달으면**, 더 단단해질 수 있다. 이것이 고통스럽지 않다는 뜻은 아니지만, 적어도 더 건강한 결정을 내릴 수 있게 된다. 예를 들어, 최소한 '육아에 어머니의 도움을 받고 싶다'는 생각으로 고향에 돌아올 결심은 하지 않을 것이다. 그리고 지금 사는 곳에 더 많은 육아 시설과 도움을 줄 만한 사람들이 있다는 걸 알아낼 것이다. 즉, 이렇게 어른이 된 지금 **고통을 줄이는 방법을 알게 된다**.

우리가 그림자를 열심히 바라보고, 열린 마음으로 자기 성찰을 하며, 자신을 비춰 줄 스승과 인도자를 찾고, 친구와 가족 또는 동료들이 조언 특히, 쓴소리를 할 때 주의 깊게 듣는다면, 숨겨진 부분들과 화합하는 길에 들어선 셈이다. 그리고 만일 어린 자녀를 키우고 있다면, **가능한 한 정직하게 자신에게 의문을 품는 부모가** 되어야 한다. 전체 도표를 관찰하고 시나리오를 자세히 보면, 그 속에서 우리도 모르게 맡았던 배역이 다른 이들과 주고받은 대사들이 나타난다. 그런 과정을 거치면 기존의 방법이 아닌 더 창의적이고 적절한 방법을 선택할 수 있다. 더 열린 마음으로 편견 없이 자녀들을 바라볼 수 있다. 아이를 대하기 전에 예측해서 상황에 끼워 맞추지 않게 된다. 아이가 하는 일을 하나하나 트집 잡고 화내거나, 우리 마음대로 일을 빨리 처리하려고 아이에게 배역을 강요하는 대신, 아이에게 벌어진 일들을 좀 더 조심스럽게 말하고 소중히 여길 것이다. 복잡한 감정의 우주 속에서 실제로 벌어진 일들을 솔직하게 말할 수 있을 것이다. 따라서 마음과 내적 경험, 감정, 지각은 미리 정해진 시나리오 속이 아니라, 정말 있어야 할 '제자리'를 찾을 것이다. 자녀에게 "너는 아빠를 닮아서 정말 게을러."라고 말하는 대신에, "오늘 학교에 가기 싫은 거니? 친구들이 괴롭혀서 그런 거야?"라고 물어보게 될 거고, 그 순간 모든 게 기적처럼 변할 것이다. 덕분에 아이는 '부모 말을 듣지 않는 게으른 배역'의 옷을 비롯한 그 어떤 옷도 입지 않아도 된다. 물론 아직 아이는 어떻게 이 문제를 해결해야 할지, 어떻게 대화해야 할지 잘 모른다. 하지만 다행스럽게도 아이가 복잡한 이런 문제를 직면할 수 있도록 도와주는 어른이 있다.

이 모든 일에는 꾸준한 훈련과 끊임없이 자기 의문을 품는 노력이 필요하다. 자기희생이 필요한 힘든 일이다. 저절로 그런 행동이 나오려면 수십 년이 걸릴 수도 있다. 그러나 이것이 내가 생각하는 유일한 방법이며, 이렇게 하면 원리주의*fundamentalism*(모든 애착 양육이론과 자연 양육, 자연주의, 부모와 한 침대 사용, 장기 모유 수유, 어머니와 자녀의 정서적 융합, 진보적인 가족 성향 등)에서 벗어나는 데 도움이 될 것이다. 물론 이것들은 좋은 방법이고 맞는 부분도 있고, 어떤 배역들은 피난처가 될 수도 있다. 그러나 우리가 할 일은 **자유로워지는 것**이다. 그러려면 해야 하는 역할이 적힌 '공식 대본'을 꼭 열심히 살펴봐야 한다. 어른이 된다는 것은 나이를 먹고 경제적으로 자립하는 것만이 아니라, 삶의 고삐를 쥐고, 마음속 괴물들과 맞서서 그들의 눈을 똑바로 바라보며 위험이 가득한 숲을 당당히 가로지르는 것이다. 바로 그 순간 삶의 모든 영역에서 온전한 책임을 질 수 있게 된다. 자녀가 있다면, 여기에는 자녀를 우리 편의대로 정한 배역 안에 가두지 않는 능력도 포함된다. 들고 있는 대본을 전체적으로 바라보고, 공식적인 말에 용감하게 의문을 제기하며, 유년 시절의 정해진 틀에서 벗어나기 위해 배역을 벗고 감옥에서 당당히 걸어 나오겠다고 결심할 때, 비로소 자녀들과 배우자, 형제자매, 이웃들을 바라볼 수 있다. 그러면 자녀에게 우리가 원하는 것을 독재자처럼 강요하거나 타인의 욕망이 든 무거운 가방을 계속 메게 하는 대신, 진정으로 원하는 것이 무엇인지 물어보게 될 것이다.

3
거짓 자아의 말

나를 공식적인 말에 맞출 때

이곳에서는 내담자의 성격과 성별, 소극적이거나 공격적인 태도, 추가 상담 비용 지불 여부, 상담 이유, 급한 정도 등이 별로 중요하지 않다. 또한, 내담자가 상담사를 신 또는 그 비슷하게 엄청난 존재라고 생각하여 다 이해하고 해결할 수 있을 거라고 믿든 아니든, 그것도 별 상관이 없다. 그저 상담사는 내담자가 삶(가능하면 윗대 부모들과 친척을 비롯한 지인들까지 포함)을 정직하게 따라가면서 **자기 그림자 안으로 들어가도록** 옆에서 도와줄 뿐이다. 이 작업이 바로 '휴먼 바이오그래피 작성'이다. 상담 팀에서는 휴먼 바이오그래피를 짧게 줄여서 약자로 [HB]라고 부른다. 상담 중 방향을 잡지 못하고 길을 잃을 때마다 다시 [HB]로 돌아간다.

내담자가 지금 당장 문제를 해결해야 한다는 부담을 가지면 걱정이 생기고, 예전의 일들을 기억하는 데 시간이 더 걸린다. 이럴 때는 더 깊게 파고들 수 있도록 내담자에게 이전 상담에서 나누었던 이야기들을 짧게 요약해 달라고 요청한다. 그러나 그 내용을 명확하게 정리해서 말할 수 있는 내담자는 극히 드물다. 보통은 처음, 즉 유년기 경험부터 다시 시작해야 한다. 우선 '모성애 경험'이 어느 정도인지 살펴보는 게 중요하다. 누군가의 입을 통해서 나온 말이 아닌 실제 벌어진 상황을 살펴봐야 한다. 이렇게 함께 찾는 과정에서 상담사에게 필요한 건 지식보다 기술이다. 즉, 정교한 생각보다는 다양한 훈련이 필요하다.

내담자가 휴먼 바이오그래피 작성을 결심하면, 대부분 상담사는 처음에 비슷한 어려움에 부딪힌다. 내담자가 맡은 **배역**과 **신분**에 맞춰서 질문에 대답하기 때문이다. 이미 강력하게 무장하고 준비된 말을 한다. 휴먼 바이오그래피 작성을 시작할 때 늘 나타나는 문제이다. '우리를 인식하는' 신분은 '의식적 자아'인 배역을 따라간다. 저마다의 방법으로 자신을 나타내면서 '그것이 본모습'이라고 믿는다. 이제, 한 여성을 살펴보자. 그녀는 유능하고, 시간 약속을 철저히 지키고, 문제 해결도 잘하고, 참을성이 많고, 깐깐하고, 책임감 있는 변호사이다. 물론 이것이 그녀의 본모습일 수도 있지만, 상담사는 이런 특징보다는 개인적 가치와 관련된 말에 더 관심을 둔다. 그녀의 특징이 그녀에게 많은 도움이 된다면, 이것이 가까운 사람들과의 관계 속에서 어떤 어려움을 일으키는지 찾아봐야 한다. 예를 들면, 자기 능력을 자랑스러워하는 사람들은 대체로 부주의하거나 무능한 사람들을 견디지 못한다. 그러면서도 그들은 자기도 모르게 자기 배역을 더 돋보이게 하려고 부주의하거나 건망증이 심한 사람들을 곁에 둘 가능성이 높다. 그렇게 함으로써 유능한 왕처럼 엄청난 권력을 가졌다고 확신한다. 만일 그녀가 그렇다면, 과거 이야기로 거슬러 올라가야 한다. 과거에 지금 그녀의 삶을 움직이는 중요한 배역에 길들여졌기 때문이다. 한편, 그녀는 심리학자와 상담했는데, 자신은 자녀들이 학교에서 잘못된 행동을 할까 봐 늘 걱정이며, 자신 같은 해결사는 확실한 해결책을 원한다고 강조한다. 상담사는 열정적이고 유능한 이 내담자에게 태어났을 때나 유년 시절 기억에 대한 질문을 시작할 거라고 먼저 설명한다. 그러자 이런 대답이 나온다.

"저는 눈을 뜬 채로 태어났어요."

"그 사실을 누가 말해 줬나요? 어떻게 알게 된 거죠?"

"가족들이 모두 그렇게 말했으니까요."

"그럼 가장 먼저 말한 사람은 누군가요, 혹시 어머니세요?"

"물론이죠. 어머니는 제가 눈을 뜬 채로 태어나 늘 모든 사람들을 신경 쓰며, 제 눈에서 벗어날 수 있는 사람이나 일은 없다고 늘 말씀하셨어요."

이 대답이 웃길 수도 있지만 중요한 이유는 자연스럽게 그녀의 배역이 드러나기 때문이다. 그녀는 어머니가 만들어 준 '늘 깨어 있는 상태'의 배역을 맡았다. 간혹 어떤 배역에는 긍정적이고 매력적인 부분이 있다. 그래서 그것을 버리기가 더 어렵다. '눈 뜬 채 태어난 아이' 배역은 모든 것을 볼 수 있고 똑똑하며, 민첩하고 직관적이고 통찰력도 강하지만, 그 그림자 속으로 들어가 보면 유년기에 어머니의 보호를 잘 받지 못해 고립된 나약한 아이가 있다.

어떻게 알 수 있을까? 그녀가 말하는 배역이 어머니의 말과 일치하는 걸 보면 알 수 있다. 이제 나머지 부분도 살펴보도록 하자. 쉽지는 않을 것이다. 그녀 안에 무시무시한 정보 감시원인 '거짓 자아'가 있기 때문이다. 그녀는 어머니의 말을 그대로 받아들여 **자기 것으로 만들었다.**

이제 '눈 뜬 채 태어났다'는, 아주 어렸을 때부터 **성숙하고** 책임감이 높아야 한다는 어머니의 요구를 찾아볼 질문을 할 차례이다. 대답을 정리해 보니, 그녀는 아주 어릴 때부터 동생들을 챙겼고, 학교에서는 불공평한 일에 앞장서서 싸웠으며, 친구들 사이에서는 늘 반장과 기수를 했고, 여러 면에서 자기 확신을 지켜 나갔다. 따라서 따르는 사람이 많았지만, 동시에 비방하는 사람도 있었다. **전체 시나리오에는 꼭 이런 양면적인 모습이 나타난다.** 상담사는 먼저 그녀가 별로 중요하게 여기지 않는 비방자들에 대한 질문에 집중한다. 그러자 늘 리더였던 그녀는 "그런 바보 같은 애들의 생각이 그렇게 중요한가요?"라고 대수롭지 않게 말한다. 상담사가 특별한 관심을 가질 수밖에 없는 대답이다. 그 '바보들'에는 유년기 가족 전쟁 속에서 또 다른 대피소에 숨어 있던 형제들도 포함되기 때문이다. 어머니는 아주 활력 있고 센 성격에 의지가 강한 사람이다. 그녀는 이런 어머니를 닮았기 때문에, 태어났을 때 어머니가 선물로 주신 배역도 딱 맞았을 것이다. 이제 이 부분을 확인해 보

자. 어머니에 관한 질문을 하자, 그녀는 두 눈을 반짝이며 대단한 (사실이었을 것이다) 어머니와 관련된 일화를 여러 개 늘어놓는다. 그러나 상담사가 원하는 것은 어머니와 그녀가 둘 다 적극적이고 진취적인 사람이며 같은 편임을 확인하는 일이다. 어머니는 오십 년간 가정 생계를 책임진 아버지를 무시하면서도 바깥일은 하지 않았다. 그러나 **공식적인 말의 주인**(어머니)이 '**진실**(진실이 아닐 수도 있지만, 여부는 이후에 밝혀질 것이다)'의 키를 쥐고 있다는 걸 아는 게 중요하다. 지금 말한 것이 바로 **말의 힘,** 이 경우에는 어머니 말의 힘이다.

'무능한' 사람들이 모인 대피소 안에 누가 있는지 조사하니 예상대로 아버지와 형제자매들이 있다. 그녀는 그들에 대해서 이렇게 말한다.

"부모님은 '낙제생'인 남동생을 어떤 학교에 보내야 할지 고민하셨어요. 가족들은 그를 '괴짜'라고 불렀어요. 진짜 이상했거든요! 좀비 같았어요. 딴 세상에 사는 것 같고 말도 잘 안 했어요. 만나는 사람이나 친구도 없었어요. 어른이 된 지금도 남부 지방을 떠돌며 살아요. 그래서 가족들이 다달이 돈을 보내 줘야 해요. 애완동물이나 몇 마리 키우며 살죠. 중간에 장사를 하다가 잘 안 됐는데, 이제 더는 도와주고 싶지 않아요. 정말 하는 짓이 아버지랑 똑같아요."

이 말이 정말 사실일까? 그녀는 무슨 안경을 쓰고 그를 바라보는 것일까? 정확히는 몰라도 당돌하고 뻔뻔한 배역을 맡은 건 틀림없다. 분명 그녀는 어머니의 칭찬을 받았지만, 거만이라는 산꼭대기에 앉아서 형제자매들의 미움을 샀을 가능성이 높다.

이제 청년기로 가보자. 그녀가 원하는 모든 소원을 거의 다 이루었을 거라고 충분히 짐작할 수 있다. 질문을 통해 이 짐작을 확인해야 한다. 그녀에게는 전형적인 팜므파탈 같은 모습이 있으며, 실제로 스스로 적극적인 여자라고 굳게 믿고서 목적을 이루기 위해 '높은 사람들을 짓밟을' 준비를 한다. 이 배역 덕분에 직장에서는 승진하지만, 정서적으로는 아주 외롭다. '다른 사람'과의 관계를 확인하기 위해 친밀한 감정 관계에 대한 질문을 이어 간다. 그러자 그녀 주위에 도움이 필요한 남자들과 약물 중독자 또는 그녀의 용감함에 매력을 느끼지만, 나중에는 질투하고 경쟁심을 느끼는 남자들이 나타난다. 그렇다면 그들과의 관계는 보통 어떻게 시작할까? 대부분은 그녀의 매력 때문에 시작된다. 그렇다면 어떻게 그 관계가 끝날까? 한마디로 잔인함이 난무한다. 그녀는 루이스 캐럴의 소설 『이상한 나라의 앨리스』에 나오는 하트 여왕을 닮았다. 여왕은 좋아하지 않는 게 나올 때마다 "목을 베어라!"라고 외친다. 목을 베는 여왕 같은 그녀는 특히 누군가 충실한 동맹에서 벗어나려고 할 때 목소리를 높인다.

대개 상담사가 내담자의 삶 속으로 들어가기가 어려운 이유 중 하나는 '배역'이 장님이기 때문이다. 다른 것은 보지 못하고 자기 말만 맞다고 우긴다. 이 '의식적 자아'는 다른 사고방식은 받아들이지 못하고 자기 확신에만 꽉 차 있다. 바로 이 '거짓 자아'가 **상황을 객관적으로** 보지 못하게 방해한다. 스스로 가장 똑똑하다고 생각하지만, 실제로는 아는 게 하나도 없다. 따라서 계속 실패한다. '거짓 자아'는 자기가 최고라고 생각하며 딱 하나의 관점만 따른다. 다른 관점으로 바라보는 것을 두려워한다. 다른 관점을 따를 경우 유리로 만든 피난처에서 더 이상 따뜻하게 지내지 못하고, 가면을 벗어야 한다는 사실을 잘 알기 때문이다.

대체로 우리가 하는 말을 관찰해 보면, 사회 속에서 '자신을 드러낼' 때마다 '거짓 자아'가 만들어 낸 장점들을 뽐내며 행복해한다. 결론적으로 우리가 말하는 모든 것은 진실의 작은 일부일 뿐이다. 상담사가 휴먼 바이오그래피를 작성할 때 내담자의 말, 즉 '거짓 자아'의 주장은 **관심의 대상이 아니다**. 내담자가 **자발적으로** 하는 말은 대부분 '거짓 자아'의 말이기 때문에 쓸 만한 정보가 아니다. 따라서 내담자가 인상적이고 자세한 정보를 주거나 재미있게 말해 줘도 **믿지 말아야** 한다. 여기에서도 그녀가 하는 말이 자신이 확실하다고 믿는 '거짓 자아'의 말이라면, 그녀의 입에서 나오는 헤어진 연인이나 형제자매, 동료나 지인들의 자세한 정보는 별로 중요하지 않다. 그녀는 늘 자신을 자랑스러워한다. 그리고 '거짓 자아'의 눈으로 볼 때 자기편이 아니거나 행동이 굼뜨고 무능한 사람들을 '바보' 취급 한다. 반대로 그녀와 수준이 같다고 생각하면 바로 자기편으로 '인정'한다. 우리는 지금 젊고 진취적이며 성공한 어느 여성 변호사의 삶을 시간 순서로 따라간다. 그녀는 자기 힘이 통할 수 있는 사람들과 관계를 맺는 편이다. 현재 마흔다섯 살이고 결혼해서 학교에 다니는 어린 두 자녀가 있으며, 그들 걱정 때문에 상담을 하러 왔다. 특정 논리를 바탕으로 그 상황을 조사하려면 이제까지의 정보를 정리해야 한다. 그러고 난 후 걱정거리를 살펴보도록 하자.

과연 그녀는 어떤 사람과 결혼했을까? 그녀가 알고 지내던 수많은 사람처럼, 구해 줘야 하거나 무시하던 약한 남자와 만났을 가능성이 높다. 아니면 정반대로 인맥이 넓고 능력 있는 강한 남자와 결혼했을 수도 있다. 만일 주변에 외부 적들 혹은 멍청하거나 무능하고 어리석은 사람들이 많았다면, 교제한 남자들과 쉽게 강력한 동맹을 형성했을 것이다. 물론 그것은 무의식적인 행동이다. 그녀의 선택을 확인하기 위해서 먼저 배우자의 '유형'을 질문한다. 그녀는 이런 질문에도 절대 '불분명한 태도'는 보이지 않는다. 질문하는 즉시 남편이 '천재'인지 바보'인지 대답할 것이다. 따라서 바로 어떤 쪽을 선택했는지 알 수 있다. 그녀는 자신처럼 강하고 결단력 있는 사람을 선택했다. 남편도 변호사이고 업계에서 유명하며 둘 다 형사 범죄 관련 일을 한다. 여성이 그런 일을 하려면 강한 성격을 계속 유지해야 한다. 사람들과 정서적인 거리감도 어느 정도 두어야 하고 참기 힘든 경우도 많다. 그러나 그녀는 필요 이상으로 힘과 정서적 거리를 유지하고 있다.

상담을 진행하는 동안, 그녀가 유년 시절 경험한 정서적 방치 상태를 살펴보았다. 그녀는 예닐곱 살 때부터 성숙한 대답을 하고 책임감 있게 행동해야 했으며, 세상에서 자신만이 어머니가 원하는 것들을 할 수 있다고 확신했다. 만일 '거짓 자아'가 한 말 이외의 부분도 '건드릴' 수 있다면, 흥미로운 상담이 시작된다. 그러나 건드리지 못하면, 아무것도 시작할 수가 없다. 보통 상담사가 할 일은 배역의 **장단점**과 배역 때문에 삶에서 치러야 하는 대가를 **알려 주는 것**이다. 모두가 그 대가를 느끼기는 해도, 보지는 못하기 때문이다. 그래서 계속 대가를 치르느라 기분이 안 좋아도 그것을 어떻게 바꿔야 할지 모른다. 배역을 유지하는 데 치러야 할 대가가 잘 드러나지 않고, 그 정체를 정확히 모르기 때문에 고통스러워한다. 이 이야기에서 그녀가 치러야 할 대가는 엄청난 외로움과 모든 관계에 대한 절대적 불신, 그리고 세상에는 아무 쓸데없는 사람들이 가득하다는 신념이다. 세상이 자기중심으로 돌아간다고 믿고 사는 것은 그리 단순한 문제가 아니다. 그런 생각으로는 절대 다른 사람을 신뢰하거나 함께할 수도, 일을 맡길 수도 없다. 그런 고통과 거리감을 느끼다 보면 자기 아픔까지 하찮게 여기고 무관심하게 된다. 이 모든 것이 각자의 '그림자' 속에 들어 있다. 그러나 그것을 알아채지 못하기 때문에 말로 표현하지 못한다. 그녀처럼 다른 사람을 무시하며 살 수는 있어도, 관계를 망가뜨리는 고통에 대해서는 말할 수가 없다. 이렇게 되면 세상 반대편에 혼자 남는다. 동시에 자기 영역 속으로 들어오지 못하는 사람들을 비난한다.

이때가 바로 그녀에게서 뭔가가 보이기 시작하는 순간이다. 그녀와 다른 사람들 사이의 거리감을 말하자, 바로 수긍하고는 "한번도 이런 식으로 생각해 본 적이 없어요." 또는 "그럴 수 있죠, 그렇다고 생각해요."라고 말을 더듬으며 인정한다. 그래서 바로 간단한 '도표' 혹은 지도 그리는 일을 시작한다. 그림 안에서 그녀와 남편, 지인들은 산꼭대기에 함께 손을 잡고 앉아 나머지 사람들을 쳐다보며 무시하고 있다. 이곳은 이들이 권력을 얻어 올라간 장소이다. 하지만 동시에 외로운 곳이다. 아무도 이런 인간 신들에게 필요한 것이 있을 거라고는 상상도 못 한다. 도표에 있는 다른 사람들은 작고 무능한 신하라서 이 왕국의 왕과 왕비에게 바칠 것이 아무것도 없다. 따라서 그들 사이에는 거리감과 우쭐거림, 질투, 몰이해, 분노, 무지만 있다. 산 가장 높은 보좌에 두 사람이 있고, 나머지는 아래에 있다고 상상해 보자. 장소와 상관없이 그녀에게 벌어지는 모든 일이 이 도표로 설명된다.

이쯤에서 '천재들 대 바보들'이라는 이 대립 관계를 생각해야 한다. 그녀의 '거짓 자아'는 자신의 '천재성'을 매우 자랑스러워하는 동시에 같은 연극에 나오는 바보와 멍청이 또는 굼뜬 역할을 맡은 모든 조연을 늘 참아야 한다는 사실을 유감스러워하기 때문이다. 그녀가 무의식적으로 다른 사람들에게 어떤 행동을 하는지 깨닫고, 도움이 될 만한 변화를 일으키려면 먼저 배역을 어떻게 맡게 되었는지 살펴보아야 한다.

이런 전체 상황을 분명하게 확인하고 나면 자녀의 탄생과 육아, 애착 관계, 남편과 애정 관계의 변화, 일상의 어려움에 접근할 수 있다. 이것은 직장 일의 성공을 가장 큰 목표로 생각하면서 정서적 거리감을 느끼는 여성에 대한 이야기이다. 이 정도만 이야기해도 그녀가 어머니가 된 후에 겪었을 상상할 수 없는 수많은 어려움이 짐작된다. 또한, 좀 더 앞을 내다보면 자녀들이 그녀의 '두통 거리'로 변할 거라는 것도 짐작된다. 그녀는 감정적이고 섬세한 영역보다는 직장 생활 훈련을 더 많이 받았기 때문이다. 자녀를 낳고 함께 살아가는 것은 모든 사람에게 어려운 일이지만, 그녀에게는 훨씬 더 어려울 것이다. 육아와 애착 관계는 사회성이 좋거나 특별한 행동을 한다고 해결되는 게 아니라, 더디게 진행되는 일이기 때문이다. 그녀가 이런 일을 만나면 끝없는 미로에 갇힌 듯한 느낌이

들 수도 있다.

잠깐 시간 간격을 두고 자녀들의 생애 초기에 대한 더 자세한 질문을 할 것이다. 그녀가 아주 불편해할 내용이기 때문이다. 보통 이런 경우 내담자는 "이미 아주 오래전에 지난 일이에요."라고 하면서 그 질문을 끊고 싶어 할 가능성이 높다. 또는 그때의 일들을 다 잊어버렸을지도 모른다. 따라서 이 부분에서 **그림자**가 생겼음을 특별히 강조해야 한다. 그렇다면 어떻게 질문을 해야 할까? 이전보다 좀 더 자세히 해야 한다. 임신과 출산 초기, 산후 쇠약기, 수유기 등에 대한 질문을 자세히 해야 한다. 그렇게 질문하자 그녀는 곧바로 "후안은 먹고 잠만 자는 하늘에서 온 천사였어요."라고 대답한다. 그녀의 '거짓 자아'가 만든 배역은 분만할 때도 자신이 모든 것을 통제할 수 있을 거라고 생각했다. 그러나 통제가 제대로 이루어지지 않는 곳이 있다면 바로 분만실이다. 그녀는 제왕절개 수술을 했다. 태아가 탯줄을 감아서 어쩔 수 없는 선택이었지만, 그녀는 원래부터 자신이 현대적인 의료 방법을 선택했다고 주장한다. 내담자가 혼란한 경험을 그림자 속에 더 많이 밀어 넣었을수록, 상담사는 그림자 속에서 더 많은 것들을 찾아야 한다. 그녀는 출산 직후 그 혼란 중에도 맡은 배역에 충실할 수 있는 곳인 **직장으로** 돌아가려고 애썼다. 그 당시 직장에서 누가 긴급한 업무를 지시했는지, 무슨 일이 새로 생겼는지 등을 물어보자, 첫 아이 임신 중에는 로펌에 있던 옛날 직원을 해고했고, 더 높은 경제 성장을 위해 자기 사업을 열었다고 신이 나서 대답한다. 스스로 준비해서 개업했기 때문에 몇몇 젊은 변호사들은 그녀를 따라가고 싶어 했고, 분만의 고통이 시작되었을 때쯤에는 새로운 곳으로 사무실을 이전했다며 자랑스러워한다. 그녀는 새로운 업무 계획 앞에서는 엄청난 에너지를 보였지만, 임신과 아기의 탄생에 대해서는 정반대였다.

이쯤에서 직장 이야기를 멈추고 방향을 바꿔서 그녀가 말한 행복하고 멋진 출산 이야기로 다시 돌아가야 한다. 그녀는 멋진 직장 계획을 세우고 법원에서 고객들을 변호하는 것과 같은 에너지로 자녀를 출산한 것처럼 말한다. 그러나 말이 뭔가 앞뒤가 안 맞다. 잠시 침묵이 흐르고 그녀가 한숨을 쉰다. 몇 초 후에 처음으로 눈물을 터뜨린다. 처음에는 모른 척하다가 곁으로 다가가지만, 불편할까 봐 바라만 본다. 다시 그녀에게 부드럽게 질문을 하자, 흐느끼며 코를 훌쩍거린다. 떨리는 그녀를 안아 주자, 알 수 없는 말들을 중얼거리면서 계속 운다. '피곤하다, 너무 힘들다, 등이 아프다, 쉬고 싶다, 아이들이 내 노력을 몰라준다, 직장 생활은 남자들에게 더 유리하다, 삶은 불공평하다' 등의 말을 쏟아 놓는다. 마침내, **그림자 속에 있는 것**을 건드렸다. 계속 상담이 이어진다. 이제 형식적인 '거짓 자아'의 말 이외의 상황을 찾고 다룰 것이다.

다시 분만실 상황으로 돌아가 보자. 그녀는 담당 의사와는 신중한 대화를 나누지 않는다. 출산 전에 분만을 돕는 사람이 어떤 사람인지 잘 알아보려고도 하지 않았고, 이 일에는 전혀 관심이 없다. 이런 것들은 유약한 여자들이나 신경 쓰는 거라고 생각하기 때문이다. 임산부를 포함한 유약한 사람들을 무시하는 것처럼 보인다. 정작 그녀도 유약한 임산부가 되었지만, 유능하고 힘이 센 평소 배역을 그대로 유지하고 싶어 한다. 제왕절개 수술을 받을 때, 강하고 진취적인 그 배역의 주인공은 마음이 얼어붙고 머리가 하얘지면서까지도 수술실 문까지 혼자 걸어가겠다고 우긴다. 대단하다. 용감하다. 자신감이 넘친다. 아이가 자궁 밖으로 나오자 의료진이 잠깐 보여 주고는, 데리고 가서 모든 검사를 한다. 그러나 배역 속 그녀는 땀도 안 흘리고 전혀 아무렇지도 않은 척한다. 그녀에게 이런 순간은 필요하지 않기 때문이다. 그녀는 "그때 저는 모유를 먹이지 않았어요. 시간 낭비할 것 없이 바로 분유를 먹였어요."라는 '거짓 자아'의 말을 계속한다. 앞으로도 상담사는 '멋지고 우쭐하는' 말들을 '잘 골라 들어야' 한다. 이제 그녀에게 벌어진 일을 다른 단어들을 사용해서 말해 줄 순간이다.

"제왕절개 수술이 아주 충격적이기 때문에, 처음 아이를 안아 봤을 때, 이상한 느낌이 들었을 거예요. 정말 정상적인 엄마가 맞는지 모성애가 있는지 스스로를 자책하면서요. 아기와 함께 있으면 아주 묘한 느낌이 들거든요. 수많은 사람이 그 방에 들어와서 이런저런 지시나 조언들을 했겠죠."

그러자 그녀는 자기 무능함에 놀라 울면서 이렇게 말한다.

"네, 딱 그래요. 어떻게 아이를 들어 올려야 할지, 어떤 자세로 안아야 할지 여러 시도를 했지만, 아기는 계속 울었고, 저는 그 자세가 싫었어요. 게다가 수술 부위가 너무 아팠어요. 남편은 친구들과 샴페인을 마시며 축하를 했는데 그런 남편을 죽이고 싶었어요. 그리고 아이가 젖꼭지를 안 물려고 할 때는 너무 괴로워서 안아주고 싶지도 않았어요. 아이는 만지기만 하면 울어 댔거든요. 반대로 간호사들이랑 있을 때는 아주 조용했어요."

몇 분 전에 그녀가 했던 '멋지고 우쭐하는' 말에서 방향을 바꿔서, 이제 배역 밖에서 일어날 수 있는 일들을 말한다.

"당신과 아기가 서로를 알아 가려면 많이 참아야 하고, 시간과 침묵의 순간이 필요해요. 그건 상상도 못 했을 거예요. 게다가, 사무실을 옮기고 새로운 사업을 시작한 '복잡한 시기'에 병원에 입원하는 건 정말 어려운 일이죠. 그러니까 당시 외부 상황을 보면 아기의 욕구 혹은 아기와의 관계를 생각할 겨를이 없었겠어요."

그녀는 이 말이 끝나자마자 남편과의 싸움, 친구들의 도움 안 되는 충고, 그곳에서 벗어나고 싶었던 기분, 젖몸살 등을 말한다. 이전에 자신이 무시했던 쓸모없고 고통받고 소외당한 사람이 된 것 같은 최악의 기분을 느꼈다고 한다.

보통 이런 상태로 이야기를 계속하면 내담자의 한숨만 듣게 된다. 결국은 다른 날 상담을 다시 시작하기로 한다. 다음 만남에서 그녀는 좀 더 긴장 풀린 얼굴에 편한 옷을 입고 머리도 편하게 묶었다. 좋은 신호이다. 상담사에 대한 경계심이 좀 더 풀렸다는 증거이기 때문이다. 이제 더 많은 일들을 기억한다. 그렇게 상처 입은 가면을 잠시 벗는다. 상담사는 계속 그녀의 그림자를 조사하면서 그 속으로 밀어 버린 사건들을 열심히 찾는다. 그녀가 출산한 지 5일 만에 사무실에 출근했다는 고백은 별로 놀랍지 않다. 어쩌면 그녀에게는 당연한 일이다. 그녀는 출산 후에 필사적으로 맡은 배역이 어울리는 곳으로 달려갔다. 그러나 상담에서는 그녀가 좋은 엄마인지 아닌지 판단하지 않는다. 그녀가 배역의 관점에서 볼 때 할 수 있는 유일한 일을 했다는 사실이 중요하다. 이쯤에서 **아이의 입장에서 생각해 본다**. 상담사는 태어난 지 닷새, 한 달, 두 달, 다섯 달, 여섯 달 된 아기의 목소리를 끌어내서 간단한 언어로 표현한다. 그녀는 직접 아기의 기본적인 욕구를 채워 주는 대신 육아 도우미를 고용해 먹이고 씻기고 돌보는 등 철저한 보호를 받게 했다. 그러나 실제로 아기는 늘 **혼자였다**. 신체 접촉이나 정서적 교감, 함께 시간을 보내는 일, 감정적 접근, 헌신, 침묵에 대해서는 더 말할 것도 없다. 그녀의 배역이 이런 개념들을 알 리가 없다.

이것은 단순히 그녀를 비난하려고 하는 말이 아니다. 그동안 아기는 최선을 다해 '엄마의 사랑'을 갈구했을 것이다. 그래서 아팠을 수 있다. 아기의 질병에 대해서 물어보자 처음에는 "정말 건강했어요."라고 한다. 좀 더 자세하게 기억해 보라고 하자 기관지염, 모세기관지염, 고열로 인한 입원, 중이염, 툭하면 걸리는 감기, 그로 인한 불면의 밤을 기억해 낸다. 물론 그녀는 일해야 했기 때문에 아이에 대해서 특별히 기억나는 게 많지 않을 수도 있다. 게다가 밤에도 돌봐 줄 도우미를 고용했기 때문에 아이에 대해서 잘 모를 수밖에 없다. 따라서 아이 시선을 따라가며 경험들을 살펴보아야 한다. 결국, 엄마와 아기 사이 마음의 거리는 갈수록 멀어졌다. 여기에서 상담사는 그녀가 자잘한 일들까지 기억하도록 끝까지 돕는다. 그리고 하나하나에 집중하게 한다. 기억하는 자체가 중요한 게 아니고, 그녀가 아주 새롭게 느끼는 특정 감정에 대해 그녀의 동의를 얻어 내기 위해서이다. 이 과정에서 힘든 점은 새로운 기억을 떠올릴 때 **고통스럽다**는 사실이다. 현명한 그녀는 이런 상황을 가볍게 여기며 농담으로 자신을 비웃고 고통을 느끼지 않는 것처럼 잡아뗀다. 그러나 그녀는 '자신의 다른 면'을 보게 되는 새로운 접근이 고통스럽지만 정말 필요하다는 걸 잘 안다.

두 번째 임신과 출산도 처음과 같을 가능성이 매우 높다. 그녀는 두 번째 아들에게도 모유 수유는 하지 않았다. 대신 더 많은 도우미를 고용했다. 도우미들이 콧물과 열, 중이염, 항생제 등에 대해서 잘 알고 교육을 받았기 때문에 그녀는 아이 일에 별로 신경 쓰지 않았다. 이제 진취적인 '직장맘'과 일중독 아버지, 그리고 자주 아픈 중에도 살아남으려고 애썼던 **외로운** 두 아들이 함께하는 이 가정에서 일상의 세부 사항들을 살펴볼 것이다.

분명 여성 독자들은 이런 질문을 던질 것이다. "그럼 아빠는요? 아빠는 육아에서 무슨 역할을 했죠? 왜 아빠는 아이들에게 별로 신경도 안 쓰고 이 장면에 거의 등장하지 않는 거죠?" 원래 그는 자녀에게 신경을 쓰는 아버지가 될 수도 있었지만, 이 가정에서 부부의 결혼 합의는 일과 성공을 이루는 진취적인 활동을 바탕으로 한다. 그 합의에 충실하기 때문에 이 가정은 경제적으로는 풍족하다. 그러나 일 외 다른 부분은 어머니가 된 그녀의 몫이다. 그녀는 아이를 낳고 매우 큰 감정 변화를 경험했다. 어머니 역할은 그녀의 배역에 없었던 부분이라서 당연히 그 당시 상황을 이해하기 힘들었을 것이다. 그녀는 늘 **성공을 추구하는 배역**의 관점에서 모든 것을 해석한다. 물론 아이 아버지도 그녀와 같은 생각을 한다. 다만 그는 아내와 비슷한 배역을 맡았지만 출산과 모유 수유 경험이 없어서 어떤 감정의 동요도 겪지 않았다. 따라서 그는 그녀가 자녀들을 양육하는 것과 비슷한 수준으로 아이들을 대했을 것이다. 이렇게 이 둘의 결혼 생활에는 문제가 없다. 두 자녀와 함께 어른 배역 사이의 결혼 합의가 **여전히 잘 이행되기** 때문이다. 즉, 그들은 성공적인 직장 생활을 통해 결혼 생활을 이어 갔고, 대신 어린 자녀들을 외로운 바다에 던져 두었다. 그러나 그들은 그런 사실조차 알지 못했다.

갈수록 상담의 강도가 높아지자 그녀는 얼마간 상담을 쉬고 싶어 한다. 물론 상담은 내담자가 원할 때만 이루어진다. 충분한 시간이 지난 후 그녀가 다시 상담을 요청한다. 이번에는 걱정거리에 대해서 바로 말하고 싶어 한다. 두 아들이 학교에서 태도가 좋지 않아서 교육 전문가들에게 상담을 받으며 특별 교사와 심리학자, 언어치료사까지 붙였다. 거기에 특별한 놀이 전문가까지 더할 생각이다. 그녀는 자녀들에게 외출 금지 벌까지 내렸지만, 아무런 소용이 없었다.

마지막 상담 후 6개월이 지났기 때문에, 그녀가 어느 정도 자신을 인식하는지 또는 상담을 하지 않은 기간 동안 얼마나 그림자에 다가갔는지를 알아보아야 한다. 물론 처음에는 다른 주제로 이야기를 시작한다. 하지만 5분도 안 돼서 그녀는 울음을 터뜨리며 더 이상은 참을 수 없고 뭔가 변하고 싶다고 한다. 이 정도면 상담이 잘 이루어지고 있는 셈이다. 이제는 두 자녀의 시선을 통해 그들의 탄생부터 지금까지 집중적으로 살펴본다. 이것은 더 많은 시간을 함께하자는 아이들의 요구와 외로움, 많은 놀이와 안정감, 준비에 대한 이야기이다. 두 아들은 엄마의 관심을 끌기 위해 질병과 싸움, 위험한 장난, 갈수록 나빠지는 태도, 학교 친구들 위협, 도둑질, 친구 때리기, 말 안 듣기 등의 도구를 사용한다. 결국, 이런 것들은 아이들이 "저 여기 있어요. 나랑 있어 줘요."라고 표현하는 것이다. 이제 나이별로 아이들에게 생긴 일을 따라간다. 그리고 그녀에게 아이들이 원하는 건 딱 한 가지, 어머니가 관심을 가져 주길 바라는 것이라고 알려 준다. 물론 그녀는 아이들을 위해서 살고 일하며, 더 잘 살기 위해서 노력한다고 생각하지만, 아이들은 그런 상황이 고통스럽기만 하다. 실제로 아이들이 가진 것 중에는 그들이 진짜 원하는 건 하나도 없다. 아이들은 그저 엄마 아빠의 침대에서 함께 있고 싶을 뿐이다.

이 가여운 아이들이 부모 침대에 올라가는 일이 그렇게 힘든 일일까? 충분히 가능한 일이지만, 실제로 우리 주변에서 그렇게 할 수 있는 아이들은 많지 않다.

이쯤에서 그녀가 자신의 전체 그림을 확인한다. 그녀는 처음으로 아이들 입장을 생각하고 이해하며 진심으로 가슴 아파 한다. 그러면서 계속 "제가 뭘 하면 되죠?"라고 질문한다. 보통 상담사는 "모르겠어요."라고 대답한다. 그리고 내담자가 자기 행동을 책임져야 한다는 사실을 깨닫고 나면, 상담사는 **그림자를 찾아가는** 길을 시작한다. 그녀가 배역(가장 좋은 피난처), 피난처 속에 숨겨둔 욕구들, 그곳에서 벗어날 때 생기는 위험성, 미래 도전, 자녀들과 남편, 회사 직원들, 적들(있다면)의 관점을 이해하면, 어떤 건 바꾸고 어떤 건 그대로 두어야 하는지 결정할 수 있을 것이다. 그것은 결국 **개인의 결정**이지 상담사 몫이 아니다. 어쨌든 그녀가 위험을 무릅쓰고라도 어느 부분을 바꾸겠다고 결정하면, 상담사는 그 과정에 함께 있어 줄 것이다.

이제는 수많은 선택의 길이 열린다. 그래서 삶이 더 편해질까? 휴먼 바이오그래피를 만들고 행동으로 옮기기만 하면 더 행복해질까? 물론 그런 건 아니다. 이 정도는 아주 단순하고 편안한 이야기이다. 실제 삶은 훨씬 더 복잡하다. 어쨌든 상담사가 내담자의 배역과 '거짓 자아'의 말, 말을 한 사람, 배역에서 빠져나올 때의 두려움, 그리고 배역의 장단점을 파악하지 못하면, 내담자에게 전혀 다가갈 수가 없다. 물론 내담자의 지적 능력을 알아보는 것도 중요하다. 여기에서 '지적 능력'을 확인해야 하는 이유는 유년기에 정서적 또는 신체적 학대를 당한 사람들은 모르쇠 배역, 이해 못 하는 배역, 알아채지 못하는 배역 등을 맡을 수도 있기 때문이다. **배역은 생존하기 위해 입는 옷이다.** 아무것도 모르고, 이해 못 하며, 알아채지 못하는 배역을 입어야 생존할 수 있다면, 결국 그런 역할이 내면에 뿌리내려 진짜 '바보'가 될 수밖에 없다. 그건 지적 능력이 부족해서가 아니다. 어린 시절에 겪은 견딜 수 없는 잔혹한 일을 회피하기 위해 **마음이 머리를 멍청하게 만들기 때문이다.** 그렇다고 휴먼 바이오그래피를 작성할 수 없는 건 아니지만, 먼저 내담자가 그림자 속에 있는 바보 옷을 조금이라도 벗을 자신감이 있는지, 그림자 깊은 부분까지 들어가게 허락하는지를 조심스럽게 알아봐야 한다.

모든 것이 가능하다가도 종종 불가능해지는 게 이 일이다. 이것은 **훈련과 기술, 공감, 경험**이 필요한 방법론이다. 따라서 모든 사람에게 다 잘 맞는 건 아니다. 상담사는 내담자한테서 '거짓 자아'라는 가면을 벗기려고 꾸준히 노력한다. 하지만 내담자가 상담사를 모든 것을 '아는 사람' 또는 '천재' 비슷한 존재라고 믿거나 생각해서는 안 된다. 이것이 매우 중요하다. 이 과정이 **두 사람 사이**에 이루어지는 단순한 조사 과정이라는 것을 분명히 알아야 한다. 이 과정은 고통 속에서 자신에 대해서 더 알고 싶어 하는 사람들이 제삼자의 눈으로 자신의 상황을 보는 데 도움이 된다. 그리고 그 과정에서 내담자는 자신의 삶과 관련된 **모두의 목소리**를 듣게 된다. 한편, 상담사는 내담자의 시나리오 속으로 들어가지 않도록 조심해야 한다. 상담사가 개인적 의견을 제시한다는 것은 이미 내담자의 시나리오에 발을 들여놓았다는 뜻이 된다. 내담자의 이야기 때문에 너무 괴로워하는 것 또한 마찬가지이다. 겁을 먹는 것도 똑같다. 따라서 상담사 자신의 배역이 **타인의 영역**으로 빨려 들어

가지 않도록 꼭 많은 이야기를 듣고 자신의 그림자도 계속 살펴야 한다. 상담사는 이 일이 가능하게 돕고 질문하는 중간 매개체 역할만 해야 한다. 그 이상 그 이하도 아니다. 개인적 의견이나 철학적 이론, 신념, 도덕적 기준이 들어가서도 안 된다. 이것은 철저히 다른 사람의 영역을 다루는 일이다. 상담사는 내담자가 내면을 찾도록 해주는 연결 통로에 불과하다.

만일 상담사가 내담자에게 전하는 말이 너무 '강하다'면 어떻게 해야 할까? 이것은 상담사들이 늘 하는 상상이다. 그러나 내담자가 인식하든 못하든 내면에 있는 경험을 그저 '강하다' 또는 고통스럽다고 판단할 수 있는 사람은 없다. 다시 또 강조하지만, 이 일은 해석이 아니다. 입 밖으로 내지 않았던 것들을 말로 꺼내는 작업이다. 만일 상담사가 말한 내용이 내담자의 내적 경험과 '맞으면', 상담사가 사용한 말과 비슷한 단어를 언젠가 '들은 것' 같다며 '그 말'을 입증할 것이다. 그러나 그 말이 '맞지' 않으면, 그렇게 느끼지 않는다고 대답할 것이다. 이럴 때에는 상담사가 잘못하고 있다는 뜻이기 때문에, 조사 방향을 다른 쪽으로 돌려야 한다. 이것은 탐정 일과 비슷하다. 때때로 불쾌할 수도 있다. 보통 이런 일들은 상상보다 훨씬 더 적대적이고 폭력적이며, 비인도적이고 격렬하기 때문이다. **그림자를 찾는 일은 늘 고통스럽다. 그러나 계속 장님으로 있는 건 더 고통스럽다.**

휴먼 바이오그래피 작성을 시작한 내담자가 삶을 바꾸기로 결심했는데, 배우자가 아무것도 바꿀 준비가 되어 있지 않다면 무슨 일이 일어날까? 이 여행을 배우자와 함께하는 것이 과연 더 나을까? 그렇지 않다. 보통 여성들이 이런 요청을 많이 한다. 배우자를 상담에 무리하게 끌고 와서 이야기를 듣게 하고 자신을 이해해야 하는 **이유를 제시**한다. 그림자 통합 과정은 타인의 생각에 반대하고 자기 뜻에 동의하도록 강요하는 게 아니다. 오히려 그 반대이다. 서로가 각자의 배역을 이해해야 한다. 그리고 배역을 벗고 **내면의 진실**에 가까운 삶을 살아갈 준비를 하겠다고 결심해야 한다. 배우자가 상담에 참여하길 바라는 사람들은 보통 '배우자가 바뀌어야 한다'고 생각한다. 그러나 더 이상 진실에서 멀어지면 안 된다. 오직 나만이 변할 수 있다. 사실 우리가 다른 사람(배우자와 부모, 형제자매, 자녀, 이웃 혹은 배우자의 부모 등 누가 되었든)의 어떤 점을 싫어한다면 거기에는 자신의 그림자가 반영된 것이다. 시나리오에 나타나는 것(행복이든 고통이든)은 우리 삶의 이야기이다. 시나리오 전체가 고통스럽다면 먼저 **자신을 바꿔야**, 환경도 바뀔 것이다. 이것은 체스 게임과 같다. 누군가 **말을 움직이기 시작하면**, 게임 판도가 완전히 바뀐다.

예를 들어, 배우자를 설득하는 과정에서 내담자가(여성의 경우) 자신의 배역을 찾고, 배역의 이점을 이해하며 그 역할을 유지하는 데 필요한 대가도 인정하고, 다른 사람의 말을 듣고 전체적인 그림을 그리며, 다른 사람에게 끼치는 영향을 확인한다면, **변화의** 가능성이 있다. 그리고 실제로 변할 때, 마음을 편하게 가질 때, 들을 때, 싸움을 멈출 때, 갑자기 남편에게 더 친절하고 사랑스럽게 대할 때……, 남편은 진심으로 이렇게 외칠 것이다.

"나도 '그 상담' 받고 싶어!"

흥미롭게도 남성들이 휴먼 바이오그래피 작성에 아내나 여자 친구를 초대하고 싶어 하는 경우는 매우 드물다. 기관의 정확한 통계가 아니라서 논란의 여지는 있지만, 상담 과정에서 여성이 남성보다 상대방을 조종하려는 시도를 더 많이 하는 편이다.

우리를 보호해 준 배역의 강화

우리가 배역을 구축하는 가장 큰 목적은 **방치 상태에서 살아남기** 위해서이다. 무의식적으로 이 배역이 많은 고통을 막아 줄 거라고 생각한다. 그래서 집에서 가장 중요한 어른(대부분은 어머니)이 준 배역의 옷을 받아서 거기에 직접 다양한 장식을 달기도 한다. 그렇게 가짜 옷을 입고 가짜 이야기를 잔뜩 하다가 결국에는 그것이 진짜라고 믿는다. 그래서 내담자의 옛날이야기는 주로 기쁘고 즐거운 내용이다. 그러나 이때 조심해야 한다. 상담사가 어떤 이유로든(보통은 그림자 일부분을 건드리기 때문에) **그 이야기에 끌리면, 거짓 주문**呪文**에 걸려드는 셈이다.** 그 주문은 몇몇 배역이 꾸미는 계략으로, 특히 표현을 과하게 하는 배역, 웃기고 과장된 배역, 아이러니하거나 냉소적인 배역이 주로 사용하는 방법이다. 그들은 자기 이야기에 소금과 후추를 뿌려서 사람들의 시선을 끈다. 물론 상담사의 시선도 끈다. 이 매혹적인 이야기를 더 듣고 싶어진다면, 상담사의 역할이 사라질 가능성이 높다. 객관성을 잃고 내담자의 영역으로 빨려 들어갈 수 있기 때문이다(또는 이미 그 안에 들어갔기 때문이다). 그러나 상담사가 스스로 외부 관찰자 역할을 제대로 못 하고 있다는 사실을 깨닫기는 어렵다. 내담자의 시나리오를 더 잘 이해하기 위해서 해야 할 질문과 개인적인 호기심으로 하지 말아야 할 질문을 잘 모르기 때문이다. 이것은 철저한 훈련을 통해서만 알 수 있다. 아무튼, 적어도 내담자가 만든 드라마에 끌려가지 말아야한다. 드라마는 텔레비전으로 보면 된다.

내담자를 따라가다 보면 마치 배역을 최고의 보물처럼 소중히 여기는 모습을 확인할 수 있다. 그 배역이 계속 중요한 **피난처**가 되기 때문이다. 이건 어렸을 때 일이라고 해서 그냥 쉽게 넘길 수 있는 일이 아니다. 어른이 된 지금도 마음속으로는 유년 시절에 사용했던 도구로 세상에 맞서야 한다고 생각하기 때문이다. 따라서 갈수록 배역에 더 집착한다. 만일 창과 칼로 공익을 수호하는 '전사’ 배역이라면, 사익보다 공익을 더 높게 볼 것이다. 몸이 약한 ‘천식 환자’ 배역이라면, 약해서 생기는 경험들을 통해 어떤 일도 책임지거나 감당하지 않으려 할 것이다. ‘회피하는 중독자’ 배역이라면, 현실에서 벗어나기 위해 약물을 찾을 것이다. 놀랍게도 우리는 어른이 되어서도 어릴 때 하던 그대로 하려고 한다. 그리고 어머니 혹은 아버지, 친할아버지 등 누군가 그 배역을 주었다는 것을 알게 되면, 자기 행동을 가족 탓으로 돌린다. 배역의 정체를 알면 엄청난 고통을 느낀다. 거의 모든 삶의 에너지를 그 배역을 빛내고 완벽하게 장식하는 데 쏟았고, 그것을 유지하느라 많은 노력이 들었다는 걸 깨닫기 때문이다. 그러나 곧 그 배역을 벗고는 더 이상 살 수 없고, 자신이 누구인지, 다른 사람과 어떻게 관계를 맺어야 하는지, 어떻게 일하고 사랑하며, 바르게 살아야 하는지 모른다는 사실이 더 괴롭다. 그래서 상담사가 그 배역이 어떻게 탄생했는지, 어떻게 가족들 사이에서 연기를 해왔는지 보여 주려고 할 때, 내담자는 너무 고통스럽고 혼란스러우면서도 화를 내거나 그 배역에 더 집착하며 이렇게 말할 수도 있다.

“그래도 어머니가 이 배역을 참 잘 주신 것 같아요. 덕분에 훌륭한 엔지니어가 되었고, 자녀도 셋이나 낳았고, 미국에서 석사 공부를 한 사랑스러운 아내도 얻었으니까요.”

물론 맞는 말이다. 그러나 지금 우리는 **그림자를 찾고 있다.** 다시 상담으로 돌아가 보자. 우선 각각의 배역들과 그 기능을 살펴보자. 어떻게 배역이 문제의 원인이 되었을까? 예를 들어, 형이 최근에 자살을 했다고 생각해 보자. 그럼에도 불구하고 모든 가족은 그 자살이 자신과 상관없다고 생각한다. 지금 그 죽음이 우리의 잘못이라고 책망하려는 게 아니다. 다만, 우리 모두는 수많은 관계망 속에 놓여 있고, 누군가는 그 **전체 관계망 속 이야기 때문에** 세상을 떠날 결심을 하거나 병이 든다. 또는 사람들과 싸우거나 그 비슷한 행동을 한다.

내담자는 전체 시나리오를 보려는 순간에 자기도 모르게 배역에 집착한다. 때로는 상담사가 아무 말도 하지 못하게 막는다. 적어도 어머니에 대해서는 말도 꺼내지 못하게 한다. 우리 모두에게 어머니는 성스러운 존재이기 때문에, 그 존재에 대해서 조금이라도 나쁜 말을 하면 '죄책감'이 재빨리 나타난다. 내담자가 화를 내면 대화를 다시 나눌 수가 없다. 이때가 바로 내담자가 자신의 어두운 부분에 대한 조사를 포기하는 순간이다. 그때 상담사는 무엇을 할 수 있을까? 안타깝게도 아무것도 할 수 없다. 언제나 사람마다 나름대로 이유가 있다. 또한, 배역에도 저마다 이유가 있다. 예를 들어, 형의 자살로 큰 충격을 받은 내담자는 유년 시절에 있었던 일들을 살펴보는 게 별 소용없는 일이라고 생각한다. 어차피 형을 '살리지' 못하기 때문이다. 오래된 상처를 되짚는 일은 너무나 고통스럽다. 그러나 내담자의 의식은 자신이 그 상처에 다가 갈 수 있는 가장 적절한 순간을 잘 안다. 그때가 5년 후가 될 수도 있다. 시간이 지나면 더 편안한 마음이 되어 다른 곳에서 발견하지 못한 진실을 찾겠다고 다시 돌아올 수도 있다.

보통 힘든 순간에 "네, 저는 슈퍼맨이에요. 다른 사람이 저를 어떻게 생각하는지는 별로 중요하지 않아요."라고 말하며 배역에 더 집착할 수도 있다. 이유가 어떻든 약하다고 느끼는 바로 그 순간에 유년 시절의 어두운 동굴 속으로 기어들어 간다. 즉 배역에 맞는 옷을 찾아 입고 그 안에 자기감정을 가둔다. 아무리 힘센 사람이라도 그곳에 들어간 사람을 끄집어내기는 어렵다. 따라서 상담사는 사람마다 시간의 개념이 다르고, 결정적인 순간에 내담자가 '피난처로 돌아가려고' 한다는 걸 이해해야 한다. 그곳이라도 있으니 얼마나 다행인가!

배역이 만드는 속임수

상담사가 자주 만나는 장애물이 있는데, 바로 일부 배역이 가진 특별한 매력이다. 소극적인 사람보다는 진취적인 배역이, 조용한 사람보다는 카리스마 있는 배역이, 세속적인 사람보다는 영적인 배역이 더 특별한 매력을 발산한다. 그래서 그런 배역을 만날수록 상담사는 더 지혜롭게 대처하고 신경 써야 한다. 보통 그런 배역으로 성공한 사람들은 주변 사람들에게 더 존경을 받는다. 그러나 그런 배역은 벗기가 더 어렵다. 존재 자체로 인정과 감사를 받는 것에 익숙해졌기 때문이다. 그렇게 매력적인 사람들이 대체 왜 상담을 받으러 오는 걸까? 이유는 자신이 아닌 주변 사람들이 자기처럼 매력적이지 않아서 문제가 있다고 생각하기 때문이다.

예를 들어, 영적인 기운이 감도는 요가 스승이 상담을 왔다고 하자. 그는 사제일 수도 있다. 어쩌면 모든 사람의 존경을 받는 사람, 마을의 지도자 또는 영적 지도자일 수도 있다. 그러나 그런 사람들도 모두 자기 그림자가 있다. 그는 아주 편안하게 자기 배역을 해 나가기 때문에, 개인적인 어려움을 깨닫기 어렵다. 그(성직자를 예로 들려다가 혹시라도 문제가 생길 수 있어서, 요가 스승을 선택했다)의 아내가 임신했다고 생각해 보자. 그는 아내가 영성에 관심을 갖고, 자연주의를 강조하는 의사들과 상담하여 자연 출산을 시도하길 바란다. 그러나 그녀는 그런 것에 전혀 관심이 없고 그저 많이 놀라서 현대 의술의 도움을 받아 출산할 생각만 한다. 게다가 어머니와 이모들, 언니의 출산을 도와준 의사만 줄곧 찾아가서 상담한다. 수려하고 평안해 보이는 외모의 고상한 신비주의자인 그는 이런 상황을 안고 도움을 청하러 왔다. 그는 그녀를 도울 방법을 찾고 싶어 한다.

이런 상황에서 상담사에게 두 가지 상황이 벌어질 수 있다. 첫째, 상담사가 그의 영적 기운에 매료될 수 있다. 영적인 대단한 사람이 상담을 받으러 왔다는 사실에 존경하는 마음이 더 커진다. 그렇게 되면 그의 말을 듣고 쉽게 동의하게 된다. 여기에서 상담사가 다른 사람, 즉 내담자의 영역으로 미끄러져 들어간다. 그러면 잠시 그림자를 찾는 본래의 역할을 잃게 된다. 그럴 때 한쪽에서는 내면의 종소리가 본래 목적을 기억하라고 경고하고, 다른 한쪽에서는 어떻게 이렇게 대단한 사람이 이토록 간단한 질문을 하러 상담에 왔냐며 떠들고 흥분시킨다. 이럴 때는 어떻게 그에게 일반 의사들도 출산을 잘 도와줄 거라고 설명할 수 있을까. 어떻게 그 의사가 어머니와 이모, 언니에게 했던 것처럼 제왕절개 수술도 잘할 거라고 안심시키면서 아내를 조종하려는 그를 멈추게 할 수 있을까. 상담사가 그의 매력에 속으면, 이 멋진 내담자는 상담은 아주 만족하겠지만 장님이 된 채 집으로 돌아갈 것이다.

둘째, 기존에 하던 대로 휴먼 바이오그래피 작성을 제안할 수 있다. 과연 그가 최소한 자신보다 덜 영적으로 보이는 상담사에게 사적인 이야기를 털어놓을까? 물론 거부할 수도 있지만, 선택은 그의 몫이다. 상담사는 그에게 아내가 다른 사람이 아닌 그의 아내라고 말할 것이다. 그가 그녀를 선택했고, 사랑하며, 함께 살고, 그의 아기를 가졌고, 그녀가 자녀를 기다린다는 것도 강조할 것이다. 또한, 아마도 아내가 경직되어 있거나 두려워하는데, 그가 아내와 무관한 일로 고민한다는 것도 알려 줄 것이다. 그가 아내의 선택을 두려워하는 이유는 그의 그림자, 투사 같은 것들과 관련이 있다. 상담사는 그와 함께 이런 부분을 살펴볼 수 있다. 그렇게 하면 아내가 의사를 바꾸지 않아도 될 것이다. 그리고 그도 경직된 사고를 인정하게 될 것이다. 따라서 아내의 마음도 편안해질 것이다. 상담사는 이런 내용을 조사할 수 있다. 그가 동의하면 다른 사람들과 마찬가지로 같은 품질과 기술, 관심과 사랑으로 휴먼 바이오그래피를 작성하면 된다.

과연 상담사가 우러러보는 사람의 휴먼 바이오그래피도 작성할 수 있을까? 상담사가 내담자의 매혹에 빠졌다는 사실을 깨닫고, 자기 암시에서 벗어날 수 있어야 가능하다. 만일 그렇게 할 수 없으면, 그 사람과는 상담할 준비가 안 된 것이다. 그럴 때는 차라리 다른 동료 상담사에게 부탁하는 게 낫다. 상담이 아주 불가능한 건 아니지만, 상담사 자신에게 일어난 일을 명확히 파악할 수 있어야 한다. 그래야 내담자의 빛과 그림자를 바라보고 그 안에 뭐가 있는지 알아낼 수 있다. 만일 그림자를 발견하게 되면, 겸손하게 노력하는 그를 더 존경하게 될 것이다. 결국, 이것이 그가 진정한 현자라는 증거이기 때문이다.

4
흔한 이야기

어머니의 말 옹호하기

우리가 생각하고 느끼는 모든 것이 어머니의 말과 관련이 있다. 배우가 대본을 제대로 보지 못하고 무대에 올라갔다고 상상해 보자. 당연히 무대는 엉망이 될 것이다. 일상생활에서도 우리는 이미 정해진 배역의 대본을 들고 삶의 무대에 오른다. 시나리오에서 공식적인 말이 어머니의 목소리라고 가정할 때, 모든 배역의 중심에는 어머니가 있다. 이런 상황에서 어머니의 말을 의심하면, 시나리오 전체가 망가진다. 그래서 **대개 자녀들이 어머니의 말을 가장 많이 옹호한다.** 누군가 어머니의 말을 깎아내리거나 무시하려고 하면 바로 방어 태세를 갖춘다. 이제까지 유지해 온 모든 틀을 무너뜨리는 공격 행위로 여기기 때문이다. 심지어 고통스러워도 원래대로 유지하고 싶어 한다. 이것이 인간의 행동 경향이다.

이런 행동은 눈에 띄게 주기적으로 반복된다. 몇 가지 예를 들어 보자. 다음 '사례들'은 실제 상황을 바탕으로 조금씩 각색한 내용이다. 사람들이 자주 반복하는 행동이나 사람들 사이에서 자주 발생하는 내용들을 조합했다. 이 사례들을 통해 우리 모습도 발견할수 있다. 물론, 이 사례들은 내가 운영하는 기관에서 상담받은 사람들의 이야기를 바탕으로 했다. 따라서 내담자 보호를 위해 가명을 사용하고, 여기에서 개입하는 나는 '상담사'이다.

미란다: 투명인간 배역이 피난처가 되다

미란다는 마흔한 살 여성이다. 심리학을 전공했지만, 관련 일을 한 적은 한 번도 없다. 지금은 국내 가전제품 회사에서 일한다. 5개월 된 아들이 있고 이름은 루카이다. 원래도 책 읽는 걸 무척 좋아했던 그녀는 사춘기 때 경험했던 광기와 공포 감정을 정확하게 묘사한 내 책들을 읽고 감동받았다고 했다. 그녀는 아들이 태어난 이후 받은 고통의 뿌리를 알고자 상담을 원했고, 유모차에서 잠든 아이와 함께 처음 이곳에 방문했다. 그녀는 마치 이 세상 사람이 아닌 것처럼 외모가 빼어나다. 피부는 희고 눈동자는 밝은 편이다. 나는 그녀에게 바로 휴먼 바이오그래피 작성을 제안했다.

이야기를 시작하자마자 그녀의 기억 속에서 어머니가 아버지를 무시하는 모습이 나타났다. 분명하게 말하자면 어머니는 자신보다 조금 더 가난했던 남편의 집안을 무시했다. 그녀는 아버지의 모습을 뿌연 안개 속 그림처럼 기억하면서 '유순한' 분이라고 했다. 좀 더 자세히 물어보자, 늘 가족의 생계를 책임지셨다는 대답이 나왔다. 부모는 네 명의 자녀를 두었고, 그녀가 그중 셋째이다. 그러나 그 외 자세한 내용은 **전혀 기억하지 못했다**. 유년 시절뿐만 아니라, 사춘기, 청년기에 대한 기억도 없었다. 그녀의 이런 상황은 상담에 매우 중요한 정보이다. 만일 내담자가 기억하는 내용이 아무엇도 없다면, 의식이 정신적으로 감당하기 매우 힘든 경험을 그림자 속으로 강제로 밀어 넣었기 때문이다. 이럴 때는 보이거나 보이지 않는 폭력의 수준이 매우 높았음을 짐작할 수 있다.

그녀는 실제로 아무것도 기억하지 못했다. 부모나 형제들에 대해서도 마찬가지였다. 그저 안 좋은 집에 살았고, 몇 안 되는 가족 외에는 정서적 관계도 없었다. 그녀에게 두려움이 있었는지 질문하자, 딱 잘라 없다고 했다. 병이 있었는지도 물었지만 기억하는 게 없었다. 친구들에 대한 기억도 없었다. 유치원 때 기억도 없었다. 그러다가 조금 멍청했다는 대답이 나왔다.

"누가 그 말을 했나요?"

"아무도 안 했어요. 그냥 제 머리가 잘 안 돌아가는 편이라서요."

분명 누군가 그녀를 얕잡아 보는 말을 했을 것 같아서 다시 집요하게 물어보니, 어머니라는 짐작이 들었다. 그녀는 열 살 때를 정확히 다 기억하지는 못했지만, 이때 어머니가 공격적인 말을 하고 때렸던 장면이 나타났다. 누가 학교에 데려다줬는지는 기억이 안 나서 혼자 갔다고 생각했다. 물론 학교 숙제도 늘 방에서 혼자 했다. 아버지는 회사에서 늦게 퇴근했는데, 집에 들어오면 어머니가 아버지에게 늘 소리를 질렀고 심지어 때리기도 했다. 그러면 아버지는 바로 집에서 나갔고, 어디를 갔는지는 알 수 없었다.

그쯤에서 잠깐 대화를 멈추고 나는 그 당시에 벌어진 일들을 새로운 단어들로 말해 주었다. 어머니는 아주 심하게 지속적으로 때렸다. 종종 이성을 잃은 사람 같았다. 결국 주로 경멸과 굴욕을 준 사람은 어머니였다. 어렸을 때는 어머니의 말을 믿고 계속 같은 편이 되기 위해, 그 어떤 생각과 관심도 없이, '존재감'이 없는 바보가 되어야 했다. 그렇게 감정 없는 사람처럼 무미건조한 눈으로 늘 멍하게 앉아 있었다. 그래서 형제자매나 친구 또는 싫어하는 사람들 사이에 주고받았던 말을 기억해 보려고 했지만, 역시 아무것도 나타나지 않았다. 기억도 감정도, 심지어 형제자매 그 누구와도 대화를 나눈 기억이 없었다. 어머니는 성별과 나이에 상관없이 자녀들을 때렸다. 즉, 그녀와 세 형제자매는 어머니의 화풀이 대상이었다. 이 부분에 대해서 더 자세히 질문하자, 결국 "실제로 화풀이 대상은 아버지까지 포함해서 다섯 명이었어요. 어머니는 저희를 다섯 멍청이라고 불렀어요."라는 대답이 나왔다.

학교에서는 아주 소극적이고 내성적인 학생이었던 것 같다고 어렴풋이 대답했다. 그녀는 말을 더듬어서 다른 친구들에게 다가가기가 더 힘들었다. 설상가상으로 말을 더듬을 때마다 어머니에게 벌을 받았다. 방학과 여름 활동, 과외 활동 또는 일상생활의 기억에 다가가자, 같은 모습이 나타났다. 이야기 속에서 그녀는 활력이 전혀 없었다. 마치 뼈와 살이 없는, 존재하지 않는 유령 같았다.

사춘기 때도 같은 생활이 이어졌다. 그녀는 수녀들이 세운 학교에 다녔다. 이때 어머니가 모든 사람에게 욕하고 학대하는 장면이 더 많이 나타났다. 그래서 그때는 기억할 수 없을 정도로 매우 힘들었을 거라고 조심스럽게 운을 뗐다. 열두 살에 처음 생리를 시작했는데, 가족이 아닌 수녀들이 도움을 주었다. 어머니에게는 절대 말하지 않았기 때문이다. 언니에게도 말하지 않았다. 중학교 생활 역시 기억나는 게 거의 없었지만, 늘 남자를 두려워했다. 그녀는 졸업 여행을 가서까지 아무하고도 이야기하지 않았다. 그렇게 고통도 영광도 없는 중학교 생활을 보냈다.

나는 그녀가 육체가 없는 투명인간으로 '존재하지 않는 상태'를 따뜻한 피난처로 삼았다는 것을 말로 표현해 주었다. 존재하지 않으면, 학대당할 수도 없기 때문이다. 그녀는 내 말에 동의하면서 평생 그렇게 느끼며 살았던 것 같다고 했다. 어머니의 구타는 열아홉 살이 되어서야 끝이 났다. 그때, 때리는 어머니에게 "이만하면 됐어요."라고 말하자 마침내 구타가 멈췄다. 그 후로는 어머니에게 맞지 않았다.

이후 이웃에 살던 여자가 심리학 공부를 시작하는 걸 보고 그녀와 함께 대학에 들어가기로 결심했다. 다른 이유는 없었다. 그저 따라했을 뿐이다. 실제로 무언가를 원했던 사람(심리학을 공부하고 싶어 했던 사람)은 이웃이지, 그녀가 아니었다. 나는 그녀에게 '존재하지 않는 상태', '아무것도 원하지 않는 상태'에 대해서 알려 주었다. 그녀는 내 말에 "네, 맞아요. 저는 제 안에서 삶을 느껴본 적이 한 번도 없어요."라고 대답했다. 그 대답을 듣고 나서 나는 첫 번째 '도표'를 그렸는데, 종이 안에 아무것도 없는 텅 빈 거품을 그렸다. 그녀가 가장 건강한 상태를 존재하지 않고 사라지는 상태라고 생각했기 때문이다. 그래서 그녀는 투명인간 배역으로 살았던 것이다. 그녀는 이 설명에도 동의했다. 그리고 지금 앓는 만성 빈혈도 이 배역과 '관련이' 있는지 알아보기로 했다. 그녀가 맡은 배역이 피와 살이 없는 투명인간임을 감안하면 어느 정도 관련이 있을 것이다. 그녀는 내 말에 고개를 끄덕이더니 살짝 혼란스러워했다. 그러면서 계속 이야기를 이어 갔다.

분명 그녀는 남성을 사귀거나 관계를 맺은 적이 없었을 것이다. 투명인간인데, 누가 그녀가 존재하는지 알 수 있었을까? 다른 이들, 특히 남성들과 접촉이 있었을 리가 없다. 그녀는 내가 하는 말마다 고개를 끄덕이며 크고 파란 눈을 더 크게 떴다. 그녀는 심리학을 전공하며 병원에 실습하러 나갔다가 환자들과 함께하는 시간에 도망친 후 다시는 돌아가지 않았다. 그 일을 생각하면 지금도 부끄럽다고 했다. 나는 그것이 당연한 반응이었다고 설명했다. 지금까지 함께 그린 도표와도 딱 들어맞는 상황이었다. '투명인간' 배역을 맡은 그녀는 육체가 보이는 환자들과 절대 함께 지낼 수가 없었을 것이다. 공부는 정신적으로 하기 때문에 굳이 다른 사람

앞에 '나타나지 않아도' 할 수 있다. 그러나 다른 사람과 구체적인 관계를 맺으려면 육체가 필요하고 반드시 실제 모습을 드러내야 한다. 따라서 그녀가 익숙했던 구타를 제외한 거의 모든 것에 공포를 느끼는 게 당연하다고 설명했다. 나는 이 부분에서 가설을 하나 세웠다.

만일 사랑을 구타와 몽둥이찜질로 생각한다면, 다른 사람 '눈에 띄는 것'이 두려울 것이다. 투명인간에서 벗어나서 사람들 눈에 보이면, 언제 무서운 일을 당하거나 오히려 다른 사람에게 폭력을 가하게 될지도 모르기 때문이다. 반대로 육체가 없고 눈에 띄지 않는다면 나쁜 일이 벌어질 가능성도 없다.

나는 그녀에게 이 가설을 간단하고 단순한 말로 설명했다. 그녀는 매우 놀라며, "그래서 임신과 출산이 그렇게 혼란스러웠던 거군요."라고 대답했다. 이 가설과 관련해서, 그녀는 실체가 있는, 즉 남들에게 보이는 사람으로 돌아갈 생각만으로도 질겁했다.

다시 그녀의 시간을 따라갔다. 그녀는 직장에서도 투명인간 배역에 충실했다. 다양한 직장에서 일했지만, 늘 사람들을 상대하는 일을 겁냈다. 상점에서 물건을 정리하는 일을 하는데, 다른 직원들은 보이지 않는 곳에서 대신 일해 주는 그녀에게 종종 고마워

했다. 11년 전에는 다른 곳에서 하루에 열두 시간씩 일했는데, 주말까지 일했다. "사라지기에 딱 좋았겠네요!"라고 아이러니한 말을 건네자 그녀는 "그런 생각은 한 번도 해본 적이 없어요."라고 대답했다. 그러더니 조금씩 울기 시작했다. 하지만 질문을 많이 해도 중요한 대답은 나오지 않았다. 그녀 삶에는 '투명인간 배역'만 있었기 때문이다. 그래도 계속 시간을 따라가 보기로 했다. 마침내 내 앞에 아기를 안고 앉아 있는 마흔이 조금 넘은 아름다운 여인 앞에까지 다가왔다. 정서적 거리감 때문에 분명 상처를 받을 것 같지만, 애정 관계를 질문하지 않을 수가 없었다. 성관계와 임신, 출산을 하려면 육체가 있어야 하기에, 그런 상황들이 그녀에게 정서적 위협이 되었을 것이다. 역시 내가 말한 그대로였다. 이야기를 나누면서 그녀가 좋아하는 도구가 있다는 느낌을 받았다. 생각을 피난처로 삼는 배역들은 보통 다른 배역들이 비해 지적인 편이다. 이런 부분이 어느 정도 자기 시나리오를 이해하는 데 도움이 되기도 한다. 나는 아기(거의 울지 않음)를 안은 그녀와 인사하며 다음 상담에서는 전체 시나리오 검토를 마쳐 보자고 했다.

일주일 후 그녀는 아이 없이 혼자 상담에 왔다. 아이를 어머니한테 맡기고 오는 길이었다. "어머니요? 그분이 잘 볼 수 있을까요?" "그럼요, 제 어머니인걸요! 어머니만큼 아들을 잘 볼 수 있는 사람은 없어요!" 이것이 바로 '**어머니 말의 옹호**'이다. 지금은 과거에 어머니가 행사했던 폭력은 중요하지 않고, 어머니가 **했던 말**만 중요하다. 그녀는 어머니를 책임감 있는 사람의 자리에 올려놓으라는 **내면**의 말을 따랐다. 나는 **실제 있었던** 이야기와 어머니가 **말한** 이야기가 있는 전체 시나리오를 보여 주었다. 그녀는 그 차이를 정확히 이해하고도 지금은 절대 그렇지 않다며 어머니를 옹호했다. 그러나 이런 건 별로 중요하지 않다. 이 상담은 어머니를 비난하려는 게 아니라, 분명한 사실들을 보여 주려는 것뿐이기 때문이다. 바로 이어서 지난주에 살펴봤던, 남들 눈에 띄지 않겠다는 생각과 공포에 대해서 다시 살펴보았다. 내용을 함께 확인한 후에 그녀는 유년 시절과 청소년 시기를 기억해 냈다. 혼자 거리를 걸었을 때 느낀 공포와 남성들이 접근했을 때 얼마나 떨렸는지를 기억해 냈다. '투명인간'이었는데 어떻게 그런 일이 일어날 수 있었는지 질문했다. 아무도 그녀를 볼 수 없다면, 그녀가 그런 상황을 감지할 수 없기 때문이다. 그녀의 기억이 맞다면, 그녀가 '투명인간'일 때도 그녀는 다른 사람들을 볼 수 있어야 한다고 말하자, 그녀는 그 '배역' 속에서 모든 것을 듣고 보며 알았다고 대답했다.

계속 시간을 따라갔다. 그녀는 서른다섯 살에 지금 남편이자 아이 아빠인 디에고를 만났다. 같은 직장에서 일하던 동료였다. 그녀와 안 지 몇 달 안 되어 그는 다른 직장으로 옮겼는데, 이직할 때쯤 서로 더 가까워졌다. 투명인간이었던 그녀는 어떻게 연애를 시작했을까? 상상이 잘 되지 않았다. 어린 나이도 아니었지만, 첫 키스는 엉망이었다. 그녀는 그때 이파리처럼 떨었다고 고백했다.

그 당시 성관계도 추측해 보았다. 그녀는 어떻게 설명해야 할지 모르겠다며 "그때는 정신이 나갔었어요."라는 말만 반복했다. 나는 그 부분에 대해서 좀 더 자세히 파고들었지만, 블랙홀처럼 기억하지 못하는 부분이 많았다. 기억도 없었고 아무것도 몰랐다. 연애할 때 어땠는지, 무엇을 했고, 어떤 대화를 나누었는지 전혀 기억하지 못했다. 이 둘은 한 직장에서 오랫동안 같이 일했지만, 각자 다른 부서에 있었다. 그녀는 옆에 남자가 있다는 느낌을 받았지만, 그렇다고 금방 그에게 '보이는 존재'가 되지는 못했다. 그리고 2년 전, 드디어 함께 아파트를 얻고 생활비를 나누기로 했다. 그가 어떤 사람인지 알아보려고 했지만, 그녀는 그에 대해 말하는 걸 어려워했다. 조용하고 갈등을 싫어하며, 내성적인 사람이라고만 했다.

결국, 나는 그녀가 내성적인 남자와 산다고 정리했다. 그들은 거의 대화를 나누지 않았고, 잠자리도 거의 하지 않았으며, 많은 시간 각자 일만 했다. 부부 사이에 애정 관계가 없었고, 가족들과도 왕래 없이 살았다. 그가 어떤 사람인지 파악하기가 힘들었다. 어쨌든 그는 또 다른 보이지 않는 투명인간, 혹은 적어도 요구나 기대치가 아주 낮은 사람으로, 투명인간 여자와 아주 잘 어울리는 남자임은 분명했다.

문제는 임신이었다. 오래전부터 그녀가 원했던 바지만, 그와 아기 이야기를 나눈 적은 없었다. 그녀는 "그와는 대화할 수가 없거든요."라고 말했다. 임신 기간에 어땠는지 물어보자, 그녀는 "아주 행복했어요."라고 짧게 대답했다. 그 말을 믿기 어려워서 호르몬으로 인한 신체 변화, 몸의 느낌에 대해 구체적인 질문을 했다. 임신은 실제로 눈에 보이는 **육체에서** 이루어지는데, 그녀는 눈에 띄는 상황에서 위협을 느끼기 때문이다. 아기가 태어난 지 5개월이 채 안 되었지만, 출산에 대한 기억도 거의 없었다. 조금 더 상황을 구체화시키자, 그녀의 의식은 '망각의 담요' 속으로 들어가서 모든 공격을 방어하는 것 같았다. 이제까지 살펴본 결과, 그녀가 아무것도 기억하지 못하는 부분은 그것이 삶에 아주 중요한 영향을 끼쳤기 때문이다. 순간적으로 그녀가 뭐든지 보고 관찰하고 생각하고 '읽는' 걸 좋아하는 사람이라는 사실이 떠올랐다. 그녀는 모성과 출산, 수유, 양육 등 관련된 책을 읽었을 것이다. 책을 통해 임신 과정 속으로 직접 들어왔다는 사실을 깨달았을 것이다. 그녀의 눈 앞에서 실제로 일어나는 사실이었다. 그러나 **신체 접촉** 능력은 여전히 그림자 속에 숨어 있었다. 따라서 태어난 아기가 **신체 접촉을 요구**했을 때 엄청난 위기를 느꼈을 것이다. 나는 이 생각을 그녀와 나누었다. 전체 이야기와 그녀의 행동과 능력, 그리고 앞으로 일어날 수 있는 일들까지 함께 살펴봤다. 그러면서 앞으로 아기의 몸이

아무도 만지지 않은 깨끗한 몸이 되리라고 짐작했다. 투명인간 배역 때문에 아이가 곤란해질 게 분명했다. 출산 과정도 어려웠을 것이다. 물론 질문들을 통해 그 사실을 확인해야만 했다.

실제로 그녀는 단 한 번도 산부인과 의사와 이야기를 나눈 적이 없었다. 그리고 임신 40주 만에 진통 없이 제왕절개를 했다. 그녀는 내 질문에 매우 놀라는 표정이었다. 양수가 조금씩 터졌는지, 진통은 있었는지, 통증 때문에 두려웠는지, 자연 분만을 시도해 보고 제왕절개 수술을 한 것인지 등을 물어봤지만, 그때 무슨 일이 있었는지 정확히 알지 못했다. 어쨌든 아기가 태어났다. 그녀는 모유 수유 관련 글을 많이 읽었지만, 충분한 모유량이 안 되어서 그렇게 할 수가 없었다. 나는 그때와 관련된 모든 상황을 자세히 정리했다. 그녀는 분명 아기가 그녀 몸에 딱 붙어 있는 상황을 참지 못했을 것이다. 이것은 모유 수유를 잘하는 방법을 알려 준다고 해결되는 게 아니라, 어머니에게 폭행을 당했던 순간에 느꼈던 두려움 또는 최소한 신체 접촉의 두려움이 어느 정도인지 알아야 해결이 가능하다. 이후 내담자가 이 일을 다룰 준비가 되면, 아기와 어머니의 관계를 돕고, 결론적으로 모유 수유를 할 수 있도록 본능적이고 유아적이며, 실제로 존재하는 소모적인 두려움에 대해서 함께 이야기 나눌 수 있다. 그러나 지금 바로 그런 기대를 거는 건 과한 욕심이다.

다시 아들 루카와의 관계로 돌아가 보자. 그녀는 아들과의 관계에 대해서도 할 말이 많지 않았다. 다 좋지만 아기가 매우 까다로운 편이라고 했다. 또한 아기가 아버지와 있는 걸 좋아하지 않는다고 했다. 나는 이것이 무슨 뜻인지 자세히 물었지만, 그녀는 자기가 한 말도 무슨 뜻인지 잘 몰랐다. 나는 루카가 지금 5개월인데 그녀와 신체 접촉이 적고, 함께 보낸 시간도 많지 않을 거라고 말했다. 다른 사람에게 루카를 맡겼다면, 당연히 아기는 저항했을 것이다(비록 대상이 아빠라고 해도, 아기는 '외부' 사람으로 인식했을 것이다). 함께 지켜본 결과, 루카에게는 '까다로운' 아이가 될 조건이 많지 않았다. 오히려 신체 접촉이 적은 상황에 적응하기에 바빴을 것이다.

그녀는 다시 일하러 가야 한다며 상담을 멈추었고, 어머니로서의 삶에 대한 부분은 이렇게 마무리되었다. 이 부분에 대해서 간단히 정리해 보자. 먼저 **그녀가 보기에** 루카의 하루가 어떤지 확인이 필요하다. 다른 아기들에 비해 안타까운 상황에 놓여 있다는 전제 하에, 루카가 최소한의 욕구를 충족시키기 위해 어떻게 하는지 알아야 한다. 5개월 아기의 기본 욕구 만족과 보호 수준을 파악한 후에는 그녀가 퇴근하고 집으로 돌아와서 무엇을 하는지 살펴볼 것이다. 지금 문제는 그녀가 아기를 두고 직장에 가는 게 아니라, 엄마인 그녀가 실제로 구체적인 신체 접촉이 필요한 아기에게 보이지 않는 투명인간과 같은 존재라는 사실이다. 나는 그녀에게

41년이라는 오랜 기간 동안 생존을 위해 맡았던 배역을 쉬운 말로 설명해 주었다. 이제 '투명인간'인 어머니 곁에서 살아남으려고 애쓰는 아기에 대해서 살펴볼 거라고 했다.

그리고 상담사의 입장에서 이런 말을 더했다. "미란다, '다른 사람에게 보이는 것'이 위험하다고 생각한다면, 아기가 필사적으로 신체 접촉을 하려고 할 때, 당신 내면에 분노와 두려움 또는 공포가 생길 가능성이 높아요." 그녀의 표정이 싹 변했다. 그녀는 저만치 떨어져서 아주 슬프게 울면서 자신이 정말 나쁜 엄마라고 소리를 질렀다. 나는 그녀를 안아 주며 위로했다. 그녀는 흐느끼면서 내 포옹이 전혀 고통스럽지 않다고 말했다. 내 앞에서 무장해제 되었다. 마치 평생 처음 우는 사람처럼 울었다. 그리고 큰 소리로 아기가 죽는 꿈을 꾸었는데, 정말 다칠까 봐 두렵다고 말했다. 그녀가 조금씩 안정을 찾아 갔다. 정신을 차리고 나서 자신이 괴물이라고 말했다. 지금은 아들을 사랑하는지, 자녀를 사랑하는 어머니들에 대한 모든 이야기가 진짜인지 정말 궁금하다고도 했다. 나는 그녀를 계속 울게 두었다. 아들의 신체적, 정신적 요구에 포로가 된 것 같은, 빨리 벗어나고 싶은 여러 상황 앞에서 그녀는 울 수밖에 없었다. 그녀는 매 맞고 상처받았던 진짜 몸을 갖고 싶지 않았다.

나는 우리가 나눈 모든 대화를 부드러운 말로 정리했다. 현실은 현실이다. 이 상담의 목적은 좋은 어머니 되기가 아니다. 도달할 수 없는 목표들을 보면 터무니없는 경우가 많다. 그것이 높은 도덕적 목표라면 상태는 더 심각하다. 이제, 그녀는 어른의 마음으로 유년기에 겪었던 고통을 이해할 수 있게 되었다. **무엇보다도 힘든 상황에서 구해 준 배역에 대해서 알게 되었다. 사람들의 시선에서 사라지는 것이 그녀의 배역이 부릴 수 있는 최고의 재주였다.** 그리고 그 배역이 지금은 그녀를 아무것도 할 수 없는 사람으로 만들어 버렸다.

모유 수유를 하고 직장을 그만두는 게 좋겠다고 누군가 좋은 의도로 조언을 해도 그녀의 문제는 해결되지 않을 것이다. 지금은 자신을 살펴보고 스스로 배역을 조금씩 벗을 수 있는지 확인하는 게 가장 중요하다. 배역을 벗어도 이제는 **아무도 그녀를 때리지 않기 때문**이다. 어린 자아는 누군가 때릴 거라고 생각했지만, 어른 자아는 **그것이 과거의 이야기일 뿐**임을 이제 안다. 그녀는 매우 고통스럽게 울었다.

그리고 최근에 아들을 종종 때렸다는 사실을 털어놓았다. 어쩌면 그녀로서는 당연한 행동이었을 것이다. 아기가 요구하는 신체 접촉을 분명 참기 힘들었을 것이다. 그녀는 도덕적으로 옳지 않은 행동을 털어놓으면서 내가 질책하기를 바라는 것 같았다. 그러나 상담사는 판단하는 사람이 아니다. 그저 자체 논리로 전체 시나리오를 볼 뿐이다.

"이제 제가 뭘 해야 하죠?" 상담사와 전체 시나리오를 살펴보고 나서 내담자가 주로 하는 질문이다. 그럴 때마다 상담사는 이렇게 대답한다. "원하는 대로 하세요. 당신이 결정하는 일에 우리가 함께할 것입니다." 이 순간이 중요하다. 자신에 대해서 깨닫고 문을 열 준비가 된 내담자에게 모든 문이 열린다.

리카르도: 상처 입고 화난 작은 병아리

리카르도는 마흔네 살 남성으로 기혼이고 네 살배기 아들 호아킨이 있다. 처음 상담하러 왔을 때 그는 발을 절었다. 아내가 여기에서 휴먼 바이오그래피 작성 과정을 하고 있어서 자기도 도움이 될지 한번 해보고 싶다고 했다. 그는 극심한 피로에 시달렸고, 발이 아픈데 이제는 무릎까지 따끔거리고 뻣뻣하다고 했다. 항염증 효과가 있는 스테로이드제를 복용하고 있었다. 순환계에 문제가 있고, 관절염도 있다며 이런 질병이 이제 지긋지긋하다고 했다. 나는 그의 유년 시절부터 휴먼 바이오그래피 작성을 시작했다.

아버지는 경찰이었는데 교육 수준은 매우 낮았다. 말수가 적고 난폭한 성격에 폭력까지 심했다. 그러나 그런 아버지가 그나마 유일한 가족이었다. 어머니는 학교 선생님이었지만 있으나 마나였다. 그녀는 집안일을 하지도 않았고, 자녀들을 돌보지도 않았다.

그는 어머니가 어디에 있었는지조차 몰랐다. 아홉 남매 중 그는 장남이다. 형제 중에 가장 힘이 세고 '영악한' 아이였다. 유년 시절 기억은 별로 없고 좋지도 않았다. 거의 아버지가 아이들을 학교에 데려다줬고 아침도 해줬으며 세탁까지 도맡아서 했다. 물론 때리기도 했다.

그는 모든 사람을 증오했고 사람들도 그를 좋아하지 않았다. 낮에는 주로 혼자 놀았는데 텔레비전 보는 것도 좋아하지 않았다. 공부는 안 해도 싸움은 많이 했다. 무례하고 주의가 산만한 아이였다. 그는 사람들에게 '명령할 수 있는 힘센' 사람이 되고 싶었다. 아버지는 열 살 때까지 그를 학대했다. 어머니의 헌신에 대한 이야기를 꺼냈지만, 그는 그 개념조차 이해 못 했고 관심도 없었다. 열 살 때부터 그는 발진과 알레르기를 비롯한 온갖 종류 피부병에 시달렸다. 그는 "누군가 저를 만지는 게 싫었어요."라고 말했다.

열 살부터는 세상을 향해 "날 쳐다보면 다 죽여 버릴 거야."라고 외쳤다. 그는 아버지의 폭력으로부터 자신뿐만 아니라 어머니까지 지켜야 했다. 밤마다 이불에 오줌을 쌌고 언제까지인지는 정확히 모르지만, 청소년 시기에도 계속 그랬다. 대화 중에 어머니의 이미지는 별로 나타나지 않았다. 나는 어머니도 아버지에게 매우 위협을 받고 구타를 당했을 거라고 말했다.

그는 스무 살이 되어서 여자 친구를 사귀었지만, 절대 성관계는 하지 못할 거라고 생각했다. 하지만 오히려 여자 친구는 그가 자신을 지켜 주는 좋은 남자라고 생각했다. 이후 만난 여자 앞에서는 옷도 벗을 수가 없었다. 그는 자신이 자신감 없는 사람이라는 게 화가 났고 늘 사람들을 조종하려 했다고 말했다. 그 이야기를 듣고 나는 그가 정말 조종자인지 알아보기로 했다. 그렇게 아주 상처 입고 화가 난 한 아이와 마주했다. 조종자가 되려면 뭔가 더 예민한 구석이 있어야 하는데, 이야기를 들어 보면 전혀 그런 면이 없었다. 그래서 그를 지켜 주는 배역을 함께 찾아보기로 하고, 책상 위에 모든 가능성을 올려놓았다.

어른이 된 후 누군가를 때린 적이 있는지 질문했지만, 한 번도 없었다. 늘 활기가 없었고 말싸움도 하지 않았기 때문에, 사람들을 놀라게 하거나 공포를 조장할 리도 없었다. 그러나 이것도 구체적인 증거는 없었다. 그러자 그는 언어폭력을 행사한다고 말했다. 여기까지 듣고 시간의 흐름을 따라가기로 했다. 그는 스물두 살부터 독립해서 살았다. 직장을 찾다가 상점 점원 일을 시작했다. 어느 저녁 상점에서 잠을 자다가 한 여성과 처음으로 성관계를 맺었다. 그때는 허무함을 느꼈다. 13년 동안 그 여자와 함께 살았지만 부부 관계는 별로였다. 나는 그들 관계가 부부보다는 형제애에 가깝다는 것을 눈치챘다. 처가에서 그들을 도와주고 작은 아파트도 얻어 주었다. 이후 이직해서 작은 가족 회사에서 관리로 일했다. 그는 처가 사람들에게 사랑스러운 존재였다. 아주 친절하고 모든 일을 잘 도왔기 때문이다. 당연히 설거지도 잘하고 잔디 손질도 잘했을 것이다. 나는 그가 생각하는 것처럼 아주 나쁜 조종자는 아닌 것 같다고 했다. 분명한 사실이었다. 오히려 매우 유순하고 고분고분하며 말 없는 사람 같았다. 그렇다면 부부 관계는 어땠을까? 그들은 주로 함께 텔레비전을 보며 시간을 보냈다. 함께할 순간을 찾았지만, 결국 그녀가 섹스를 원하지 않아서 그도 아주 조용히 넘어갔다. 이 관계는 갈수록 악화되었다. 아내가 그에게 원하는 건 돈을 더 많이 벌고 신사적으로 행동하며 더 많은 신용 카드를 갖는 것뿐이었다. 결국, 그들은 헤어졌다. 그는 여자들은 보통 '센' 남자를 존경한다고 말했다. 처음에 나는 그 센 남자가 그 자신을 뜻하는 건지 몰랐다. 그는 별로 세 보이지 않았기 때문이다. 물론 조금은 셀 수도 있겠지만, 지금 그는 몸이 아프고 그 누구와도 싸움을 하거나 싸움을 걸지 않는다. 자신에 대해서 말하는 내용이 꼭 선택한 배역과 일치하는 건 아니다. 아내에게 했던 최악의 말이 무엇인지 물어보자, 그는 아무 대답도 못했다. 그의 말은 전혀 폭력적이지 않았다. 어머니가 그에 대해서 어떤 말을 했는지 물어보자, "제가 아버지보다 더 용감한 사람이라고 하셨어요."라는 대답이 나왔다. 이제 어머니가 무슨 말을 했는지 드러났다. 그러나 그가 그 말을 들었다고 해서 아버지보다 '더 용감한' 사람이 되는 건 아니다. 사실, 그는 아무도 때리지 않았다. 따라서 아버지보다 더 용감할 수는 없었다. 그러나 그의 안에 있는 분노는 분명히 느껴졌다. 나는 이런 내용을 간단하게 설명하고 가시철조망 속에 숨어 있는 그의 모습을 그려 주었다. 그는 누군가 다가올까 봐 두려워하며 가시를 세운다. 또한, 다른 사람에게 가까이 오면 위험해질 수 있으니 다가오지 말라고 경고한다. 그러나 정작 그 가시철조망 안에는 추위에 떠는 물에 젖은 작은 병아리 한 마리가 있다. 그는 도표를 보더니 고개를 끄덕였다.

계속 시간을 따라가 보기로 했다. 그는 서른여덟 살에 지금 아내인 마리아 페르난다를 만나서 아들을 낳았다. 성관계는 여전히 형편없었다. 그녀는 그보다 성적으로 훨씬 더 적극적이었다. 나는 둘의 관계를 파악하기 위해 많은 질문을 했고, 그가 여전히 아주 친절하고 말을 잘 듣는 사람이라는 결론을 내렸다. 그에게 폭력적이고 조종자다운 면모는 전혀 없었다. 반대로 그의 아내는 적극적이고 원하는 게 많았다. 그는 그런 아내의 생활 방식에 금방 익숙해졌다. 함께 살기 시작한 해, 그녀가 임신을 했다. 장인 장모가 그들이 결혼해서 살 만한 작은 집을 교외에 장만해 주었다. 그가 여전히 적은 봉급을 받는 일을 했기 때문이다. 그는 관절 통증이 심해서 일하기가 힘들어졌고, 직장에서 단 한 번도 승진하지 못했다. 아들 호아킨이 태어났을 때, 본가 사람들은 아무도 찾아오지 않았다. 형제자매와 부모가 있지만 서로 연락을 안 하고 지냈다. 아들이 태어난 첫해는 너무 어려웠다. 아내는 너무 힘들어했고, 그는 그녀를 돌볼 힘이 전혀 없었다. 아기를 키우는 게 그렇게 힘들다는 걸 알았다면, 절대 낳지 않았을 거라고까지 했다. 아기는 계속 기관지 경련을 앓았고 늘 상태가 안 좋았다. 그는 집에 들어가기 싫어서 애정이 전혀 없는 직장 속으로 숨어들었다. 어떤 결정도 못 내렸고, 대안도 없어 보였다. 자기 삶을 책임질 수 없다고 생각했기 때문에, 그는 다른 사람의 삶도 당연히 책임질 수 없었다.

아내와 관계도 갈수록 악화되었다. 그들은 대화를 거의 한마디도 나누지 않았다. 나는 책상 위에 같은 그림을 올려놓았다. 그림 속에는 가시철조망에 숨어 있는 그의 배역이 있었다. 그림에 아내는 없었다. 물론 아들도 없었다. 있는 건 **두려움뿐**이었다. 그의 몸은 그 두려움에 반응했고, 갈수록 꼼짝할 수 없었다. 나는 그에게 그림을 전해 주면서 헤어졌다.

2주 후, 그는 다시 상담에 왔다. 이번에는 병에 대해 뭔가 말하고 싶어 했다. 그는 통증 때문에 잘 움직이지 못했다. 얼마간 한의사에게 침을 맞았는데, 통증 완화에 도움이 되었다. 그러나 그 치료마저 그만두었다. 진단명은 '미분화 관절염 *undifferentiated arthritis*'* 이었다. 나는 이렇게 거의 움직이지도 못하는 상황에서는 '아주 용감

---

* 관절염이 분명히 있지만, 아직 병이 완전히 진행되지 않아서 뚜렷한 진단이 내려지지 않은 상태.

142

한' 사람이 될 수 없다고 말해 주었다. 그는 놀랐다. 여전히 어머니가 했던 말을 그대로 **믿고 있었기** 때문이다. 나는 그를 꼼짝 못 하게 만드는 이 질병이 그에게 어떤 혜택을 주는지, 그 안에 숨겨진 내용을 직접 말로 표현했다. 그러자 결국 그의 입에서 아파서 다른 사람이 원하는 것을 **해줄 수 없다**는 대답이 나왔다. 그는 아픈 배역을 맡아 혜택을 누리고 있었다. 아프기 때문에 남의 부탁을 들어주거나 도움을 주는 친절한 사람이 되지 않아도 됐다. 나는 그에게 어떤 두려움이 있는지 종이에 써보라고 했다. 수많은 두려움이 나타났다. 그는 '자신에 대한 두려움, 사람에 대한 두려움, 어머니에 대한 두려움, 아내에 대한 두려움, 가난에 대한 두려움, 무지에 대한 두려움, 실수에 대한 두려움, 운전에 대한 두려움, 집을 갖지 못하는 것에 대한 두려움, 최악의 아버지가 될 것 같은 두려움, 의미 없이 일하며 사는 것에 대한 두려움, 아들이 학대받을 것에 대한 두려움, 아무것도 원하지 않는 것에 대한 두려움, 사는 것에 대한 두려움'이라고 적었다.

그에게는 수많은 두려움이 있었다. 나는 가시철조망에 둘러싸여 추위에 떠는, 젖은 작은 병아리 그림을 다시 보여 주었다. 비관적으로 보면 그 병아리의 상황이 전혀 나아질 것 같지 않다. 그러나 긍정적으로 보면 젖은 몸을 말리고 가시 감옥에서 나올 수도 있다. 나는 인간에게는 자유 의지가 있고, 그것으로 원하는 것을 결정할 수 있다고 말했다. 나를 비롯한 상담사는 내담자가 자신의 현실을 인식할 때, 그들이 내리는 결정 과정에 동행한다. 나는 그에게 더 나은 삶을 살고 자유롭게 움직이고 싶은지 물었다. 그는 "네, 그러고 싶어요."라고 짧게 대답했다. 우리는 함께 바라보며 웃었다. 그는 주말 동안 오랫동안 보지 못한 친구를 만났는데, 아내는 그 사실을 믿지 못하는 눈치였다. 나는 그녀에게 그처럼 활기가 없는 사람이 친구를 만나러 나간다는 건 하나의 '이정표'라고 설명했다. 여전히 그가 있는 감옥은 날카로운 가시철조망으로 둘러싸여 있었다. 나는 그와 개인 탐구 과정을 하면서, 생명력을 향하는 나침판을 따라가면서 강제로라도 움직여 보라고 했다. 한편, 그에게는 '치유'에 대한 두려움도 있었다. 치료가 되면 다른 사람의 여러 요구를 피할 수 없을 테고, 그것을 어떻게 해결해야 할지 몰랐다. 나는 이런 사실이 흥미로웠다. 어린 시절 어머니는 그에게 가장 용감한 사람이라고 말했지만, 실제로 그는 계속해서 다른 사람의 요구에 복종해 살아가는 사람이었다. 그가 그런 요구들을 피할 수 있는 유일한 방법이 바로 관절 통증이었다. 통증 때문에 다른 사람의 요구를 들어주지 않아도 되었던 것이다. 다시 말해 그는 **신체 부자유자** 배역을 맡았다. 그러나 자신에게조차 아무것도 해줄 수 없다는 것이 그 배역의 단점이다. 다른 사람들이 그에게 얹으려는 짐과 강력한 요구들에서 벗어날 수 있는 다른 방법을 찾는다면 분명히 **병**

이 나을 수 있을 것이다. 결국, 이것은 **마인드 빌딩***mind building** 문제이다. 말은 쉽지만, 그 변화 안으로 들어가서 감정적 독립을 결심하는 일은 그에게 큰 도전이다. 처음부터 높고 이루기 힘든 목표를 세우는 것보다는, 두려움 목록을 살펴보고 하나씩 직면해 가기로 했다. 그렇게 큰 변화 대신 **작은** 변화부터 시도해 보기로 했다.

그는 내 말을 듣고 몸을 움직이기를 '원했지만', 자신에 대한 두려움이 여전히 남아 있었다. 내면의 분노도 남아 있었다. 몸이 건강해지면 누군가를 해치거나 죽일 수 있을 거란 환상도 품고 있었다. 그의 안에 숨겨진 분노가 있었기 때문에 그럴 가능성도 있다. 따라서 그는 남들에게 치명적인 타격을 가하지 않으려고 스스로 계속 아프고 경직된 뻣뻣한 몸을 유지해야 했다. 나는 다시 새로운 그림을 그렸다. 그의 몸속에 불이 들어 있는데, 가시가 달린 철갑옷을 입고 그 불이 밖으로 나오지 못하게 막은 그림이었다. 그런 상황에서 그가 하는 일은 사나운 불을 조절하는 일뿐이었다. 그는 그 불이 밖으로 나오면 자신과 주변의 모두를 불태울 거라고 생각했다. 첫 번째 상담에서 그가 스스로를 무섭고 폭력적인 사람이라고 말했던 것은 내면에 이런 의식이 있었기 때문임을 부드럽게 설명해 주었다. 그에게는 증오만큼이나 두려움도 많았다. 결국, 내면의 그 두려움이 그의 몸을 꼼짝도 못 하게 만들었다. 그러나

---

*마음을 단련하는 모든 행동.

당장 그에게 화를 누그러뜨리라고 하거나 '마음을 열라고' 강요하지 않았다. 그의 삶이 이미 화염에 휩싸여 있기 때문이다. 그저 마음 깊은 곳에 불을 뿜는 거대한 용이 있다는 걸 그가 깨닫도록 해 주었다. 나는 이 일이 힘들겠지만, 옆에서 함께 그 증오를 인정하고 싸워 나갈 준비가 되어 있다고 말했다. 그러자 그는 "아버지를 죽이고 싶어요, 낳아 준 어머니도 죽이고 싶어요."라고 소리 지르며 증오를 표출했다. 그렇게 상담이 계속되었다.

5

성적 억압의 폐해

가부장제와 성적 억압

인간의 조건 _human condition_[*]에 대한 생각은 문화에 영향을 받는다. 즉, **주관적**이다. 우리가 고랑 속에서 모든 것을 보기 때문이다. 그래서 중요한 문제가 생긴다. 작은 문화는 좀 더 큰 문화에 속하고, 그것은 또 더 큰 문화에 속한다. 따라서 동양과 서양은 오천 년 전 혹은 그 이전부터 공통분모를 가지고 있을 수밖에 없다. 그중 하나가 바로 사회 조직 체계인 **가부장제**이다. **가부장제의 바탕은 복종이다.** 대체로 여성이 남성에게, 아이가 어른에게 복종한다. 이 제도의 가장 큰 목적은 바로 **재산 축적**이다. 사람들은 되도록 많은 재산을 축적하려 하는데, 이를 위해서는 노동력을 주는 다른 사람들을 **복종시켜야** 한다. 누군가는 모으고 누군가는 복종한다. 남성이 힘을 쓰면 여성은 복종한다. 어른이 결정하면 아이는 복종한다.

여성을 복종시킬 수 있는 가장 중요한 도구는 **성적 억압**이다. 이것은 종교 _religion_(여기서는 유대-기독교를 말한다)와는 전혀 관련이 없다. 라틴어로 종교라는 뜻인 '렐리기오 _religio_'는 '다시 묶다, 연결하다'라는 뜻인 '렐리가레 _religare_'에서 나왔다. 고대 로마에서 '렐리기오'는 공동체에 대한 각 개인의 의무를 뜻했다. 사람들은 공동생활의 기

---

[*]인간이 생물학적으로 결정되는 독특하고 피할 수 없는 일련의 사태들에 대응하거나 극복하려고 시도하는 방식.

초가 되는 가치들을 구체적으로 존중해야 했다. 따라서 여성에게 성행위를 억압한 것은 종교가 아니라, **가부장제 논리**였다.

가부장제의 주요 목적은 토지 축적이었다. 물론 여성도 재산의 일부였다. 여성이 한 남성에게 속하면, 자녀도 그의 재산이 되었다. 여성을 삶의 주체가 아닌 사용 목적으로 만들기 위해서는 여성들이 '느끼지' 못하게 막는 게 필수였다. 여성들은 생체 주기에 따라 신체와 늘 밀접하게 연결된다. 그러므로 **여성이 몸에 너무 신경 쓰지 못하게 하려면**, 몸을 만지는 것이 죄나 위험이 되어야 했다. 여성이 만지거나 만져질 수 없으면, 몸은 무뎌지고 육체의 쾌락이 얼어붙어 스스로 포기한다. 여성성의 측면으로 볼 때 생명력이 없는 몸, 거칠고 이해할 수 없는 몸이 된다. 보통 출혈 상태에 있는 여성을 부정하게 여긴다. 이렇게 된 이유는 어린 시절부터 이런 생각을 '흡수해서' 내면에 깊이 뿌리내렸기 때문이다.

인류는 재산을 늘리는 데 필요한 전쟁과 영토 정복, 여성 복종을 바탕으로 조직되었다. 오늘날 모든 문화는 이런 삶의 방식과 관련이 있다. 이런 면에서 볼 때 인간은 조종자이자 전사, 정복자, 부정한 '존재'이다. 물론 이것은 가부장제 관점의 해석이다. 그러나 안타깝게도 그 외 다른 체계의 흔적은 거의 남아 있지 않다. '어머니인 대지'*와 생태학, 자유연애, 살아 있는 존재들 사이의 평등,

---

*인류가 생태계 일부이며 대지에 의존해 살아가는 존재임을 나타내는 표현.

최고 가치인 사랑을 중심으로 하는 가모장제 공동체는 오늘날까지 살아남지 못했다. 아이러니하게도 가부장제는 예수님의 메시지였다. 당시 지배적이던 가부장제는 기독교 개종에도 관여했는데, 정작 실천적인 부분에서는 예수님이 외쳤던 평등과 믿음, 연대 책임, 사랑의 언어와 무관했다.

문제는 여성들이 오랫동안 성적 억압에 눌려 왔다는 사실이다. 이 억압은 육체가 수준 낮고 외설적인 반면, 정신은 높고 순수하다는 것을 의미한다. 즉, 성적 욕구는 악하고 모든 육체적 감각은 바람직하지 못하다고 여긴다. 과연 우리는 언제 육체와 쾌락의 자리가 사라졌음을 깨닫게 될까? 바로, 태어나는 순간이다. 세상에 나온 지 얼마 안 돼서 신체 접촉이 끊기기 때문이다. 자궁이라는 낙원에서 누리던 접촉이 사라진다. 우리는 수세대 동안 성적 억압을 받은 어머니들에게서 태어났다. 그 윗대의 수많은 여성은 훨씬 더 억압받고 경직되었으며, 몸을 함부로 만질 수 없는 건 물론이고 쓰다듬을 수조차 없었다.

수세기 동안 내적 조화와는 거리가 먼 가부장제를 경험한 여성들은 출산뿐만 아니라 몸의 느낌이나 고통을 원하지 않는다. 성적 쾌락과도 멀어진다. 수세기 동안 몸속이 굳고, 자궁과 피부가 건조해지며, 두 팔도 능력을 잃었다. 그래서 어머니의 팔에 안겨 보지 못한 채 자란 사람들도 많다. 윗대 할머니도 어머니를 안아 주지 않았기 때문이다. 그렇게 세대가 지나면서 부드러운 여성성의 흔적이 사라졌다. 그래서 출산 때가 되면 경직과 압박, 애정 결핍으로 온몸이 아프다. 여성들은 출혈하고 몸이 변하며, 배란하고, 지저분해지는 등 관리하기 힘든 몸을 싫어한다. 그런데도 만지지 못하고 가까이하지도 않을 생명을 또 낳고서 무엇을 해야 할지 모른다.

대대로 이어진 여성의 성적 억압과 복종 외에 또 중요한 사실은 여성이 포로처럼 갇히고 묶인 채 출산한다는 점이다. 한 세기 전부터 여성이 대학과 노동시장, 모든 공공 교류의 장에 참여하면서 **출산 현장이라는 여성 권력 최후의 보루를 잃게 되었다.** 윗대 어머니들이 물려준 지혜가 사라졌다. 더 이상 우리 눈앞에서 펼쳐지는 출산 현장은 없다. 대신 과학기술과 기계, 의사, 출산 예정 시간, 약품, 찔린 상처, 결박, 면도, 큰 고통, 침묵, 위협, 결과, 침입자의 시선만 있을 뿐이다. 물론 두려움은 기본이다. 그렇게 수 세기 동안 남성들에게 제한되었던 유일한 여성의 피난처에 다시 두려움이 나타났다. 결국, 그 친밀한 피난처인 출산 현장까지 내놓게 되었다. 그것은 여성이 돈과 정치권력이 있는 곳에서 활동하는 대신 지불해야 하는 대가였다. 이렇게 여성은 출산 현장을 타인에게 양도했다. 마치 **여성의 영혼을 악마에게 팔아넘긴 것과 같다.**

출산 현장을 양도한다는 것은 아이가 태어나는 순간을 다른 사람 손에 맡긴다는 뜻이다. 사람들의 휴먼 바이오그래피와 모성애 경험 수준을 확인해 보면, 양육 방식이 성격 형성과 이후 가족 구성에 중요한 영향을 준다는 걸 알 수 있다.

출산이 과연 '양도' 가능한 것일까? 여성의 고유한 특성인 임신과 출산을 잃어버릴 수 있을까? 그것을 별로 중요하게 생각하지 않으면 가능하다. 또 여성성을 생각하지 않으면 가능하다. 그래도 모성 본능이 훨씬 더 강하지 않을까? 물론 사람에 따라 다르다. 만일 출산을 다른 사람 손에 뺏겼다면, 모성 본능은 그때 잠시 숨었다가 더 나은 상황에서 다시 나타날 것이다.

거의 모든 동물원에서 철장 속에 갇혀 지내는 암컷 포유류는 새끼를 배고 출산할 기회가 거의 없다. 그래서 새끼를 낳는 과정에 종종 어려움이 생긴다. 어쩌다가 새끼를 낳아도 자기 새끼로 '인식하기' 어려워서 젖을 먹이고 보호하는 데 어려움을 겪을 가능성이 높다. 그래서 동물원의 사육사들은 어미와 새끼 모두의 보호자로서 곁에서 함께 먹이를 주고 위생을 책임지며 어미와 새끼 관계를 돈독하게 하려고 둘 사이를 중재한다. 여성들에게도 이와 비슷한 일이 일어난다. 임신 후 몸속에서 무슨 일이 벌어지는지 알지도 못한 채 **포로처럼 붙잡혀서 출산한다**. 침대에 묶인 채 뾰족한 도구에 찔리고 위협을 당하며 괴로워한다. 이미 그 출산은 여성의 것이 아니다. 기계와 의사, 수술에 달려 있는 그저 병원 생활의 일부분일 뿐이다. 여성은 감옥 같은 곳에서 손발이 묶인 채 고문을 당한다. 그뿐만 아니라 출산 직후 **자신이 낳은 생명체를 바로 볼 수도 없다.** 병원에서는 보통 출산 후 아기를 데리고 가서 씻기고 빗질하고 옷 입히고 재우고, 더 울지 않도록 포도당으로 입막음까지 한다. 그 순간부터 어머니는 아기를 자기 아이로 인정하려는 **지적인** 노력을 해야 한다. 동시에 마음속으로는 엄청난 '모성 본능'을 갖지 못했다는 죄책감과 수치심을 느낀다. 그런 이상한 감정들이 생기기 때문에 좋은 엄마가 되는 법과 아이를 바르게 대하는 법, 그리고 아이를 키우는 법을 모를까 봐 두려워한다. 그러나 자신을 이해하지 못하면 아이를 이해할 수가 없다. 그래서 어린아이처럼 아주 사소하고 기본적인 내용들을 질문한다. 그리고 아이러니하게도, 출산하고 아이를 안아 보게 해달라고 요청하면 부정적인 답변이 돌아온다.

주사위는 이미 던져졌다. 여성들은 아기를 만질 수 없고, 한동안 바보 같고 부자연스러운 지시들을 따라야 한다. 왜냐하면, 수 세기 동안 그런 지시에 복종했기 때문이다. 그리고 무엇보다도 잘 알지 못하니 따를 수밖에 없다. 이것은 여성들이 상처를 입은 데다 뭔가를 빼앗긴 상태라는 확실한 증거이다. 조직적인 현대적 방법으로 출산을 할 때, 피부가 칼에 베이고 꿰매어지며, 붕대에 감싸진 채로 가만히 고정된다. 아기는 엄마 몸과 멀리 떨어져 있다. 수술 상처 때문에 원하는 대로 아기를 받아 안을 수가 없다. 그러다가 자신의 본질과도 단절되고 아기를 안고 싶은 본능적 욕구조차 느낄 수 없게 된다. 이런 걸 보면 여전히 가부장제라는 이전 메커니즘이 완벽하게 작동하는 것 같다. 엄마와 신체 접촉이 많지 않은 아기는 이후에 냉담과 싸움, 서로 간의 복종을 끊임없이 만들어 낼 것이다.

이때 아기가 느끼는 실망감 또한 매우 크다. 모든 아기의 **기본 욕구**(일차적 욕구)가 바로 다른 사람과의 지속적인 신체 및 정서적 **접촉**이기 때문이다. 여성이 이런 중요한 기본 욕구를 계속 억누르면, 욕구를 채우지 못한 아기에게 큰 문제가 생길 수밖에 없다. 엄마들은 아기를 몸에서 떼어 놓고 멀리 두고 싶어 한다. 그 어떤 포유류도 자기 새끼에게 그렇게 이상한 짓은 하지 않는다. 그러나 인간은 '버릇 나빠질까 봐' 또는 '변덕이 심해질까 봐' 같은 이유로 '아기를 그냥 울게 두는' 것이 옳다고 결정한다. 그리고 **아기를 부모의 몸과 분리해서 혼자** 침대에서 재우는 것이 매우 정상이라고 생각한다. 유모차에 아기를 **혼자** 태우고 작은 의자에 **혼자** 앉힌다. 그러니 잠도 **혼자** 잘 잘 수 있을 거라고 생각한다. 조금만 커도 안아 주지 않고, 애교를 부리기에는 너무 컸다며 더 이상 울지 말아야 한다고 생각한다. 커서도 바지에 오줌을 싸거나 모기를 무서워하고, 학교에 안 가고 싶어 하면 그럴 나이가 지났다고 판단하는 건 기본이다. 아이가 태어나서 가장 필요로 하는 엄마와의 **신체 접촉**을 계속해서 하지 못하면, 아이는 스스로 **혼자** 있게 될 운명이라고 생각하게 된다. 결국, 아이는 병이 난다. 거의 모든 아이는 **외로움이라는 병을 겪는다.** 그러나 어른들은 아이의 **병이 신체 접촉이 부족해서 또는 함께 해주지 않아서 생기는** 걸 모른다. 성적 억압을 받으면 아이의 몸에 손대는 게 두렵다. **만지는 것 자체가 고통**이기 때문이다. 사랑의 부족으로 경직된 몸이 아플 뿐만 아니라, 마음과 영혼이 상처를 받는다.

기독교 윤리와 성적 억압은 동맹 관계이다. 세속적 현실 즉, 다른 사람을 재산으로 소유하려는 욕구를 하나님의 사랑과 같은 고결한 영성으로 덮는다. 또한, 어머니의 사랑과 관심이 부족해서 생기는 모든 원초적 두려움을 물질로 보상하려고 한다. 더 이상 여성이 자신을 규칙을 지키는 사람이나 헌신자로 생각하지 않아도 성적 억압은 여러 세대에 걸쳐 계속되었다. 여성이 자기 몸을 만지는 것을 멈춘 결과, 아이의 몸도 사랑의 마음으로 만지지 않기 때문이다.

거의 모든 휴먼 바이오그래피에는 매우 중요한 성적 억압이 드러난다. 초기 유년기에 겪은 정서적 방치 정도나 가족 역동성*family dynamics**을 살펴볼 때, 어머니의 종교적 신앙심에 대한 조사가 매우

---

*가족 구조 내에서 가족 구성원 간에 발생하는 상호 작용.

중요한 자료이다. 이 조사만 해도 개인의 주된 고통의 흔적을 확인하고 숨겨진 모든 그림자를 살펴볼 수 있다. **윤리와 성적 억압은 거짓말을 강요한다.** 이것들이 본능을 따르지 못하게 막기 때문이다. 이것들을 높게 여기든 아니든, 그건 별로 중요하지 않다. 그러나 진짜 원초적인 본능을 누르고 가리면 가릴수록, 본질에서 더 멀어지고, 본질을 왜곡시키는 배역의 옷을 더 두껍게 꾸미게 된다.

우리는 억압된 삶을 살아간다. 성적 억압으로 인한 좋지 못한 영향을 끊임없이 받는다. 이 **생태적 재앙**은 수세기에 걸쳐서 이상한 성공을 거두었고, 남성과 여성 모두의 삶에 상처를 주었다. 이 상담은 휴먼 바이오그래피 작성을 통해 우리를 인간으로 만들어 주는 가장 아름답고 본능적인 부분을 덮어 버린 억압과 윤리, 피난처, 두려움을 발견하는 일이다.

휴먼 바이오그래피 작성에서 가장 기본은 성적 억압 수준을 파악하는 일이다. 이것은 남성과 여성 모두에게 해당한다. 대개 여성들의 결과는 쉽게 찾을 수 있다. 상담 경험이 많지 않은 상담사라도 내담자의 근육 긴장도와 시선 처리로 자아 욕구 정도와 그것을 막는 경직성이 어느 정도인지 짐작할 수 있다. 그러나 남성의 성적 억압을 파악하는 일은 훨씬 더 복잡하다. 남성은 신체 접촉으로 성적 충동이 더 많이 해소될 수 있기 때문이다. 실제로 성생활을 아주 적극적으로 하면, 정서적 공허함을 적게 느낀다. 따라서 단순한 관찰만으로는 남성의 '문제'를 발견하지 못할 수도 있다. 어쨌든 성적 억압 정도는 모든 상담에서 중요한 단어이다.

다니엘라: 도덕성과 거짓말 그리고 섹스

다니엘라는 마흔 살 여성으로 성당 교리 문답 교육을 담당하는 교사이다. 다섯 살 난 아들 파비오에게 더 좋은 엄마가 되고 싶은데 아들을 참기 힘들 때가 많다면서 상담을 요청했다. 그녀는 파비오가 지구를 떠나고 싶다거나 어른들이 나쁘다는 말을 한다며 걱정했다. 처음에는 아직 어려서 그런 말을 한다고 생각했지만, 갈수록 더 심해져서 고민이라고 했다. 우선 휴먼 바이오그래피 작성에 대해서 설명해 주고 바로 상담을 시작했다.

그녀는 작은 마을에서 태어났다. 그녀 말에 따르면 아버지는 머리가 아주 '똑똑한' 분이었다. 그러나 아버지의 직업을 물어보자 제대로 설명하지 못했다. 따라서 아버지가 매우 똑똑하다는 평가는 나중에 좀 더 자세히 알아보기로 했다. 가족 내에서 대화나 말의 주도권을 누가 쥐고 있었는지 알아보기 위해서 우선 '누가 그 말을 했는지' 조사해야 했다. 어쨌든, 유년 시절에는 아버지의 기대에 부흥하려고 열심히 공부하는 게 매우 중요했다. 그래서 초기 유년 시절 기억에 좀 더 접근해 보기로 했다. 그녀는 부모가 돌보아 준다거나 함께 놀이를 하는 등 '따뜻한' 경험을 한 기억이 거의 없었다. 대신 어머니가 모든 생활 계획을 세웠다고 여러 번 강조했다. 나는 일을 계획하고 조직하는 일과 어머니 역할은 다르다고 짚어 주었다. 그녀는 고개를 끄덕였다. 계속 기억들을 살펴봤지만, 사랑이 가득한 어머니 모습은 그 어디에도 나타나지 않았다.

부모가 많이 싸웠지만, 자세하게 무슨 일 때문인지는 몰랐다. 나는 그녀가 '싸우는 장면들'을 이야기할 때까지 계속 여러 질문을 했다. 좀 더 정확한 내용들이 필요했다. 그녀는 아버지가 너무 무서웠다고 했다. 그래서 싸움을 할 때 어머니가 어디에 있었는지 확인해 보았다. 그녀는 잘 기억하지 못했지만, 분명 집 안 어딘가에서 남편에게 소리를 지르고 있었을 것이다. 우선 매 맞는 자리에 아이를 '내버려 둔다'는 게 무슨 뜻인지 설명했다. 그녀는 이 말에도 고개를 끄덕였다. 그러더니 어머니의 '구타'를 말했다. 결국, 부모가 모두 그녀를 때렸다는 결론이 났다. 그녀는 잔인하고 무서운 이야기를 술술 풀어놓았다. 여기에서 강조하고 싶은 부분이 있다. 내담자가 유년 시절에 자주 겪었던 폭력을 기억하고, 상담사가 이 사례처럼 집요하게 질문을 해도, 내담자는 이 일을 기억하고 재발견하는 걸 별로 중요하게 생각하지 않는 경우가 다반사이다. 나는 치료사의 입장에서 늘 구타당하고 혼자 있던 작은 아이를 상상하면서 가슴을 치며 분노의 말을 쏟아 놓았다. 그런 말들은 그녀와 당시 상황을 감정적으로 '연결하는 데' 도움이 되었다. 결국, 그녀는 눈물을 터뜨렸다. 그리고 점점 더 감정을 이입하면서 조금씩 폭력적인 장면을 설명했다. 더 조사하다 보니 가족 안에서 그녀가 **순종적인 아이**였다는 사실이 확실히 드러났다. 순종하지 않으면, 순종할 때까지 계속 구타를 당했기 때문이다. 그렇게 그녀는 언니와 함께 유년 시절을 보냈다. 그녀는 부지런했지만, 아무도 모르게 거짓말을 하는 아이였다. 엄마의 화를 돋우지 않으려고 사고나 아픈 일 등 많은 일을 숨겼다. 맞을 때조차도 감정을 속이며 울지 않아서 언니는 그녀를 '꼬마 성녀'라고 불렀다.

그녀는 초경을 시작할 때까지 어머니에게 계속 맞았다. 나는 청소년 시절을 파악하려고 여러 질문을 했다. 그러나 이때까지도 그녀는 아버지의 직업이 무엇이었는지 정확히 설명하지 못했다. 그녀가 기억하는 아버지는 그저 아주 지적인 사람이었다. 물론 아버지 못지않게 어머니도 공부를 잘하셨다고 했다. 그러나 그 **말**은 부모가 자신을 방어하는 말이었고, 실제 상황은 달랐을 거라고 말해 주었다. 그녀는 한 번도 그 부분을 의심해 본 적이 없다며 매우 혼란스러워했다.

나는 극심한 폭력과 그것을 위한 망각이라는 방어기제와 아버지 어머니의 대화와 말들, 그 사이에서 그녀가 겪었던 유년 시절이 기억보다 훨씬 더 안 좋은 상황이었을 거라고 말해 주었다. 따라서 그 공포를 이기기 위해서 선택한 배역을 찾아보기로 했다. 우선 가족 외 관계들(학우들과 그 외 활동 친구들)에 대해 질문했다. 그리고 불분명한 아버지와 그의 지적인 면모를 확인하기 위해 더 자세한 질문을 해야 했다. 마침내 아버지가 몇 군데 밭을 관리하고, 다른 사람보다 더 많은 돈을 벌었다는 사실을 알게 되었다. 그는 농학자가 되고 싶었지만 그만큼 공부를 하지는 못했다. 내가 아버지의 높은 지능을 의심하자, 그녀는 화를 내며 아버지가 세계적으로 인정받는 천재라고 주장했다. 나는 사람마다 상상의 자유는 있지만, 가능한 왜곡 없이 현실을 바라보라고 권유했다. 그녀는 마음을 좀 가라앉힌 후 아버지가 일할 때 늘 갈등이 있었고, 그러고 나면 꼭 직장에서 쫓겨났다고 말했다.

한편, 언니와의 관계를 질문하자 역시나 기억하는 게 거의 없었다. 그래서 다른 질문을 이어 갔다. 그녀는 중학교 때 아버지의 새 직장 때문에 부에노스아이레스로 이주했다. 여러 이야기 끝에 아버지가 직장을 많이 옮겨 다녔고, 늘 인간관계에 문제가 있었다는 사실을 확인했다. 그 당시 그녀는 너무 힘들어서 상실감이 컸고, 또래들과 다른 삶을 살았다. 안경을 썼고 몸무게도 많이 나갔다. 어머니는 그녀를 '소'라고 불렀다. 학교에서 친하게 지내던 친구도 없었고 특별히 하는 활동도 없었다. 이야기 중에 "저는 친구가 없었어요. 제가 볼 땐 모두 다 아주 '문제아들' 같았거든요.

반대로 저는 아주 정상적이고 별 어려움도 없었어요."라고 하는 말에 주목했다. 실제로 유년 시절과 청소년기가 아주 좋았던 것 같지는 않지만, 분명 어머니나 아버지는 자녀들이 '정상적'이라고 말했을 것이다. 실제로 겉으로 보기에는 그래 보였을 것이다. 그녀는 모든 일을 경험했음에도 아무것도 기억하지 못했다. 심지어 열대여섯 살 때 아버지가 무슨 일을 했는지도 설명하지 못했다. 나는 늘 독자들에게 자신의 '공식적 대화'[*]와 실제 일어난 일 사이의 '차이'를 기록해 두라고 권한다.

그녀는 열다섯 살 때 성당에서 한 신부님을 만나면서 교구 활동을 시작했는데, 대도시에서 사람들과 만나 사교 활동을 하는 데 어느 정도 도움이 되었다. 실제로 여러 사람을 만났다. 그러나 그 관계는 아주 피상적이었고, 제대로 깊게 알게 된 사람은 없었다. 다른 사람들도 그녀에 대해서 잘 몰랐다. 그러나 교구 활동은 일상에 점점 더 큰 영향을 끼쳤다. 또한, 열여덟 살부터 스물세 살까지 사귄 남자 친구도 있었다. 하지만 키스하는 정도의 관계였다. 그녀는 그 남자 친구를 "별로 똑똑하지 않았어요."라고 무시하는 투로 말했다. 나는 이 상담에서는 세상 사람을 똑똑한 사람과 멍청한 사람으로 나누지 말라고 했다. 그렇게 나누면 어머니와 아버지의 말에서 벗어날 수 없기 때문이라고 설명했다. 한편, 그녀가 말

_____
[*] 겉으로 드러난 대화.

하는 똑똑함은 어떤 것일까? 가족 중에 '높은' 학위를 가진 사람은 누구일까? 그녀가 부모한테 배워서 마음속에 숨기고 있다가 드러낸 그 경멸을 이해해야 했다. 나는 이 부분에 대한 생각을 함께 나누었다. 그러자 그녀는 한 번도 생각해 보지 못한 부분이라며 많이 놀랐다.

청년기에 들어서서 그녀는 점점 더 교구 활동을 많이 하고 공부하면서 교리 교육을 담당하는 선생님으로서 능력을 갖추었다. 그때도 어머니와 계속 함께 살았고 스무 살이 되던 해 아버지가 돌아가셨다. 언니는 이미 결혼해서 분가했지만, 그녀는 어머니를 자신과 동일시하며 여전히 함께 살았다. 그러면서 어머니가 하듯이 똑똑하거나 뛰어나지 않은 사람들을 무시하거나 경멸했다. 그녀는 얌전한 편이었지만 사람들과 친밀한 관계를 맺지는 않았다(여기서 말하는 친밀함은 정서적 친밀감인데, 아마 성적인 친밀감도 느끼지 못했을 것이다). 그녀가 거의 모든 질문에 '몰라요'라고 일관했기 때문에 상담이 깊어질수록 진행 속도가 매우 더뎠다. 청년기 질문에 대한 수많은 '몰라요'는 분명 어른들 세상과 성적 영역에 대해서 아무것도 보지 않고, 관여하지 않고, 알고 싶지 않다는 결심과 관련이 있었다. 상담 내내 입에서 나온 수많은 '몰라요' 때문에 그녀를 걱정할 수밖에 없었다. 아마도 그녀는 아들에게도 무슨 일이 벌어지는지 전혀 알지 못할 가능성이 높다. 그녀가 걱정스럽긴 했지만 어쨌든 계속 시간의 흐름을 따라가야만 했다. 그녀에게 성적 억압은 어렸을 때 경험한 폭력 중 가장 중요한 부분이었다. 그래서 다른 사람에게 폭력을 행사하는 법을 어떻게 배웠는지 알아보기로 했다. 상담을 마치고 헤어지면서 다음번에는 애정 생활에서 성적 억압의 역할을 더 자세히 살펴보고, 어떻게 가까운 사람들에게 분노나 두려움을 표출하는지도 알아볼 거라고 미리 설명해 주었다.

다시 만난 그녀는 집에서 일하는 가사 도우미 아줌마에게 화가 나서 들어오자마자 잔뜩 욕을 늘어놓았다. 나는 몇 분간 그 말을 듣다가 그녀가 부모에게 배운 경멸을 삶에서 어떻게 적용하는지를 말해 주었다. 상담 중에 발견한 문제 중 하나는 어머니의 말에 완전히 빠져 있는 것과 다른 사람들을 무시하는 태도였다. 우선 이 사실을 잘 설명하기 위해서 간단하게 그림을 그렸다. 그녀가 산 위에서 손가락을 들고 다른 사람들을 판단하는 장면이었다. 산 위에는 그녀 혼자 있었다. 그녀는 그림을 조용히 바라보았다.

나는 계속 그녀의 시간을 따라갔다. 어머니와 살면서 수년간 자주 어머니의 언어폭력이 있었다. 그 당시 둘은 돌아가며 가해자와 피해자가 되었다. 마침내 스물아홉 살에 장학생으로 영국 유학길에 올랐고, 거기에서 영국 남자와 사랑에 빠졌다. 그 남자에 대해서 좀 더 자세히 알고 싶었지만, 그녀는 그마저도 잘 설명하지 못했다. 성적인 관계를 좀 더 자세히 질문한 결과 둘 사이에는 어떤 관계도 없었다. 이어서 많은 질문을 해서 마침내 그가 영국 사람이 아닌 인도 사람이라는 대답을 들었다. 이후 고향으로 돌아와서 장거리 연애를 하다가, 영국으로 다시 돌아갔고 그 남자와 더 깊은 관계를 맺었다. 그 남자의 이름은 로날드였고, 서른 살에 그와 첫 성관계를 맺었다. 이와 관련해서 여러 가지를 물어봤지만, 두려움이나 기쁨과 같은 느낌조차도 설명하지 못했다. 더 많은 것을 알아보기 위해 그곳에서의 삶과 다른 사람과의 교류, 언어 공부, 그와 함께 살아가면서 느낀 어려움에 대해서 물어보았다. 그러나 대답은 아주 복잡했다. 말을 할 때마다 단어를 하나씩 미리 생각했고, 원래 틀에 있던 말들을 버리지 못했기 때문이다. 마침내 그녀가 더 듬거리며 자기 몸에 대해서 말을 했다. 폭식증(폭식과 구토)이 있다는 고백이었다. 처음에는 그런 현상 자체를 거부했지만, 차츰 받아들였다고 했다. 나는 원래 폭식증이 옳은 행동이라는 환상을 버리거나 유지하는 데 아주 큰 노력이 든다고 말해 주었다. 그리고 전문가들도 그런 증상에 필요한 정보를 '알아내기'가 무척 힘들다고 덧붙였다. 또한, 지금 하는 일은 정서적 현실을 이해하려고 하는 것뿐이며, 어떤 기대치를 채워야 하는 게 아니라고 안심시켜 주었다. 그러자 그녀는 자신을 변호했다. 내가 아무것도 숨길 필요가 없다고 하자, 그녀는 그러기가 너무 어렵다며, 울며 소리쳤다. 그녀는 지금 남편에게도 거짓말을 하고 있었다. 그녀는 환상이나 거짓말을 유지하기 위해서 늘 힘든 대가를 치러야 했다. **그렇게 조금씩 이야기를 따라가다 보니 지금 남편 이야기도 쉽게 나올 것 같았다.** 그러나 이 과정에서 어머니의 말이 실제 사실과 매우 다르다는 것을 알게 되었다. 그녀는 '어머니 기대에 부응하기 위해서' 늘 너무 힘들게 살았다. 나는 그녀가 지속할 수 없는 환상 속으로 회피할 때마다 나타나는 방어기제를 열심히 기록할 거라고 미리 말했다.

처음에 그녀는 로날드와의 장밋빛 사랑 이야기를 하려고 했다. 그러나 나는 재빨리 말을 막았다. 이제까지 그녀의 감정의 흐름과 상황을 살펴보면, 분명 그와의 관계를 성숙하고 책임감 있게 유지하기 힘들었을 것이기 때문이다. 어떻게든 포장된 이야기가 아닌 그들의 진짜 관계 속으로 들어가야만 했다. 따라서 거두절미하고 많은 질문을 했다. 결국, 그가 알코올중독자라는 사실을 알아냈다. 둘의 관계 속에는 술주정과 싸움이 가득하고 친밀감이 부족하며 성관계도 거의 없었다. 그녀는 계속 일을 하면서 자녀들을 돌봤지만, 그는 일하지 않았다. 공부를 많이 했다면 보통 이런 종류의 직장을 얻지 않고, 로날드도 공부했다면 그렇게 아무것도 안 하지는 않을 텐데 참 아이러니하다고 말하자, 그녀는 내 말을 최선을 다해 방어했다. 그가 술을 많이 먹은 것은 아니고, 돈도 잘 주었다며 그를 변호했다. 이것은 멋진 삶을 살고 싶은 마음은 굴뚝같지만 실제로는 그렇지 못해서 머릿속으로 꾸며 내기만 하는 한 여성이 어떻게 '배역에 집착하는지'를 보여 주는 예이다.

중요한 건 그녀와 그가 결혼했다는 사실이다. 나는 그가 정말 결혼을 원했는지 물어보았다. 물론 아니었다. 그녀가 그를 설득해서 한 결혼이었다. 그는 그녀가 '론'이라는 애칭으로 부르는 걸 싫어했다. 그냥 원래 이름인 '로날드'라고 불러 주는 걸 더 좋아했다. 그런데도 그녀는 반지를 사서 그 안에 '론'이라고 새겼다. 나는 그 말을 듣고 한동안 입을 다물 수가 없었다. 다른 사람이 원하거나 필요한 것을 무시하는 수준이 심하다고 말해 주자 그녀는 내 말을 이해하지 못했다. 그래서 또 다른 그림을 보여 주었다. 그 속에는 자기만의 삶의 철학으로 가득한 그녀가 혼자 있었다. 그 주변에는 아무도 없었다. 결혼해도 마찬가지였다. 그녀는 이제 어머니의 말이 아닌, **자기만의 말을 만들었다.** 즉, 다른 사람을 무시하고 신경 쓰지 않았다. 이것만 봐도 현재 남편과 아들이 그녀의 그림 안에 나타나지 않을 거라는 걸 짐작할 수 있었고, 바로 확인하였다. **상대방을 신경 쓰지 않고, 말을 듣거나 쳐다보지도 않고, 인정하지 않으며 중요하게 생각하지 않는 사람과 관계를 맺는 일은 아주 고통스러운 일**이다. 다시 강조하지만, 이것이 바로 '폭력'이다.

이야기를 나누면 나눌수록, 그녀가 다른 사람을 경멸하는 태도가 분명하게 드러났다. 그녀도 내 말에 동의하며 자신도 그 '**거만**

함'을 별로 좋아하지 않는다고 했다. 그녀는 사람들을 만날 때마다 가장 먼저 상대가 하는 일이 잘못되었다는 생각부터 했다. 그래서 나는 그녀가 다른 사람들과 떨어져서 혼자 산꼭대기에 있다는 사실을 말해 주었다. 그녀는 아주 슬퍼하며 그제야 너무 외롭다고 털어놓았다.

나는 시간을 계속 따라갔다. 그녀는 로날드와 이혼을 하고 결국 고향인 부에노스아이레스로 돌아왔다. 그리고 여러 학교에서 수업을 했다. 그 당시 아주 많이 울었고 그 누구도 자신을 보호해 주지 않았다는 사실을 기억해 냈다. 나는 올라가기 힘든 어려운 산꼭대기에 있는 사람을 다른 사람이 도와주고 돌봐 주기는 어렵다고 말했다. 그녀는 그때 어느 때보다 더 일을 많이 했고 성당 교사로서도 많은 활동을 했다. 친구들이 적어서 만나러 나가는 일도 거의 없었고, 애정을 나누는 범위도 좁았다.

그러다가 마침내 서른네 살에 마르코스를 만났다. 그는 현재 남편으로 아주 독실한 가톨릭 신자이고 회계사이다. 그는 두 가지 면에서 이상적인 남성이었다. 신앙심 있고 학구적이었다. 나는 '신앙심'과 '학구적인 사람'이라는 두 가지 팻말이 꽂힌 산을 그렸다. 그리고 그녀의 이상이 높아서 거기까지 도달하기가 어려워 보인다고 말했다. 그와 그녀는 함께 신앙을 나누었다. 얼마 지나지 않아 그들은 결혼했다. 그리고 지금까지도 그녀는 신앙심과 학구적이라는 두 가지 이상을 좇고 유지하기 위해 삶에 너무 많은 힘을 쏟는다. 그것들이 그녀 **마음에서 나온 것이 아니라 외부의 명령에 따른 것**이기 때문에 힘들 수밖에 없다. 따라서 그녀에게는 이 부분이 상당한 고통이다. 그녀와 헤어지면서 다음번 상담에서는 현재를 짚어 보면서 전체적인 '내면의 움직임'을 살펴보기로 했다.

세 번째 만남은 주중 아주 늦은 시간에 이루어졌다. 나는 전에 그렸던 그림을 보여 주며 대화를 이어 갔다. 그리고 산꼭대기에 엄청난 긍지와 고독감을 적어 넣었다. 분명 그 고통이 현재까지 계속된다는 생각이 들었다. 아마도 그녀의 이상이 제대로 실현되지 않고 삶이 겉돌며, 일이 원하는 대로 이루어지지 않는 상황일 것이다. 나는 그녀가 지금 아주 고통스러운 시간을 보낼 거라 말했다. 그녀는 고개를 끄덕였다.

그녀는 중요한 사실을 털어놓았다. 아들 파비오가 어렸을 때, 한 남자를 알게 되었고 3년간 애인 관계를 유지하고 있다고 했다. 남편뿐만 아니라 주변 사람들에게 그가 얼마나 매력적인 사람인지 말한 적도 있다. 그러나 절대 '자세한' 이야기는 하지 않았다. 그와의 성관계에 대해서는 말하지 않았다는 말이다. 나는 이전에 그린 그림을 다시 한번 보여 주며 추구하는 이상이 너무 높아서 유지할 수 없다는 것을 확인시켜 주었다. 그녀는 절대 닿을 수 없는 이상을 품었다. 그녀는 그 높은 산에 남아 있는 게 고통스럽지만, 그곳에 계속 있으려고 거짓말을 하며 자신을 숨겼다. 남편에게는 이상적인 아내인 것처럼 행동했다. 그녀와 남편은 마치 서로를 속이는 게임을 했던 것 같다. 그러나 여기에서 더 중요한 사실은 바로 자기기만 행위이다. 그녀는 남편에게 고해 성사를 하듯 다른 남자에게 매력을 느꼈다고 고백했다. 그렇게 하면 그 죄가 사해질 거라고 생각했기 때문이다.

나는 어떻게 지금 상황에 이르게 되었는지 이해하려고 시간 순서대로 빨리 상황을 정리했다. 그녀는 마르코스와 결혼했다. 둘 다 일을 했고 빨리 아기가 생겼다. 그녀는 내가 쓴 책을 선물로 받았고, 책에 나온 내용을 모델 삼아 아들도 '그렇게' 키우겠다고 마음먹었다. 높고 완벽한 목표를 세우고 그렇게 되어야 한다고 생각했다. 그러나 정작 그녀는 그럴 수 없는 사람이었다. 나는 그녀가 원하는 것 중 어떤 것이 진짜 그녀의 마음인지, 다른 사람의 명령에 의한 것인지를 살펴보라고 했다. 그녀는 내 말을 이해했지만, 여전히 경직되어 있었다.

그녀는 이상적인 출산을 하기 위해 철저히 준비했다. 아이는 어떻게 태어났을까? 제왕절개 수술을 했다. 몸이 너무 경직되어서 신체적 정서적 흐름이 원활하지 않고 제대로 산도産道가 열리지 않았기 때문이다. 그러나 그 외 모든 것은 정확한 순서를 따랐다. 모유 수유를 하고 정해진 시간에 아기를 안아 주었다. 그럼에도 불구하고 아기의 몸무게는 많이 늘지 않았다. 아기와의 관계에서는 절차를 정확하게 따르는 것보다, 사랑을 주고 감정 교류를 하는 것이 중요하다. 나는 수유기에 어땠는지 좀 더 자세하게 질문했다. 그녀는 수유할 때마다 시간과 빈도를 비롯한 상황들을 세심하게 하나하나 신경 썼다. 그러나 나는 아기와 감정 교류는 정확하게 절차를 따라 하는 것과는 아주 다른 차원임을 조심스럽게 말해 주었다. 그녀는 완벽한 엄마가 되려고 최선을 다했지만, 이상향의 기준은 여전히 높아 스스로 상처를 입었다. 그녀의 현재 상황을 그대로 말해 주자 내 말을 잘 이해했다. 그녀는 수유 장려 모임에 도움을 청해서 '수유 통'*을 달고 수유를 했다. 하지만 밤에는 아기가 '그녀가 원하는 만큼' 잠을 자지 않아서 수유가 너무 어려웠다. 나는 다시 그림으로 돌아왔다. 그녀는 누군가 자신을 심사하고 판단하는 느낌이 들었다고 했다. 나는 아무도 그녀를 판단하지 않았고, 오로지 자신과 이해할 수 없는 명령이 만들어 낸 배역만이 그렇게 했다는 사실을 알려 주었다. 나는 계속해서 **태어난 아들의 목소리에** 집중했다. 이번에는 '아동 전문가' 시점에서 질문해 보기로 했다.

나는 아들 파비오가 태어난 해에 어땠는지 질문을 좀 더 자세하게 했다. 초반에는 아주 착한 아기였다고 대답했다. 그러나 좀 더 구체적인 질문을 하자 울음과 불면, 고통, 고독이 가득한 밤과 남

---

*충분한 양을 수유하려고 모유를 미리 짜서 담아 놓는 통. 이 통을 엄마가 목에 걸고 수유를 시작한다.

편을 향한 수많은 불만이 나타났다. 그녀가 볼 때 자신의 수유기는 '실패'였고, 목표를 이루지 못했다. 이어서 그녀의 '분노'를 잠재우려고 노력하는 남편 모습이 조심스럽게 나타났다. 휴먼 바이오그래피를 작성하던 나는 아들과 벌어지는 상황에 대해 말을 '만들어' 냈다. 그러자 좀 더 완벽하게 그 상황을 상상할 수 있었다. 그녀는 아기를 팔에 안은 동안에는, 원하는 것을 아무것도 할 수가 없었다. 오히려 그녀가 그리는 완벽함에서 멀어지기만 했다. 불안은 그녀를 망가뜨릴 정도로 심각했다. 그때(언제인지 정확히 기억하지 못했지만, 파비오가 아기였을 때) 그녀는 애인을 만났다.

상담사는 내담자의 도덕성에는 전혀 관심이 없다. 그저 그들을 더 이해하고 가장 의식적으로 자신이 결정을 내릴 수 있도록 도우려고 애쓸 뿐이다. 그녀가 애인과 관계를 유지할 만한 충분한 리비도(성적 본능 혹은 성 충동)를 가졌다는 것은 그만큼 아기와 관계는 멀어졌음을 의미한다. 이것은 가치 판단이 아니라, 가능한 한 정직하게 관계의 흐름을 살펴보려는 것이다. 아기는 엄마와 거리감을 느꼈거나 아빠보다 더 사랑하는 사람이 있는 엄마의 '은밀한' 애정 관계를 느꼈을지도 모른다. 이어서 아이의 방해 행동과 병, 알레르기 또는 특별한 사건들은 없었는지 질문했다. 많은 질문을 하자 그녀는 아이의 기관지 경련과 후두개 질환, 알레르기, 고열, 입원 등의 사건을 기억했다. 실제로 일어난 일들을 통해 또 다른 실마리를 찾았다. 아이가 필사적으로 어머니와 함께 있고 싶다고 요구했다면 그 이유는 그녀가 다른 사람에게 더 많은 감정을 쏟았기 때문이다. 그녀는 애인을 사귄 부분은 별로 중요하게 여기지 않았다. 그러나 상담사의 입장에서는 중요하다. 그 부분을 자세히 물어본 건, 단순 호기심이 아니다. **정서적 현실이 어땠는지** 살펴봐야 하기 때문이다. 자신의 도덕적 기준 안에서 스스로의 재판관이 되어 살던 그녀를 조건 없이 사랑해 주는 남자가 나타났고, 그는 그녀의 **진짜** 모습이 들어 있는 **그림자**에 다가가서 그녀를 변하게 했다. 그녀는 모든 일상이 그 남자를 중심으로 돌아가는 것을 인정했다. 물론 어느 정도는 사실이었다. 그녀는 떨면서 고개를 끄덕였다. 그녀는 분별력이 있는 여성이었다. 나는 처음으로 그녀와 그녀가 말하는 이야기가 연결되어 있음을 느꼈다.

이쯤에서 다시 흥미로운 작업을 시작했다. 산 위에 있는 그녀가 **본질인** 참 자아와 얼마나 **멀리 떨어져 있는지**를 함께 살펴보았다. 높이 올라 있는 것은 그녀에게도 고통이었다. 배역의 손가락이 높은 곳에 있는 유지할 수 없는 도덕성을 가리키지만, 정작 **실제로 뛰는 그녀의 심장**은 산 아래쪽에 있었다. 그녀는 그렇게 날마다 전쟁을 치러야 했다. 그제야 그녀와 함께 해야 할 일을 파악할 수 있었다. 그녀는 힘을 빼고 어린아이처럼 울었다. 나는 그녀를 안아 주었고, 그녀는 콧물이 흐르는 얼굴을 손으로 가리고 계속 울었고 멈출 기미를 보이지 않았다. 결국, 상담을 마무리했다. 그녀는 머리가 헝클어지고 셔츠가 구겨진 자신에게 연민을 느끼며 자리에서 일어났다.

상담사는 사실적인 전경 묘사와 그림 스케치, 작업의 주요 가설을 만들어야 내담자의 변화 과정을 함께할 수 있다. 여기에서는 **구체적인 결과를 얻는 게 중요한 게 아니라**, 내면을 향해 천천히 여행하는 것이 중요하다. 따라서 상담사는 내담자의 중심 갈등 이면에 염두에 두어야 할 가설이 있음을 늘 명심해야 한다. 물론 내담자의 여러 이야기를 들을 수 있지만, 그것은 그 가설을 확인하거나 수정하면서 더 넓고 분명하게 이해하기 위해서이다.

다시 만난 그녀는 전보다 더 상담을 신뢰했다. 무언가를 조사하는 게 아니라 함께한다는 느낌을 받았기 때문이다. 그러나 상담에 들어오면서 "그래도 그 일만은 이해하지 못하실 거예요."라고 말했다. 나는 그 순간 '이해하다'라는 말이 같은 편이 되거나 똑같은 의견을 갖는 것을 뜻하지는 않는다는 사실을 깨달았다. 이해하는 것은 인간 행동의 본질적 모순을 포함한 전체 장면을 바라보는 것이다.

이번에는 그녀의 은밀한 관계에 대해서 더 질문했다. 그녀가 가면을 벗고, 내면의 자유와 사랑을 찾으려는 자신을 이해하고 스스로를 용서하게 만들기 위해서였다. 애인의 이름은 에르네스토이고 놀랍게도 대장장이였다. 혹시 다니엘라가 아주 중요하게 여기는 가치 중에 '학구적인 사람'이 있다는 걸 기억하는가? 그러나 그녀의 성적 흥분은 학벌과 크게 상관이 없었나 보다. 에르네스토는 손이 거칠고 공부라고는 한 적이 없으며 몸집이 크고 세련되지도 않았다. 이 사실이 바로 그녀의 그림자를 보여 주었다.

그녀는 그와 함께 있을 때만은 완벽한 여자가 되지 않아도 된다고 느꼈다. 그래서 유연하고 부드러워졌다. 그러나 집으로 돌아오면 아이를 위해 유기농 제품으로 직접 음식을 만들어 먹이고, 자는 시간도 철저히 지키도록 강요했다. 그녀는 아주 헌신적인 어머니로서 아들에게 신경 쓰며, 학교 활동에 빠진 적도 없고, 원하는 과외 활동도 늘 함께했다고 생각했다. 그러나 그것은 자신이 정한 내면의 명령에 따르는 것일 뿐이었고, 아들의 태도는 갈수록 나빠졌다. 그녀는 남들 눈에 나쁜 어머니로 비칠까 봐 두려웠다. 나는 누가 그녀를 판단하는지 구체적으로 질문했다. 물론 이것은 스스로 꾸는 악몽이었다. 나는 그녀 내면의 부드러움을 찾는 작업을 계속했다. 그녀가 딱딱함과 경직성의 포로가 되어 있었기 때문이다.

그녀는 아들을 바르게 행동하는 아이로 키우겠다는 목표로 세운 많은 규칙에 지쳐 있었다. 예를 들어, 아이가 9시 정각이면 잠이 들어야 한다고 생각했다. 늘 높은 목표를 세우고 생각대로 이루어지지 않으면 크게 실망했다. 그녀는 아들이 일어나서 옷을 입고,

잘 먹고, 많이 떠들지 않기를 바랐다. 그 다음에 학교에 데려다주기까지 모두 너무 고된 일이었다. 그녀는 점점 힘을 잃어 갔다. 나는 일상에서 작은 일을 할 때 좀 더 유연하게 대처하고, 그렇게 했을 때 무슨 일이 일어나는지 살펴보라고 제안했다. 예를 들어, 아이가 자야 할 시간대를 좀 더 유연하게 넓혀 볼 수 있다. 그러자 그녀는 자신이 정한 모든 규칙이 연구 결과에서 나온 거라는 타당한 이유를 대기 시작했다. 그러나 나는 그녀를 부드럽게 바라보며, 완벽한 어머니 배역을 맡아 아이에게 음식을 먹이기 위해서 너무 많은 에너지를 낭비하고 있음을 일깨워 주었다. 나는 그 시간에 무슨 일이 일어나는지, 아들이 어떤 요구를 더 이상 하지 않는지, 무엇이 필요한지를 상상하며 아들의 목소리를 들어 보려고 노력하라고 했다. 그렇게 조금씩 더 일상으로 들어가서 그녀가 얼마나 경직성에 매여 있는지, 아들이 어떻게 아픈지, 이런 꼼짝할 수 없는 상황을 어떻게 지속하는지 살펴보았다. 그리고 이 연습을 '그림 살펴보기'라고 이름 붙였다. 이것은 내담자가 오랫동안 유지한 각 상황과 관계를 그린 그림을 자세히 살펴보는 과정이다. 이것이 바로 상담사의 일이다. 가능한 한 외부 관점에서 내담자에게 일어나는 일들을 보여 주는 것이다. 상담사의 역할은 내담자를 움직이는 게 아니다. 그것은 내담자의 마음속 결정에 달렸다. 휴먼 바이오그래피 작성을 하는 이유는 외부 시선으로 전체 상황을 바라보고, 그런 새로운 정보를 바탕으로 각자가 원하는 대로 하길 바라기 때문이다.

　그녀는 집에서는 모든 게 엄격하고 정해진 대로만 행동해서 경직되지만, 애인과 있을 때만은 부드러움이 나타난다는 것을 조금씩 깨달았다. 가끔은 두 영역에서 같은 모습이 나타나기도 했다. 그러나 지금은 두 상황에서 분명한 차이를 보였다. 나는 그녀가 이것을 알고 좀 더 편안하고 부드러워질 필요가 있음을 깨닫기를 바랐다. 이 주제에 대한 여러 상담 끝에 그녀는 상담을 더욱 신뢰하게 되었다. 그리고 자신이 사랑과 고통 등 여러 감정에 쉽게 다가가지 못하는 사람이라는 것을 깨달았다. 그리고 종교에 대한 믿음도 머리로만 하지 마음이나 몸으로 느끼지는 않음을 깨달았다. 여러 번의 상담을 통해 그런 자신의 진짜 모습을 깨달았다. 아들과의 관계도 예외는 아니었다. 사실 그녀는 아들을 사랑하는 것이 쉽지 않았다. 하나님의 사랑뿐만 아니라 엄마로서의 사랑도 제대로 전할 수가 없었다. 언젠가 아들은 그녀에게 예수님의 사랑 이야기가 다 거짓말이라고 했다. 아이들은 정말 현명한 존재이다! 그녀는 그림 속 산꼭대기에 있는 모습이 아닌 자신의 아름다운 연약함을 드러내며 한숨을 쉬었다. 그러면서 아들을 때렸던 이야기도 털어놓았다. 물론 그 높은 산꼭대기에서 내려왔기 때문에 나눌 수 있는 이야기였다. 그녀는 순간 몸속에서 주체할 수 없는 분노를 느꼈다. 그리고 바로 진실을 토해 내는 울음을 터뜨렸다.

나는 그녀에게 "이게 바로 부드러움이에요."라고 말했다. 아파하는 것은 인간적이고 섬세하며, 진실한 감정이기 때문이다. 최근 들어 그녀가 휴먼 바이오그래피 작성에 더욱 최선을 다하는 게 느껴졌다. 이제 가면을 벗어던졌기 때문이다. 헌신적인 어머니 배역을 맡은 그녀는 견딜 수 없는 고통의 순간을 점점 더 많이 만나게 될 것이다. 이런 고통의 순간이 매우 중요하다. 더 이상 자신의 배역을 지키지 못할 때, 그런 일이 일어나기 때문이다. 그리고 그런 고통이 존재하기에 배역에도 접근할 수 있다.

실제로 얼마 안 돼서 지금까지 스스로 거부했던 섭식 장애 이야기를 꺼냈다. 그녀는 아들에게 무리해서라도 몸에 좋은 음식만 먹여야 한다고 집착했다. 그러나 정작 자신은 식탁에서 그런 음식을 먹을 생각을 안했다. 배고픔을 참았고 하루에도 수십 번 체중계 위로 올라갔다. 먹지 않으려는 고집은 아들에게 준비한 모든 음식을 먹이려는 집착과 비등했다. 그녀는 이런 상황이 고통스러웠고, 일상생활도 엉망이 되었다. 나는 그 배역의 밖에서 그 상황에 접근했다. 그런 상황이 옳고 그름이 중요한 게 아니라, '무슨 일이 벌어지는지'가 더 중요하기 때문이다. 여러 장면 중에 아들이 그녀에게 함께 밥을 먹자고 요구했던 장면이 나타났다. 그녀는 그제야 그 요구가 사랑을 원한다는 표현임을 깨달았다.

그녀가 점점 긴장을 풀고 마음을 누그러뜨렸다. 그리고 아들이 그녀가 무섭다는 말을 꺼냈다고 했다. 그녀 역시 조금씩 자신의 두려움과 마주하게 되었다. 가장 연약한 부분이었다. 휴먼 바이오그래피 작성 후에 그녀는 마음을 열고 무장 해제한 부드러운 사람이 되었다. 나는 이런 과정을 남편과 함께 나누고 이야기해 보라고 권했다. 그녀는 처음에는 거부했지만, 나중에는 그렇게 해도 더 잃을 게 없다는 걸 깨달았다.

상담 후 그녀의 일상생활이 완전히 바뀌었다. 여전히 잘 먹지는 않지만, 많은 변화가 생겼다. 안아 달라는 아들의 요구를 전보다 더 많이 들어주었다. 도를 넘게 행동할 때는 따끔하게 훈육했지만, 전보다 아이가 원하는 것에 더 많이 신경 썼다. 물론 생각대로 늘 잘되는 건 아니었지만, 적어도 **벌어지는 일을 잘 인지하고 그 일과 연결되어 있었다**. 이런 변화는 매우 중요하다. 그녀는 더 이상 자신을 거부하거나 억누르지 않고, 엄격한 도덕적 잣대를 들이대지도 않는다. 그저 벌어지는 일을 마음으로 받아들인다. 따라서 스스로 만든 고통스러운 장면을 더 많이 인식하게 되었다. 이 과정에서 좋은 소식도 들려왔다. 아들은 그녀에게 사랑한다는 말을 자주 하게 되었다. 유치원 선생님은 아이가 전보다 걱정스러운 행동을 덜 하고 행복해하며 친구들과도 아주 잘 지낸다는 소식을 전했다. 정말로 큰 변화였다. 남은 상담 과정도 비슷한 분위기로 진행되었다. 그녀가 현실을 직시할 수 있도록 꾸준히 옆에 함께 있어 주면서 다시 배역 속으로 숨지 않게 도와주었다. 즉, 가능한 한 참 자아와 잘 연결해서 살아가도록 도왔다.

그녀가 처음 상담에 왔던 이유는 아들의 행동을 참기 힘들고 걱정이 되어서였다. 지금은 잘 참고 아들을 바라볼 수 있게 되었다. 이제는 내면의 두려움까지 바라볼 수 있고, 이 경험을 바탕으로 앞으로 삶에서 스스로 결정도 하게 될 것이다.

6
고랑 밖으로

본능의 억압

세상 모든 종교와 도덕 체계가 사랑의 능력 즉, 개인이 공동체에 도움이 되도록 타인에게 최선을 다하는 이타주의와 호혜주의 능력을 강조한다. 그러나 사실상 우리는 벗어나기 힘든 기본적이고 어리석은 일차원적 고랑 속을 걸어간다. 그리고 대부분은 무의식적으로 '통념'을 따른다. 이런 행동은 특히 두려움과 관련이 있다. 타인과 다르다는 두려움, 자율적 사고에 대한 두려움, 반성하고 책임지는 일에 대한 두려움 때문에 자기 생각보다는 다수의 생각을 따른다. 그래서 개성을 살리기보다는 무리 속에 섞이기가 쉽다.

일상에서 영역을 막론하고 이런 자동화된 사고가 어느 정도인지 알아보는 건 간단하다. 우리는 교육과 자녀 양육, 식생활, 문화, 학교와 관련하여 대부분 같은 생각을 하는데, 이것은 사회적 신분 상승과 부의 축적과도 관련이 있다. 또한, 낭만적 사랑과 외도, 형제자매 사이 질투, 정의, 죄, 불법, 선악의 구분에 대해서도 거의 비슷한 생각을 한다. 즉, 알지 못하는 사이에 똑같이 생각하고 같은 문화 기준으로 살아간다. 자기반성과 자율성, 자유 없이 무의식적으로 똑같은 법에 갇혀서 고통을 겪는다.

삶의 모든 영역에서 같은 고랑 속을 걷는 이유는 태어난 순간부터 **스스로 조절할** 기회를 얻지 못했기 때문이다. 모든 나침반의 어머니 격인 내면의 나침반을 잃어버린 것이다. 배고플 때 먹을 수 없고, 먹고 싶지 않을 때 거부할 수 없고, 어머니를 필요로 할 때 품에 안길 수 없고, 내면의 욕구를 표출하지 못한 채 외부 규칙을 강제로 따라야 하면, 나중에 자신도 모르게 외부 명령이나 강요를 쉽게 받아들이게 된다. 자신을 알고 스스로 조절해 본 경험이 없기 때문이다. 태어나자마자 외부 지침만 따른 아이는 커서도 자신의 기본 욕구를 존중받지 못하고, **결국 기본 욕구마저도 사라지게 된다.** 그때부터 우리는 길을 잃어버린다.

이런 사실은 전 세계 어머니들이 수유기에 겪는 어려움만 봐도 알 수 있다. 수십 년 전부터 '전문가들'은 어머니들에게 수유하는 법을 가르쳐 왔다. 아기 스스로 조절하게 하는(가장 좋은 방법이지만) 대신 수유 시간표를 정해 주는 등 다른 여러 대안을 제시한다. 그러나 어려움은 계속된다. 아이가 어머니와 신체 접촉을 하고 자유롭게 주변을 탐색할 때도 마찬가지이다. 우리는 아이에게 무의식적으로 하는 작은 행동까지 바꾸라고 강요한다. 그러면서 정작 우리 직관도 불신한다. 결국은 아이를 알아 가고 배워야 하는 일을 대신해 줄 전문가를 찾고, 그들에게 양육에 대한 모든 질문을 한다. 여기에서 더 최악은 조언을 얻고 지시를 받을 때, 우리에게 맞는지를 판단하는 직감조차 믿지 못한다는 사실이다.

이런 외부 명령에 자동으로 반응하는 시스템이 자리 잡자 세상은 옳은 일과 틀려서 고쳐야 하는 일로 나뉘었고, 어른은 아이의 필요에 무감각해졌다. 아이가 심하게 울어도 크게 동요하지 않는다. 나중에는 아이의 반응조차 인지하지 못한다. 어른은 서열상 나이가 많다는 이유만으로 아이에게 이런 고통을 준다. 그저 지배적 권위로 아이의 본능을 억누르는 것이 옳다고 생각한다. 이런 고통을 겪은 아이들이 커서 오늘날 불합리한 관계 속에서 자기 힘을 찾고, 더 약한 사람을 괴롭힐 수 있는 적절한 순간을 기다린다.

나는 **유아기 초기에 감각적, 신체적 쾌락이 박탈당하는 경험이 사회 폭력의 주원인**이라고 생각한다. 대규모 폭력은 아이들을 억압하는 문화와 사회에서 주로 발생한다. 또한, 성생활이 억눌리는 환경도 원인이 될 수 있다. 아이들의 신체적 쾌락을 박탈하는 정도는 모든 폭력의 증가과 비례한다.

아동 학대와 폭행은 일상에서 끊임없이 일어나지만, 바라볼 준비가 되었을 때만 잘 보인다. 불행히도 아직은 학대를 체계적으로 살펴볼 준비가 안 되어 있는 것 같다. 그러려면 모든 공동체 시스템에 의문을 품어야 하기 때문이다. 즉, 이런 학대와 억압, 폭행, 강자에 의한 약자 지배가 모두 같은 일임을 인식하려면 논리적으로 우리가 빠진 고랑 전체를 살펴봐야 한다. 이 모든 인간관계에는 한 가지 목적이 있다. 바로 지배와 재산 축적이다. 가부장제 사회가 세습 재산을 바탕으로 한다면, 전쟁이 필수이다. 형제자매들 사이에 전쟁이 일어날 수밖에 없다. 형제자매가 영토와 이익 또는 권력을 얻기 위해 서로를 죽여야 한다. 그러려면 전사들 즉, 다른 사람을 냉담하게 죽일 수 있는 사람들을 키워야 한다. 전사를 키우는 건 별로 어렵지 않다. 아이를 엄마 몸에서 떨어뜨려서 접촉의 기쁨을 빼앗기만 하면 더 폭력적이고 냉담한 전사가 된다. 실제로 우리는 자녀의 행복을 제대로 신경 쓰지 않는다. 오히려 반대로 고통을 주고 다른 사람을 지배하게 만드는 분노의 힘을 키운다.

사랑은 모든 인간의 기본 욕구이다. 생애 초기에 엄마의 보호와 사랑을 받지 못해 '인간화'되지 않은 아이는 사랑이 부족한 환경에서 적응하는 법을 배웠기 때문에 공격적이고 '비인간화'된다. 엄마의 사랑과 보호에 굶주린 한 아이가 겪는 정서적 공허함이 똑같은 환경에 놓인 수많은 아이의 경험과 합쳐지면서 결국 집단적 절망이 나타난다.

세계적인 아동 심리학자 앨리스 밀러_Alice Miller_는 유년기에 받는 상처가 **인류에 반하는 범죄 행위**라고 했다. 여러 폭력을 경험하며 자란 아이는 나중에 받은 그대로 드러내기 때문이다. 그런 아이는 어른이 되어서 다음 세대 아이들에게 그대로 폭력을 행사한다. **결국, 폭력은 생애 초기 애정 결핍의 공허함** 때문에 지속된다. 그렇다고 주변에서 흔히 볼 수 있는, 엄마와 떨어져서 목 놓아 우는 아이들을 겁내거나 이상하게 바라보는 사람은 없길 바란다. 우리는 이런 장면을 자주 보고도 아이와 따뜻한 신체 교감을 나눌 생각을 안 한다. 오히려 아이의 그런 요구에 질려 한다. 그러면서 '과하게' 요구하는 아이들의 태도는 옳지 않다는 주장에 고개를 끄덕이고, 거기에 타당한 이유를 대는 어른들과 바로 손을 잡는다.

오늘날은 여성들에게 끊임없이 도전장을 내민다. 여성이 일하고 돈을 벌면서, 남성의 지배를 받던 시절이 지나고 마침내 오랫동안 기다린 자유가 찾아왔음에 찬사를 보내며, 자신들이 승리했다고 여긴다. 그러나 오히려 여성들은 자유에서 멀어졌다. 일을 하고 돈을 벌면서 정치적 지위나 경제권을 얻었으나, 아이에게 주는 초기 사랑을 줄이고 억압하는 아찔한 고랑 속을 걷는다. 몸을 무디게 하는 억압과 경직성을 깨닫지 못하며, 자궁 속 박동 소리를 들을 준비를 안 하고, 아이에게 젖가슴과 양손을 내어 주지 않는다면, 결국 폭력적인 세상을 이루는 전사들을 만들고 있는 셈이 된다. 결과적으로 **생애 초기에 받는 사랑 없이는 자유도 없다.** 오직 두려움과 필사적인 보상 요구만 있을 뿐이다. 즉, 우리 모두는 분노와 공포 속에 갇히게 된다.

여성은 억압과 냉담, 증오가 가득한 과거와 변화와 자유, 창조를 추구하는 미래 사이에서 연결 고리 역할을 한다. 따라서 여성들은 **생애 초기 사랑과 자유 사이, 사랑의 억압과 폭력 사이의 직접적 관계를 잘 이해해야 한다.**

고랑 속에서 하는 모든 생각

이렇게 볼 때 우리 모두는 생애 초기에 어느 정도 사랑의 결핍을 경험했다. 그리고 다양한 생존 메커니즘을 이용해서 살아남기 위해 애썼다. 이런 메커니즘에 대해서는 나의 또 다른 책『보이지 않는 중독과 폭력*Adicciones y violencias invisibles*』에서 좀 더 자세하게 설명했다. 우리의 근본적 문제는 **다른 환경에 놓인 사람들과 자신을 비교할 수가 없다**는 사실이다. 유년 시절에 완벽한 신체적 조화와 사랑을 경험한 사람을 모르기 때문에 비교를 할 수가 없다. 우리는 그저 같은 고랑 속을 걸어가는 사람들의 경험만 알 뿐이다.

우리가 암에 걸려서 전통적인 대증요법*을 쓰는 종양 전문의를 찾아갔다고 생각해 보자. 그들은 장기 절제술과 방사선 치료를 권할 것이다. 그래서 '다른 소견'을 듣기 위해 열 명의 전통적인 종양 전문의를 찾아갔는데 모두가 비슷한 소견으로 수술과 방사선 치료를 권한다면, 결국 이것이 최선이라는 결론을 내리고 전문가들의 말을 듣는다. 그러나 수많은 전문가와 상담을 해도 잘못된 결론을 내릴 수 있다. 원한다면 백 명의 의사를 찾아갈 수도 있지만, 그 백 명이 모두 **똑같은 고랑 속**을 걷고 있다면, 그들의 의견도 모두 똑같을 수밖에 없다. 결국 제대로 된 비교 대상이 없는 셈이다.

---

*병의 원인은 치료하지 않고 증상에 대해서만 실시하는 치료법.

수많은 보기 중 최선의 선택을 했다고 생각하지만, 사실은 아니다. 그러나 만일 기존의 전통적 방법이 아닌 동종요법이나 아유르베다 요법(인도 정통 요법), 인지학적 의학^{anthroposophic medicine}, 중국 의술 전문가들이나 영성 치료사들을 찾아갔다면, 전과 다른 처방을 받았을 것이다. 왜냐하면, 그것은 **다른 고랑 속**에서 얻은 결과이기 때문이다.

인간의 조건에 대해서 생각할 때도 비슷하다. 우리는 객관적으로 생각한다고 믿지만, 사실은 모두가 가부장제라는 같은 고랑 속에 있다. 따라서 인간이 전사, 약탈자, 조종자이고 증오, 분노, 파괴심을 느낀다고 생각한다. 결국 이 모든 것에 의문을 품지 않으면, 이 고랑 속에서 빠져나오기 매우 어렵다.

가족의 말이 보다 더 큰 집단 속에 들어가고, 이것이 다시 더 큰 집단 속에 들어가는데, 이런 과정은 '거대한 고랑 속의 생각'을 이룰 때까지 계속된다. 역으로 보면, '거대한 고랑 속의 생각'에 더 작은 공동체의 생각이 들어 있고, 그 안에는 가족, 개인의 생각이 차례대로 들어 있다. 마치 큰 인형 속에 작은 인형들이 차곡차곡 들어 있는 러시아 전통 인형 '마트료시카' 같다. 우리가 거대한 고랑의 조직화된 말 속에서 '빠져나오기'는 매우 힘들지만, 고통을 전체적이고 근본적으로 바라보려면, 꼭 해야 하는 도전이다.

따라서 나는 사람들에게 매력적인 이론들을 비롯한 모든 이론을 무작정 믿지는 말라고 강조한다. 나는 '집단 토론' 자리에서 나의 이론들이 채택되는 걸 봤지만 개인적으로 그런 일에는 전혀 관심이 없다. 언론에서 내 이야기를 할 때 늘 하는 말이지만, 나는 애착 육아와 필사적인 모유 수유를 주장하거나 자연 분만을 열렬하게 지지하는 사람이 아니다. 전혀 아니다. 내게 가장 중요한 일은 사람들의 어려움을 **듣는 것**이다. 나는 내담자의 속이는 말을 **듣고** 모든 말과 대화를 검토한 후에 내담자가 내면의 진실에 다가가도록 돕는 일을 한다. 내담자가 새롭게 바뀐 시선으로 자신을 보고 자신이 원하는 대로 살 수 있길 바란다. 내가 바라는 건 그뿐이다. 다만, 그것을 이루기 위해서는 먼저 그 고랑 속에서 빠져나와야만 한다. 모든 일을 당연하게 여기지 말고 의문을 품어야만 한다. 예를 들어, 이런 질문들을 던져 봐야 한다. 아이가 학교에 가기 싫은 건가? 학교에 안 가면 무슨 일이 생기지? 어떻게 해야 할까? 왜 안 가는 걸까? 그런데 남편은 어디에서 잘까? 부부 사이 관계는 어떤가? 수유를 안 하면 대신 뭘 주지? 버릇없이 굴면 어떻게 해야 할까? 그런데 어떻게 하면 예방 접종을 안 할 수 있을까? 아이에게 무슨 일이라도 생기면, 내가 무슨 책임을 져야 할까? 왜 아이들이 할아버지 할머니 댁은 안 가려고 하지? 내가 항생제를 안 먹는다면? 내가 어머니를 버릴 수 있을까? 누군가 내 병이 낫기를 바란다면 내게 무슨 일이 생길까? 그런데 만일 그렇게 된다면? 과장이 아닐까? 만일 커서 나를 비난한다면? 내가 혼자 가버린다면?

우리는 습관적으로 똑같은 고랑 속을 걸어간다. 잘 아는 길로 가는 건 당연하다. 게다가 그 길에 익숙해지면 오직 그 길만 있다고 생각한다. 즉, 자신만의 안전지대를 잃지 않으려고 스스로를 속인다. 물론 우리의 책임이다. 우리는 걷는 '그 길' 너머에 뭔가 더 있다는 사실을 인정하려고 하지 않는다.

나는 수십 년간 이 일에 대한 수업을 해왔는데, 신기하게도 할 때마다 사람들이 하는 질문과 대답, 요청이 늘 똑같다. 마치 우리는 주문에 따라 만들어진 꼭두각시 인형처럼 같은 생각과 편견을 갖고, 실제로는 그 누구도 해치지 못할 생각들을 상대로 똑같은 창과 방패를 들고 싸우며 방어한다. 그리고 통념에서 벗어난 생각을 말하기만 해도 위험에 처한 것처럼 경고 신호를 울린다.

다른 사람이 나와 똑같은 생각을 할 필요는 없다. 오히려 각자 원하는 대로 **자율적으로** 생각한다면 더 흥미로운 일이 벌어질 것이다! 그러나 계속 같은 고랑 속에서만 머무른다면, 자율성이 고개를 들 수가 없다. 자기만의 것을 찾을 수 없고, 그저 집단적 사고로 '이어져 온' 것만 따르기 때문이다.

따라서 개인 탐구 과정에 동행하는 상담사 역시 모든 것에 의문을 품어야만, 내담자에게 제대로 질문할 수 있다. 당연하게 여기고 넘어갈 수 있는 부분은 전혀 없다. 나와 함께 일하는 상담사들은 상담할 때 다음을 명심해야 한다. 편견을 갖거나 충고하지 않는다. 옳고 그름을 판단하지 않는다. 개인 의견을 강조하지 않는다. 또한, 가치 판단도 하지 않는다. 그 누구도 치유하려고 하지 않는다. 그리고 내담자에게 하는 말이 특별하다고 여기지 않는다. 내담자를 직접 변화시키려 하지 않는다. 개인의 신념을 강요하지 않는다. 어떤 이데올로기에도 사로잡히지 않는다. 권력을 행사하지 않는다. 뭔가를 알 거라고 추측하지 않는다. 계속 상담을 하도록 밀어붙이거나 억지로 붙잡지 않는다. 같은 편이 되지 않는다. 내담자가 투사하는 존경받는 전문가 역할을 받아들이지 않는다. 어떤 것도 확신하지 않는다.

암파로: 옳은 일과 내적 진실의 차이

암파로는 서른세 살 여성이며 협회 관리자로 일한다. 그녀에게는 두 살과 세 살인 두 딸, 소피아와 마누엘라가 있다. 그녀가 다니는 성당 신부님이 내 책들을 읽고 권했다며 상담하러 왔다(특히 목회자들이 내 책을 많이 권한다). 그녀는 두 딸과 있을 때면 마음속에서 '내면의 괴물이 나오는' 것 같다며 걱정했다. 그러면서 뭔가 '끔찍한 일이 생길까 봐' 두려워했다. 그녀는 아이들을 때리지는 않았지만, 대신 손으로 벽을 내리쳤다. 그녀는 몸집이 작고 목소리가 아주 낮은 편이며, 긴 생머리를 단정하게 묶었다. 전체적으로 잘 정돈되고 부드러워 보이는 외모였다. 이곳을 권해 준 신부님과 어떤 관계인지 질문하자, 그녀는 자신이 아주 신실한 천주교 신자이며 성당은 늘 자신의 피난처라고 했다. 예전에는 피정에도 많이 참여했지만, 딸들이 태어난 후로는 잘 참여하지 못해서 삶에서 뭔가 균형을 잃은 것 같고, 집 안에서 나는 소음도 견딜 수가 없다고 했다.

나는 늘 하던 대로 휴먼 바이오그래피 작성에 관해 설명하고 유년 시절 기억에 대한 질문들을 했다.

부모는 중산층 노동자였다. 아버지는 늘 기분이 안 좋아서 그녀는 어린 시절 내내 아버지를 무서워했다. 어머니는 가정주부였다가 종교 단체에서 일했다. 그녀는 여덟 자녀 중 막내딸이다. 일곱 명의 언니 오빠들은 서로 별로 나이 차이가 없지만, 그녀는 그들과 나이 차이가 있어서 거의 외동딸처럼 자랐다. 언니 오빠들은 일찍 독립했다. 그녀는 어릴 때 가족들에게 '버릇없는 딸'이라는 말을 많이 들었다. 그녀가 '직접' 한 말이지만, 실제로 그 말을 한 사람이 누구인지, 실제 그녀의 삶과 그 말이 얼마나 일치하는지 살펴보기로 했다.

먼저 초기 유년기에 기억나는 것이 있는지 질문하자, **아버지에 대한 두려운 기억**이 나타났다. 집 문을 여는 열쇠 소리가 들리면, 모두가 아버지가 지시한 뭔가를 하기 위해 재빨리 흩어졌다. 아버지는 오빠들을 아주 많이 때렸지만, 딸들은 때리지 않았다. 아버지와 어머니가 서로 욕을 하며 싸웠지만, 싸움의 원인은 기억하지 못했다. 그렇게 혼란스러운 가족들 틈에서 그녀는 별로 주목받지 못한 채 자랐다. 어릴 때부터 '제발', '감사합니다', '죄송합니다'라는 말이 혼란한 상황을 진정시켜 준다는 것을 배웠다. 특히 식사 시간은 늘 두려움 그 자체였다. 비명과 질타, 위협이 난무했다. 그러나 그녀는 그때 기억을 말하면서도 마음의 동요를 일으키거나 울지 않았다. 그녀는 조금씩 그때를 생각하며 솔직하게 대답했다. 아버지는 자식들을 나무랄 때마다 "울지 마."라고 소리쳤다. 그래서인지 그녀는 눈물을 잘 참았다. 그러나 나에 대한 믿음이 생기자 내 앞에서 울었고, 한번 울면 멈출 줄 몰랐다. 물론 좋은 신호였다.

휴먼 바이오그래피 작성을 하면서, 아버지가 학대할 때 어머니가 **어디에 있었는지** 질문했다. **그녀는 전혀 아는 게 없었다.** 오로지 어머니가 이 모든 상황 속에서 고통스러워하던 장면만 머릿속에 가득했다. 나는 어머니와 아버지 사이에 학대에 대한 암묵적인 동의가 있었음을 확인하고, 눈에 보이지 않는 폭력이 어떤 영향을 주는지 설명했다. 그녀는 내 말을 들으며 계속 울었다. 어머니와의 관계에 대한 구체적인 질문을 할 때도 조금 울었다. 그러나 제대로 된 대답이 나오지는 않았다. 그녀가 기억하는 건 늘 다른 사람을 화나게 하지 않으려고, 바르게 행동하려고 노력한 자기 모습뿐이었다. 바르게 행동한다는 게 무슨 뜻인지 질문하자, 내 질문이 이해가 안 간다는 듯 얼굴만 빤히 쳐다보았다. 그래서 어떤 올바른 행동을 했는지 몇 가지 말해 달라고 했지만, 제대로 설명하지 못했다. 그저 거룩한 질서에 따른 '무엇'인 것 같다며, 나쁜 일은 옳지 않다고만 대답했다. 그러나 정확하게 그게 무엇인지는 설명하지 못했다.

그녀는 마치 넋이 나간 사람 같았는데, 어머니와 관련된 분노에 대해서는 알고 싶지 않다고 했다. 물론 충분히 이해한다. 나는 **유년기 때 가족들의 관계 방식이 어머니와 관련 있다**는 말을 처음 들었을 때 충격을 받을 수도 있다는 걸 이해한다. 그러나 이 상담에서 '좋은 어머니', '나쁜 아버지'는 없다. 이 일은 누구에게 잘못이 있는지 파고들려는 게 아니라, 실제 일어난 일 속에서 자신을 정확하게 바라보게 하려는 것뿐이다. 그런데 결과적으로 이런 이야기가 그녀에게 기독교 윤리에 따른 '좋고' '나쁜' 것에 대해 이야기하도록 빌미를 제공했다. 한참 다른 쪽으로 이야기가 샜지만, 다시 거의 오십 년을 함께 산 아버지와 어머니가 서로에게 끼친 영향에 대한 주제로 돌아왔다. 그들은 서로에게 영향을 주었다. 그러나 아버지와 어머니가 그녀에게 뭔가 도움이 되었는지, 그녀가 부모에게 필요한 것을 제대로 받았는지는 자세히 조사해야 했다.

계속 그녀의 시간을 따라갔다. 학창 시절은 별 문제 없이 지나갔다. 다른 학생들에 비해 착한 학생이었고, 수녀원에서 운영하는 중고등학교에 다녔다. 친구들과의 관계는 어땠는지, 어려웠던 경험이 있었는지 집요하게 질문하자, '부탁을 많이 하는 아이'라고 불렸던 기억이 나타났다. 점심 도시락을 싸 주는 사람이 없었고, 프린트를 복사할 돈이 없어서 늘 친구들에게 부탁해야 하는 신세였다. 결국 자꾸 부탁하기가 부끄러워서 프린트를 준비하지 못하거나 점심을 거르는 날이 많았다. 물론 이런 일을 가족들에게는 말한 적이 없어서 아무도 몰랐다. 그녀는 친구가 많지 않아서 주로 집에만 있었다. 그녀에게 뭐가 필요한지 물어본 사람이 있었을까? 물론 없었다. 역시 그녀는 그렇게 투명인간이 되는 편이 낫다고 생각했다. 그 결과 문제를 일으키는 일은 없었다.

사춘기 때는 남자들의 시선이 가장 큰 문제였다. 그녀는 예쁜 얼굴에 아담하고 날씬한 편이었다. 그래서 남자들의 시선을 많이 받았다. 그래서 그 당시에는 몸매가 드러나지 않도록 옷을 아주 헐렁하게 입고 다녔다.

"가족 중에서 당신에게 무슨 일이 벌어지는지 아는 사람이 있었나요?"

"아니요, 아무도 없었어요."

그녀는 집에서 너무 억압을 받아서 말하기가 두려웠다고 했다. 그러나 언니들은 어릴 때부터 남자 친구가 있었고, 부모도 교제를 반대하지는 않았다. 나는 그 당시 아무도 그녀를 쳐다보지 않았을 거라고 추측했다. 따라서 남자에 대한 '두려움'은 자기방어와 고립의 문제일 거라고 짐작했다. 짐작대로 그녀는 많은 시간을 혼자 보냈다. 그리고 기억들이 별로 생생하지 않다고 했다. 그나마 강하게 떠오르는 장면은 집 안에서 벌어진 싸움과 고함이었다. 그 와중에도 그녀는 뭔가 **착한 일을 할때마다** 힘이 났다고 했다. 나는 다시한번 '바른 일, 착한 일'이 무엇을 뜻하는지 질문했다. 그녀는 잠시 생각에 잠기더니 답을 찾아보겠다고 약속했다. 그렇게 첫 번째 만남이 끝났다.

두 번째 상담에 올 때 그녀는 열네 살 때 썼던 글을 들고 왔다.

나는 작은 화초 같다. 수년간 꽃을 피우길 바랐지만, 아무도 물을 주지 않았다.

아주 낡은 공책에 적힌 문장이었다. 그녀는 그 당시 선교 팀에 들어가서 국내 여행을 다녔던 것이 가장 좋았다고 했다. 사람들과 피정을 많이 다녔다면서 그때 느꼈던 평안을 무척 그리워했다. 선교 팀이 그녀에게 어떤 의미였는지 대화를 나누었다. 그러고 나서 전 시간에 이야기했던 장면에 이어서 시간 순서를 따라가 보았다.

그녀는 스물세 살에 지금 남편인 미겔을 만났다. 그들은 7년간 연애를 했고 그동안 성관계는 없었다. 나는 그들의 실제 관계가 어땠는지 물었지만, 중요한 대답은 나오지 않았다. 그의 집안은 아주 독실한 가톨릭이었고, 그녀도 마찬가지였다. 그녀는 그와 수많은 주제에 대해 대화를 많이 나누었다고 자랑스럽게 이야기했다. 나는 그녀의 확언에 의심이 들었다. 많은 대화를 하지도, 서로를 잘 이해하지도 않았을 것 같았다. 내가 의심을 하자 그녀는 최근에 보모 관련 일로 다투었다고 고백했다. 남편은 '보모'를 쓰느라 돈을 쓰는 것을 반대했고, 그녀는 보모 도움 없이는 미쳐 버릴 것 같은 상황이었다. 남편은 그녀가 좀 더 인내심을 갖고 딸들을 돌보고, 돈은 다른 곳에 쓰는 게 낫다고 생각했다. 그녀는 그전까지는 모든 게 잘 되고 있다고 생각했지만, 그 일 이후 기분이 나빴고 남편을 이해할 수 없었다. 어떻게 그와 이 이야기를 풀어 가야 할지 방법조차 몰랐고, 자신이 원하는 대로 하지도 못했다. 그런 생각이 들 때마다 그녀는 폭발하는 자신의 행동에 부끄러움을 느꼈다. 나는 제대로 표출하지 못하는 건 정말 힘든 일이라며 그녀 말에 공감했다. 그러자 그녀는 갑자기 머리가 아프다며 울려고 했다. 그러나 끝내 눈물은 나오지 않았다. 나는 그녀가 열네 살에 썼던 그 문장이 그때 상황을 꽤 정확하게 보여 준다고 말했다. 그제야 그녀가 울었다! 울고 나서는 곧바로 울음을 참지 못했다며 자책했다. 나는 원하면 언제라도 울 수 있고, 이곳이 울기 가장 좋은 장소라고 말해 주었다. 이렇게 분명한 말로 울음을 허락하자 마치 수십 년 전부터 쌓아 놓았던 울음을 토해 내듯 울고 또 울었다. 아직도 그 순간이 아주 생생하게 기억에 남는다. 나는 그녀가 울음을 그칠 때까지 계속 기다려 주었다. 진정이 된 것 같아 꼭 안아 주며 따뜻한 목소리로 울음은 아름다운 일이라며 분명하게 말해 주었다. 그리고 더 이상 욕구와 필요를 억압해서 영혼을 얼어붙게 하지 말아야 한다고 말했다. 이제는 더 이상 아버지가 그녀를 혼내지 않는다. 그 누구도 그녀에게 벌을 줄 수 없다. 지금은 성인이고 울고 싶으면 울 자유가 있다.

그녀가 인사하고 문을 나서기까지 시간이 좀 더 걸렸다. 그날은 비록 시간을 따라가며 휴먼 바이오그래피를 작성하는 일을 더 할 수는 없었지만, 최소한 마음속에 닫혀 있던 오래된 금지의 문들을 열 수 있었다. 그리고 며칠 후에 상담소로 전화가 왔다. 집에 돌아온 후, 너무 두렵다고 했다. 특히 두 딸과 있는 게 너무 무섭고, 행여 자신이 미친 것 같은 험한 행동을 할까 봐, 아버지가 폭발했을 때와 같은 행동을 할까 봐 두렵다고 했다. 나는 그녀를 진정시키고 어린 시절 감정에 머물러 있어서 그렇다며 달래 주었다. 이것은 폭력이 빚어낸 재앙이며, 그녀는 기독교 윤리 속에서 그것을 억눌러 왔다. 이 '모든' 두려움은 어릴 때 생겼지만, 어른이 되어서도 계속 나타났다. 이렇게 유년 시절의 학대 경험은 성인이 되어서도 일상생활 속에 두려움과 위험한 느낌들로 자주 나타난다. 학대당한 아이에게는 어떤 행동도 위협적이고 무섭게 느껴진다. 그래서 성인이 된 지금 정서적 현실을 말만 해도 감정의 동요를 일으킨다. 그렇다고 정서적 진실 *affective truth*을 말하는 게 위험한 건 아니다. 오히려 경험했던 극적인 사건들을 인식하지 못하는 것이 더 위험하다. 아무도 그 사건을 말하지 않으면 스스로 말하거나 구별할 수 없는 상태에서 자기도 모르게 몸이 반응하기 때문이다. 그래서 갑자기 걱정이 생기거나 울음이 터지면 스스로도 통제할 수 없다. 자기 속에서 그런 일이 일어나지만, '그것'을 통제할 수 없기에 마치 딴 사람 일처럼 어쩔 수가 없게 된다. 잘 지내다가도 억눌렸던 울음이 터지면, 아무도 막을 수가 없다. 그러나 이것이 바로 그림자를 향해서 걸어가는 것을 뜻한다.

그녀는 다음 상담에 꽃다발을 들고 활짝 웃으며 나타났다. 최근에 있었던 일을 가볍게 이야기하고 간단한 '도표'를 그렸다. 어린 그녀가 도덕적 신념, 아버지의 말과 거기에서 느꼈던 두려움, 어머니의 무관심이라는 여러 겹의 원 안에 갇힌 그림이었다. 모든 원은 겁에 질린 어린 그녀를 '둘러싸고' 있었다. 한참 침묵하던 그녀는 늘 잘해야 한다는 압박이 있었다고 고백했다. 나는 **'선과 악'이라는 말은 생각하지 말자**고 했다. 기독교 윤리와 억압 아래 그런 기준으로 생각하는 게 그녀의 습관이 되었기 때문이다. 이곳에서는

판단이 아니라, 벌어졌던 일을 자유롭게 생각하면 된다고 말해 주었다. 그녀는 많은 생각에 잠긴 듯 조용히 있다가 앞으로 많은 가능성이 있다는 말에 어린아이처럼 놀랐다. 그리고 상담 이후 극심한 심경 변화를 겪었고, 그 느낌을 말로 내뱉었을 때 자신이 얼마나 연약하게 느껴졌는지 이야기했다. 비록 이제까지 아무도 그 말을 하지 않았지만, 그런 느낌들이 존재했고, 어떤 방법으로든 영향을 끼치고 있음을 확인했다. 그녀는 고맙다고 했고, 상담은 계속 이어졌다.

다시 어린 시절 가족들로 돌아왔다. 언니 오빠들이 볼 때 그녀는 '특권을 누리는 공주'였다. 언니들은 그녀에게 "넌 그 노인네(아버지)를 잘 다뤘어, 우리랑은 달랐지."라고 종종 말했다. 이것으로 볼 때 그녀 역시 학대와 결핍, 방치를 겪었을 것이다. 하지만 그녀는 여기에서 배역을 '선택'했다. 가족들 사이에서 문제를 해결하는 중재자 역할을 맡았다. 그래서 모든 사람의 말을 잘 듣고 도와주며 착한 일을 한다고 느꼈다. 그리고 늘 '모두가 행복'했으면 좋겠다고 말했다. 그녀는 여전히 오직 자신만이 현실을 바꿀 수 있다고 생각하며 '해결사'라는 유년 시절의 배역을 유지하고 있었다. 나는 그런 그녀에게 가족들의 행동과 관계를 보여 주었다. 과연 '해결한다'는 게 무슨 뜻일까? '착한 일을 한다'는 것은? '행복하다'는 뜻은? 아마도 강한 마법의 힘을 가진 공주님이 **생각하는 대로 상**

황을 만들어 갈 수 있다는 것을 의미할 것이다. 한마디로 조종하는 삶이다. 그러나 그런 생각으로 어려움에 처한 사람들에게 도움을 주는 상담 전화를 받는 동안, 그녀의 딸들은 엄마의 부재에 절망했을 것이다. 딸들은 엄마가 이모의 푸념을 듣느라 바빠서 다른 상황을 잘 돌보지 못하고 자신들을 신경 쓸 수 없다고 느꼈을 것이다. 이런 가정에서는 가족 모두가 고통을 겪는다. 조금이라도 사랑을 나누기는커녕 많은 고통만 나누는 셈이다.

이제까지 어머니가 그녀에게 정해 준 배역을 살펴보았다. 손댈 필요가 없는 아주 완벽한 작품 같았다. 나는 다시 남편과의 관계와 의심스러운 그들의 대화를 살펴보았다. 그리고 처음으로 두 딸의 실제 생활에도 접근했다.

다음 상담에서는 처음으로 그녀와 미겔이 만났던 순간을 살펴보았다. 그는 테니스를 아주 좋아했다. 그러나 그녀는 그가 테니스를 치는 게 못마땅했다. 그래서 최근에 그는 거의 테니스를 치지 못했다. 그녀는 그의 태도가 바뀌기만을 바랐다. 그녀는 늘 사랑스러운 문자를 보냈지만, 그는 별 반응을 보이지 않았다. 나는 그를 기쁘게 해주기 위한 그녀만의 목록이 있다는 걸 파악하고는 그가 그녀에게 무엇을 원하는지 물어봤지만, 전혀 몰랐다. 그녀는 말을 더듬거리다가 "미겔은 뭔가를 요구할 만한 여유가 없는 것 같아요."라고 대답했다. 조금 전까지만 해도 남편과 대화가 잘 통하고,

멋진 남편이라고 자랑했다. 그러나 결혼하고 십 년이나 지난 지금 남편이 원하는 게 무엇이고, 무엇이 필요한지 대답할 수가 없다. 울 수도 웃을 수도 없는 상황이었다.

완벽한 딸로서 세상(내면의 아버지)을 만족시키는 방법을 알아보느라 남편은 안중에도 없고, 두 딸도 그녀 바깥에 있을 거라는 의심이 들었다. 그녀의 그림자는 여전히 영향을 끼친다. 친절한 목소리로 '너를 위한 것'이라고 말하며 모든 사람, 특히 남편을 지치게 하는 미묘한 조종을 한다. 이 이야기를 시작하자 그녀는 다시 두통을 느꼈다. 그러나 이번 통증은 그동안 말로 하지 않은 수많은 느낌과 연관이 있기에 반길 만한 신호였다. 그녀가 두렵다는 고백을 했다. 나는 오래전부터 그녀 마음속에 있었던 두려움에도 환영 인사를 보냈다. 그렇게 그녀는 마음속에 있는 모든 것을 말로 표현하면서 상황을 파악해 나갔다.

다시 시간 순서대로 살펴보기로 했다. 그녀는 그와 성관계 없이 7년을 연애하고 결혼했다. 그녀는 남편과 '모든 것을 말하는' 사이라고 생각했다. 그러나 실제로 그들의 대화는 그녀가 말하면 그가 동의하는 형태였다. 그런데도 그녀는 결혼 초기를 아주 행복한 시절로 기억했다.

그녀는 결혼 후 바로 딸 소피아를 임신했다. 출산에 대해 물어보자, 그녀는 의사가 말하기를 크기가 '아주 한정적인(도대체 무슨 뜻으로 한 말일까?)' 자궁이라고 했다고 대답했다. 그래서 많은 사람이 선택하는 제왕절개 수술을 했고, 아주 무서웠다고 했다. 그 이상도 이하도 아니었다. 출산 후 딸아이와 집으로 돌아왔다. 그녀는 지금에서야 그 당시 혼자였고, 가족 중 누구도 도와주지 않았다는 것을 깨달았다. 딸이 두 달간 모세 기관지염을 앓는 바람에 아이와 갇혀 지냈다. 반면 남편은 온종일 일을 했다. 그녀는 그제야 당시 얼마나 외로웠고 누군가가 필요했는지 알 것 같다고 했다. 딸을 어떻게 대했는지 기억이 잘 안 나지만 정말 잘 돌본 것인지 의심스럽다고도 했다. 실제로 그녀는 아이에게 젖을 물리지 못했다. 당연히 몸도 마음도 기쁘게 수유할 수 있는 상황이 안 되었을 것이다. 설상가상으로 출산 이후 첫 산부인과 검진에서 의사가 성관계 여부를 물었다. 물론 어떤 성관계도 없었다. 그녀는 부부 상황이 안좋다고 해석했다. 혼자였고 아이는 아팠으며, 남편은 계속 온종일 일했다. 또한, 원하지 않는 성생활을 다시 시작해야 한다는 압박과 고통스러웠던 제왕절개 기억이 떠올라 괴로웠다. 그녀는 미칠 것같았지만, 그 누구에게도 마음을 말하지 않았고, 하던 대로 늘 옳은 일만 하려고 애썼다.

그녀는 소피아가 태어난 지 5개월 만에 또 마누엘라를 갖게 되었다. 가장 가까운 남편과 멀어진 여자, 어린 아기에게 힘을 쏟지 못하는 여자가 또 임신을 했다. 이제 **그녀의 내면과 윤리의 차이**

를 살펴보기로 했다. '옳은 일'의 개념과 그런 일이 그녀와 자녀, 남편에게 진짜 도움이 되는지, 아니면 어떤 차이가 있는지를 알아 보았다. 그러고 나서 그녀는 다른 사람의 말을 듣고 말로 표현하며, 정직하게 자신을 보는 일에 집중했다. 그녀의 모든 변화는 크게 눈에 띄지는 않았지만, 자주 아프다가 최근에 좀 나아진 딸들을 통해 확인할 수 있었다. 이렇게 '공을 많이 들이는 작업'은 일반적으로 더디고 지루하다. 일상생활을 하다 보면 이런저런 자잘한 일들이 많이 일어나기 때문이다. 그녀는 지금에서야 전에는 그런 일들을 별로 신경 쓰지 않고 지나쳤다는 걸 깨달았다. 그런 일들은 대부분 대단하지 않고 매우 작고 사소하며 개인적이기 때문이다.

어느 날, 그녀는 **변화된** 모습으로 상담에 나타났다. 머리가 짧아졌고 세련된 차림이었다. 청바지에 아주 젊어 보이는 옷을 입었다. 그녀도 스스로 달라졌다고 느꼈다. 자신이 '좀 더 상황을 인식한다'고 느꼈고, 벌어질 일들도 일부 예측할 수 있었다. 그녀는 두통이 심해서 끝냈던 대화를 기억했다. 그리고 지금은 그 통증이 남편이나 두 딸과는 상관이 없음을 깨달았다. 그것은 어머니와 관련이 있었다. 그녀는 '불쌍한 어머니'를 걱정했다. 자신의 가족이나 신념을 생각하기보다는 늘 어머니에게 영향을 받았고, 그러다 보니 모든 삶이 그 영향 아래에 있었다. 늘 친정 식구들과 휴가를 보냈는데, 그 과정에서 상담 중에 언급했던 모든 특징들이 나타났다.

그녀는 이제까지 자신이 해결사 배역에 충실하려고 노력했다는 사실을 깨달았다. 이제 친정 식구들과 함께하는 휴가 대신 남편과 두 딸과 휴가를 보낼 계획을 세우기로 했다.

한편, 나는 유치원에 막 적응하기 시작한 딸들의 목소리를 증거로 삼아 보기로 했다. 그녀는 아이들의 말은 뭐든 잘 들어주는 편이었다. 시댁 식구들이 계속 육아에 간섭했는데, 그들은 아이들이 원하는 대로 '너무 많이' 들어주면 버릇이 없어질 거라고 주장했다. 그래서 그녀의 눈은 늘 뭔가를 살폈다. 그녀는 가족들 사이에서 '좋은 사람으로 보이려고' 그동안 사람들이 무슨 말을 하든 반대하지 않고 따랐음을 깨달았다. 스스로 결정하길 원하면서도 계속 다른 사람들과 똑같은 고랑을 '파는' 자신을 보았다. 그녀는 '다른 사람들에게 흠 잡히지 않으려고 뭐든 완벽하게 하는' 어린 소녀에서 빠져나오려고 하면서도, 한편으로는 그 배역 속에서 나오고 싶어 하지 않았다. 상담 중에 계속 이런 욕구가 나타났다. 나는 바람에 흩날리는 머리카락에 색색으로 빛나는 목걸이를 한 그녀가 자기 자신과 더 깊이 만나도록 도와주었다.

그 후로 얼마간 그녀는 상담에 오지 않았다. 마음이 정리된 후 다시 돌아왔지만, 그러고도 또 얼마간 혼란스러운 시기를 보냈다. 그러나 이것은 좋은 징후였다. 완벽주의자인 그녀가 어느 정도 유연해졌다는 뜻이기 때문이다. 유연해지자 좀 더 많은 상황을 인정했고, 상담 초기에 말했던 여러 상황도 감지했다. 그리고 갈수록 여러 상황들을 '마음속으로 더 깊이 느꼈'다. 예를 들어, 높은 기준을 갖고 헌신적으로 자녀를 돌봤던 어머니, 늘 바빠서 아무것도 요구할 수 없었던 어머니에 대해 더 깊이 생각했다. 그녀는 많이 울고 괴로워하면서 하나씩 제자리를 찾았다. 또 한 가지 중요한 소식은 남편이 테니스 예비 코치 자리를 할 수 있도록 수락했다는 것이다. 그는 테니스를 아주 좋아했지만, 아내 기분을 상하지 않게 하려고 그것을 그만두었다. 그러나 이번에는 그녀가 허락했다. 어쨌든 그녀는 아주 많은 노력을 했다. "저는 미겔이 좋아하는 걸 하는 게 좋아요."라는 말까지 했다. 또 다른 변화 중 하나로 그녀는 자정까지 혼자 있을 수 있게 되었다. 그리고 일주일에 세 번은 두 자녀를 직접 돌보았다. 그녀는 그와 진술한 대화를 통해서 각자가 참을 수 있는 것과 그럴 수 없는 것을 인정하고, 그녀가 참고 견디고 그가 만족스럽도록 함께 연습하는 시간을 보냈다.

그때부터는 내가 세운 가설을 바탕으로 그녀의 변화 과정을 함께했다. 목표는 배역과 진짜 모습 사이의 거리 좁히기였다. 쉬운 방법 중 하나는 어린 딸들의 목소리를 따라가는 것이었다. 그녀는 최근에 소피아가 유치원에 가기 싫어하는데, 뭔가 안 좋은 일이 있다는 것을 알게 되어 유치원에 아이의 휴식을 요청했다. 올해 아이 담임이 매우 엄격하다는 사실을 알게 되었던 것이다. 몇 달

전 그녀라면 당연히 그 담임의 엄격함을 '옹호'했을 것이다. 그러나 지금은 변했다. 이제 딸이 느끼는 것을 함께 '느낄 수' 있다. 얼마 후 그녀는 아이들을 유치원에 보내지 않기로 했다. 아직 너무 어려서 꼭 가야 할 필요가 없다고 생각했다. 그녀는 아이들을 위해 직접 체조나 수영 같은 주중 활동을 계획했고, 토요일에는 음악 학교에 보냈다. 그러자 아이들은 더 이상 아침마다 울며 일어나지 않았다. 그녀가 보고도 믿을 수 없는 광경이었다. 그녀는 이제까지 엄청난 스트레스를 받았으며, 계속 의미 없는 일을 했음을 깨달았다. 그동안 '모든 것을 완벽하게 잘하고 아이들을 좋은 유치원에 보내는 엄마 배역'을 중요하게 여겼다. 그러나 그 배역이 '조금씩 사라지자' 삶이 더 수월해졌다. 마침내 자신을 더 잘 이해하게 되면서, 사용했던 방어기제들을 파악하고, 내면의 자아와 만났다. 또한, 자신과 어울리는 결정을 내리고 트라우마 없이 남편과 두 딸, 주변 사람들과 함께할 수 있게 되었다. 이것이 바로 대략적인 개인 탐구 과정이다.

7
연계된 성적 학대

성적 학대에 대한 일반적 생각

성적 학대는 언제나 '자극적인' 주제이다. 언론에서 이와 관련된 충격적인 뉴스가 나올 때마다, 사람들은 학대당한 피해자를 불쌍하게 여기고 가해자에게 분노를 터뜨린다. 이런 소식이 연일 터진다는 말도 과장은 아니다. 특히 특별한 사건일수록 텔레비전이나 라디오에 많이 나온다. 수백 명을 추행한 강간범이 드러나면, 보통 소송 사건보다 훨씬 많은 뉴스가 쏟아진다. 게다가 만일 그 남자가 교사이고 한 반의 많은 학생을 추행했다면 그 강도는 더하다. 마치 우리는 늘 공포에 사로잡힐 준비가 된 사람들 같다.

성적 학대라는 복잡한 주제는 내 책 『보이지 않는 중독과 폭력』에서도 설명했지만, 여기에서 몇 가지를 덧붙이려고 한다. 첫째, 성적 학대는 가부장제 속에 들어 있는 본질이다. 이것을 '남성우위_androcracy_'라고 부르기도 한다. 여기에서 본질의 의미는 기능적으로 논리의 일부를 형성한다는 뜻이다. 따라서 성적 학대를 두려워하기 전에 먼저 특정 시스템 내에서 학대의 기능과 그것을 바꾸기 위해 해야 할 일들을 이해해야 한다. 결국, 지배 논리 속에서 성적 학대가 존재한다. 남성이 여성을, 어른이 아이를, 강자가 약자를……, 지배한다.

이전 수세기 동안 우리 사회에 '연대의 원리_principle of solidarity_'가 지배적이었지만, 지금 우리는 '지배의 원리'가 팽배한 사회에 산다. 그러다 보니 다른 사람을 지배하는 데 필요한 모든 도구를 가치 있게 여긴다. 옳고 그름을 마음대로 정해서 강요하는 사이비 종교, 영토와 여성 및 아이를 상업적 교류나 노예 혹은 소유물로 여기는 전쟁 등이 그 예이다. 이들은 더 약한 자를 힘으로 눌러 복종시키는 행위를 당연시한다. 다른 사람을 힘으로 누르고 통제할 권리가 있다고 생각한다. 어릴 때부터 그렇게 배웠기 때문이다. 이런 생각은 단지 정신 나간 몇몇 사람이나 문제가 많은 사람들 때문에 생기는 게 아니다. 불건전한 내용을 담은 책이나 선정적 뉴스가 있을 때마다 대중 매체를 통해서도 자연스럽게 퍼진다.

가부장제 사회에서 수많은 남녀가 어렸을 때 성적 학대를 당했다는 사실을 아는 것이 매우 중요하다. 오늘날의 아이들도 학대를 당한다. 과연 이 말이 과장일까? 나는 진심으로 이 말이 과장이거나 나만의 착각이길 바란다. 그러나 안타깝게도 나는 이런 현실이 너무 잘 보이는 현장에서 일한다. 이 기관에서 모든 상담 전문가가 하는 일은 체계적으로 관리된다. 따라서 수많은 내담자 즉, 오늘 이 시대를 살아가는 남녀들의 정서적 현실에 더 많이 접근할 수 있다. 수십 년간 이 일을 다듬고 심화하는 과정에서 나타난 증거는 갈수록 학대가 더 빨리, 더 많이 일어난다는 사실이다. 학대당한 사람들은 하루하루 무너지지 않고 살아가기 위해 그런 사실을 잊으려고 애쓴다. 나는 여러 독자와 만남을 통해, 그들의 그림자가 나타나는 곳에 줄을 내려 그런 사실을 잘 '낚아 올리는' 훈련을 받는다. 몇 년 전에는 많은 치료 모임에 참여해서 그 문제에 다가갔고, 지금은 모든 순간 학대에 얽힌 '냄새를 맡으며' 신속하게 찾아낸다. 그래서 이 문제에 대해 어느 정도 지표를 마련했다. 슬프게도 더 많은 사람과 함께할수록, 학대 이야기가 늘어난다. 오늘 가장 놀랍고 무서운 이야기를 들었다고 생각했는데, 갈수록 더 잔인한 이야기들이 나타난다. 그러면서 나는 공포의 범위뿐만 아니라 인간의 생존 능력도 확인하게 된다.

가부장제에서 **성적 학대가 매우 일반적이고 빈번히 일어난다**는 사실을 아는 것이 그런 현실에 놀라지 않고 이해하는 가장 첫 단계이다. 지금 나에게 이런 일이 벌어지지 않는다고 이후에도 일어나지 말라는 법이 없다. 그러나 많은 사람이 이런 사실을 잊고 산다. 학대하는 어른도 분명 아동 학대를 당했고, 학대자들 중에는 남성뿐만 아니라 여성도 많다. 물론 남성이 더 흔하다. 하지만 만일 이 세상에서 실제로 일어나는, 여성이 학대하는 모습을 보게 된다면, 어안이 벙벙할 것이다. 자녀를 학대하는 여성이 흔하지는 않지만, 훨씬 더 파괴적이기 때문이다. 수많은 무서운 사례를 분석한 결과, **어머니가 아들이나 딸을 학대할 때, 말 그대로 이성을 잃는다.** 아버지나 계부, 삼촌, 형이나 오빠, 성직자 또는 이웃 아저씨

에게 학대받은 경우와는 또 다르다. 엄마에게 학대받은 자녀에게
는 무조건 정신 장애가 발생한다. 나는 정신분열 진단을 받은 사
람들을 통해 그 사실을 확인했다. 예외는 없었다. 물론 어머니한테
학대를 받고도 정신 장애 징후를 보이지 않는 사람들이 상담을 요
청하기도 하는데, 그들과는 휴먼 바이오그래피 작성을 위해 이야
기 나누는 것 자체가 불가능하다. '겉으로 볼 때는 정상 같지만' 대
답이 모순적이고, 매우 혼란스러운 생각을 하거나 거짓말 또는 말
의 번복이 심하기 때문이다. 그럴 때는 바로 어머니의 학대를 의심
했고, 지금까지 모든 사례에서 그런 사실을 확인했다. 솔직히 나는
이 사실을 접하고 많이 놀랐다. 수년 전, 내담자들이 매우 심각한
정신적 혼란을 보였을 때 나는 그들과 휴먼 바이오그래피를 절대
작성할 수 없다고 주장했다. 그리고 내담자를 탓하며 다른 치료 쪽
으로 돌렸는데, 대개 마음이 혼란할 때 몸이 '기억'하는 것이 나타
날 수 있다고 생각하는 신체요법* 쪽으로 방향을 돌렸다. 그러나
지금은 그럴 때 곧장 **어머니가 학대했는지** 의심하고 집중하는데,
계속 예상이 적중한다. **상담사가 먼저 학대를 언급하고,** 내담자가
즉시 그것을 인식하고 기억하면, 다시 상담사가 들은 말을 모으고
빠른 속도로 그 조각을 맞춰 나가게 도와준다. 이 과정에서 놀라운
점이 있었는데, 학대 사실을 언급하고 그것을 말로 표현하면 무분

---

*신체적 움직임을 통하여 여러 가지 정신 증상을 개선하려는 요법.

별하고 정신 나간 것처럼 보이던 모습이 사라졌다. 이 과정은 이렇게 매우 고통스럽지만, 생각이나 욕구를 정리할 중요한 기회이다.

어른에 의한 아동 학대 양상을 다루려면 아이가 어른의 돌봄에 의존한다는 사실을 이해해야 한다. **아이는 사랑을 찾는다. 그러나 학대를 만난다.** 아이를 돌보는 어른이 어떤 형태든 어릴 때 내적으로 방치와 소외를 겪었다면, 다른 사람에게 사랑을 전해 줄 마음의 공간이 없다. 그저 '다른 사람에게 영양분을 공급'받을 수만 있다. 굶주렸기 때문이다. 그런 어른(아버지라고 가정)은 비록 인식하지 못해도, 분명 무서운 어린 시절을 보냈을 가능성이 높다. 예를 들어, 술고래 아버지에게 맞는 어머니 편을 들었던 장면이 떠오를 수도 있다. 이때 어린 시절 힘든 순간들을 기억한다고 해도, 과거부터 지금까지 영향을 끼치는 방치 수준이 어느 정도인지는 잘 모를 수도 있다는 걸 알려 주는 게 중요하다. 그런 사람은 어른이 되고 아버지가 되어서도 보호받지 못했던 어린아이처럼 계속 사랑을 갈구한다. 따라서 아들이 사랑스럽고 착하고 매력적이어도 그의 보호는 받을 수가 없다. 이 아버지는 자신과 아주 많이 닮은 아들에게 매력을 느낀다. 그러나 한편으로는 지금이 복수할 기회라고 확신한다. 그는 어릴 때부터 약자들을 무시해도 된다고 배워서, 자기보다 약한 사람을 완전히 멸시한다. 따라서 아들이 자신을 기쁘게 해줘야 하는 존재라고 생각한다. 그가 볼 때 이렇게 만족을 채우는 행동은 전혀 나쁘지 않다. 그저 '신성한 질서' 쯤으로 여긴다. 실제 생활 속에서도 늘 비슷한 방식으로 생활했기 때문이다. 어렸을 때는 어른들에게 무시를 당했지만, 어른이 되어서는 복수할 자격이 생겼다고 생각한다. 따라서 자녀를 사랑하는 동시에 학대하는 어른들은 대개 무엇이 잘못인지 모른다. 그들에게 외적 도덕 기준은 중요하지 않다. 그들은 개인의 실제 경험 논리를 존중하는 '내적 도덕'을 따르기 때문이다. 학대자는 이 모든 상황이 질서를 따르는 일이라고 생각한다. 과거 삶의 방식(지배적 체계)을 지금도 그대로 따르기 때문이다. 그런 사람에게 학대는 전혀 문제가 아니다. 따라서 학대 양상을 이해하려면 첫째, 전체적인 시선 즉, 우리가 사는 지배가 정당화되는 곳의 시스템의 논리로 봐야 한다. 둘째, 학대자의 감정적 논리를 무시하거나 사회 부적응으로 쉽게 치부하기보다는 원인을 더 정확히 이해해야 한다. 그러지 않으면 희생자의 경험에 진지하게 다가갈 수 없다. 다행히도 오늘날에는 어른들이 점점 자기 자신을 이해하려고 노력하는 쪽으로 변하고 있다.

여기에서 중요한 사실이 있다. 생애 초기에 만족과 사랑을 얻지 못한 학대자는 엄마의 도움을 받지 못한 채 혼자 외롭게 있는 아이들에게 끌린다. 따라서 사랑을 갈구하는 외로운 아이가 실제로 **사랑을 얻어도, 이 사랑은 학대의 그늘 속에 있다. 그러나 학대자**

는 아이에게 상처를 준다고 생각하지 않는다. 아이를 학대하는 동안, 어릴 적 결핍된 아이로 변해 엄마의 따뜻한 젖을 빤다. 그러면서 전혀 나쁜 일이라고 생각하지 않는다. 아이가 느끼는 고통과 불만을 듣거나 알아채지 못한다. 마치 온통 자기만족에만 몰두해 젖을 빠는 갓난아기와 같다. 그러면서 학대받는 아이에게 애정과 선물, 약속 등을 남발한다. 특히 이 세상 누군가가 간절히 원해서 선택받은, 특권을 누리는 아이라는 특별한 이름표를 붙여 준다. 그 아이가 상상으로나마 사랑의 결핍 속에서 무언가를 얻으면, 그것은 메마른 감정의 사막 한복판을 흐르는 급류가 된다.

따라서, 성적 학대는 수십 년간 지속될 수도 있다. 어른은(실제로는 몸만 자란 어린이) 아이를 통해 자기도 모르게 어린 시절에 필요했던 기본 욕구를 채운다. 동시에 학대당한 아이는 사랑을 받았다고 착각하거나 적어도 사랑과 매우 비슷한 것을 얻을 수 있을 거라고 기대한다. 양쪽 다 그것이 잘못이라는 걸 모른다. 그 어른은 선택한 아이의 몸을 망가뜨려서 과거에 부족했던 필요를 채워도 결국 만족하지 못한다. 또한, 아이는 보호받고 싶은 마음에 절망 속에서 자신의 몸을 내주지만, 결국 사랑을 얻지 못한다. 나는 특히 아동에 대한 성적 학대가 '마을 안에서', 즉 가족 내부에서 벌어진다는 사실에 주목했다. 보통은 부모와 양부모, 형제자매, 사촌들, 삼촌과 같은 정서적 유대감을 나누는 사람들이 이런 학대를 저지른다. 그리고 안타깝게도 일정 기간 지속된 수많은 학대의 가해자가 사랑하는 선생님이나 성직자, 혹은 가장 친밀한 비밀을 간직해 준 사람들인 경우가 많다.

학대당한 아이 중 남녀 차이는 별로 없다. 즉, 특정 성별이 월등하게 성적 학대를 당하는 건 아니다. 가해자가 특정 성별을 선호하는 건 아니기 때문이다. 어머니 품에 안기지 못한, 젖이 부족한 아이가 원하는 건 그 부족함을 채우는 것뿐이다. 마찬가지로 학대의 가해자도 성별에 상관없이 자기 필요를 채우기에만 급급하다. 이런 아픈 현실 속에 다가가기 어려운 중대한 이유는 학대자가 아이에게 가하는 행위를 나쁘다고 인식하지 못하기 때문이다. 실제로 그들에게 그 아이는 사랑의 대상이기 때문이다. 또한, 많은 경우 도움이 급한 사람들이 찾아가는 기관이나 가정에서 학대가 벌어진다. 만일 아이가 빨리 달아날 수 없어서 학대자에게 붙잡혀 있는 거라면 사람들은 그것을 그 아이의 문제로 치부한다. 그런 상황에서 나머지 사람들은 귀머거리가 된다. 어쨌든 나 대신 다른 사람이 희생자가 되면 나에게는 다행이기 때문이다.

아이는 자신에게 무슨 일이 벌어지는지 잘 모른다. 실제로는 벌어지지만 동시에 이 세상에 존재하지 않아야만 하는 그 일의 혼란과 고통, 괴로움, 두려움, 공포를 뭐라고 표현해야 할지 모르기 때문이다. 반면 아이는 학대하는 어른에게 비밀과 신뢰, 사랑이 섞인 말을 강요당한다. 아이가 학대자에게 믿음과 헌신, 존중, 충성을 다하는 이유는 감정적으로 의지하고 있기 때문이다. 학대자의 기대에 부응하지 못하면 이 세상에서 유일한 존재라고 강조하는 대상을 잃어버릴 수도 있다고 생각하기 때문이다.

이런 일이 벌어졌을 때 다른 사람에게 말하는 아이는 많지 않다. 이것은 아이들이 기대어 쉴 만하고 믿을 만한 사람이 많지 않고, 방치된 채 혼자 있다는 증거이기도 하다. 보통 외가나 친가가 아닌 외부 사람이 부모에게 이런 일을 알리면 그들은 집 문을 걸어 잠그고 '문제를 일으키는' 아들이나 딸에게 화를 내는 경우가 많다. 아이는 점점 더 혼자가 되고, 학대받는 공간이 그나마 자신이 있을 수 있는 최고의 공간이라고 확신하게 된다. 따라서 가능한 한 그 상황에 적응하려고 한다. 아이 스스로 '자신에게 벌어지는 일'을 해석할 수 없기 때문에, 의식적으로 거부하고 그것을 그림자 속으로 밀어 넣는다. 따라서 학대와 얽힌 **의식적인 기억이 남지 않는다. 아무도 그 일을 언급하지 않았기 때문이다.** 그런 아이가 어른이 되면, 학대받은 사실을 기억하지 못하며, 그런 느낌들이 남아 있어도 구체적으로 설명하지 못한다. 기억이나 느낌들이 상황에 맞지 않고 혼란스러운 상태로 남는다.

여기에서 알아야 하는 중요한 사실이 있다. 성적 학대가 점점 더 많이 일어나고 더 넓게 퍼지고 있는 것이다. **가족 관계** 속에서는 늘 학대와 지배, 경멸, 거짓, 비밀, 복수, 분쟁이 있다. 이런 일반적인 흐름으로 볼 때, 이곳을 찾아오는 내담자가 그 가정에서 학대받은 유일한 아이가 아닐 가능성이 높다. 보통 모든 약자는 누군가의 지배를 받기 마련이다. 따라서 아이가 계부에게 지속적 학대를 받는 일은 아주 흔하다. 그리고 모든 형제자매도 비슷한 일을 겪었을 것이다. 내담자들은 이곳에 와서야 이런 사실을 처음 알게 되는 경우가 많다. 왜냐하면, 자신이 겪은 '학대'를 엄청난 비밀로 간직하거나 막연한 일로 기억하기 때문이다. 그러나 이런 경우 분명 내담자의 형제자매들도 비슷한 일을 겪었다. 다만 다른 형제자매에게 일어난 일을 알지 못할 뿐이다. 따라서 휴먼 바이오그래피를 작성하다 보면, 처음으로 형제자매들과 그 일을 '나누는' 폭로자가 되기도 하고, 모두가 상처를 입고 망가졌다는 사실을 확인하기도 한다. 이럴 때 어떤 이들은 그런 사실을 거부하고, 또 어떤 이들은 같은 편을 만났다며 안도하기도 한다. 물론 상담사가 먼저 이런 일반적인 학대 체계를 이해해야만 내담자에게 몰랐던 사실을 '알려 줄 수 있고' 전체 그림을 더 잘 이해하도록 관찰 범위를 열어 줄 수 있다.

'타인의 욕망이 있을 자리는 없다'는 말은 학대 속에서 나타나는 명백한 지배 논리를 드러낸다. 초기 유년기부터 이런 논리에 '익숙한' 사람은 자신이 '정상적'이라고 생각하며 뻔뻔스럽게 행동한다. 아무도 자기 말을 들어주지 않은 오랜 고통 속에서 어른이 되었기 때문이다. 그렇게 어른이 된 지금은 자기 욕구를 위해 다른 사람을 지배하면서 이것을 일종의 놀이라고 선언한다. 설령 지금 그런 놀이를 좋아하지 않더라도 시간이 지나서 자기 차례가 오면 자기보다 약한 누군가를 지배할 것이다.

성적 학대는 유년 시절 내내 이어진다. 나는 학대 그 자체보다 부모들이 이 일을 **별로 신경 쓰지 않는다는 사실**이 상황을 더 악화시키는 원인이라고 생각한다. 이 말이 마음을 무겁게 만들 수도 있겠지만, 학대하기 위해서는 반드시 **어머니의 승인**이 필요하다. 살면서 학대와 모욕과 지배를 받으며 소외되었던 어머니는 자신을 구하려고 대신 아들이나 딸을 학대에 내어 준다. **어머니 허락 없이는 아들이나 딸을 학대할 수 없다.** 불행히도 이런 사실은 힘든 상황을 견딜 힘이 생기는 어른이 되어서야 깨닫는다.

벨렌: 내면의 여성성을 찾아서

벨렌은 마흔네 살 여성이다. 아이를 가지려고 여러 번 불임 치료를 받았지만, 별 효과가 없었고 이 일로 부부가 심각한 위기를 맞으면서 도움을 청하러 상담에 왔다. 그녀는 남편이 병원 검사를 받을 수 있도록 대화를 잘 풀어 가고 싶다고 했다.

그녀는 외모가 아주 매력적인데, 초록 눈에 옷도 아주 잘 입었다. 마치 인형 같은 예쁜 얼굴과 탄탄한 몸매에 눈빛은 차가웠다. 먼저 휴먼 바이오그래피 작성이 무엇인지 설명하자 쉽게 받아들였다.

그녀는 몹시 가난한 집안에서 자랐다. 할아버지는 폭력적이었고 남성 우월주의 성향이 강한 경찰이었다. 가족이 많았는데 그 중에는 알코올 중독자들도 있었다. 가족들 사이에 감정 교류가 별로 없었다. 아버지는 학교에 다니지 않았고 여섯 살 때부터 일했다. 그리고 아주 가난한 집안에서 태어난 어머니와 결혼해서 자녀를 여덟 명 낳았다. 벨렌은 그중 다섯 번째 딸이다. 계속 딸을 낳다가 벨렌 이후로 아들 세 명을 낳았다.

나는 먼저 어머니와 얽힌 기억들을 질문했다. 그러자 "어머니는 늘 저희에게 음식을 잘 챙겨 주고 집 안 청소도 잘하셨어요."라고 대답했다. 아버지는 미장을 했고 가정 형편이 경제적, 문화적으로 아주 낮은 수준이었다. 그들은 빈곤한 노동자 지역에 살았다. 부모는 오로지 끼니와 주거지를 해결하는 능력만을 가장 중요하게 여겼다. 이것은 유년 시절과 관련해 아주 중요한 부분이다. 한 마디로 그녀는 살면서 내적 발전에 대한 이해나 언어, 사랑과 같은 '그 외 부분들'은 생각하지 못하고 자랐다.

아버지는 무서운 사람이었다. 일을 끝내고 집에 돌아오면 자녀들을 때렸다. 한 명이라도 반항하거나 거슬리는 행동을 하면 나머지 아이들도 함께 매를 맞았다. "그럴 때 어머니는 무엇을 하셨나요?" "아무것도 할 수 없으셨어요." 그녀에게 그 당시 있었던 일을 자세히 말해 달라고 하자, 정말 무섭고 끔찍한 이야기들이 나왔다. 그녀는 아버지가 때릴 때 사용하는 도구가 얼마나 날카로운지, 철사 끝에 얼마나 정성을 들였고, 그걸로 어떻게 피부에 상처를 남겼는지 자세히 설명했다. 그러나 이런 말을 하면서도 그녀는 전혀 감정적으로 동요하거나 분노하지 않았다. 나는 그녀 피부에 남은 흉터가 학대 증거임을 곧바로 알아차렸다. "네, 우리 모두에게 흉터가 있어요." 나는 그녀가 '모든 자녀가' 당한 집단적 학대 속에 숨어 있다는 걸 알려 주고, 그들 속에서 매 맞은 그녀를 따로 불러내서 이 일을 다루려고 애썼다. 그러나 그녀는 이런 상황을 이해하지 못했다. 나는 이야기에 아주 충격받은 티를 냈지만, 그녀는 그것도 잘 이해하지 못했다. 피부가 악어가죽처럼 두꺼워진 것 같다고 했지만 그 말도 이해하지 못했다.

나는 계속해서 유년기 일상생활은 어땠는지 질문했다. 그녀와 형제자매들은 유치원에 가지 않았다. 이웃들이나 다른 가족들과 어울리지도 않았다. 아버지는 자녀들을 집 안에 가두었고, 휴가 때에도 아무 데도 가지 않았다. 아플 때는 어땠을까? 그녀는 그 부분을 전혀 기억하지 못했다. 이 정도만으로도 그녀의 불쌍한 삶을 많이 확인했다. 나는 형제자매 관계도 물었다. 그녀는 늘 혼자 인형을 가지고 놀았다고 했다. "인형을 가지고 놀았다고요? 집안이 매우 가난한 편 아니었나요?" 나중에 대화 중에 외삼촌이 늘 그녀에게 인형을 사다 줬다는 사실을 확인했다. "당신에게만요?" "네."

이 말을 듣고 그녀에게 **성적 학대가 있었다는 사실을 눈치챘다.** 첫째, 그녀는 심한 폭력과 지속적인 고립 상태에 있었다. 둘째, 이 고립 속에서 그녀는 한 남자를 피난처로 삼았다. 그 남자는 그녀와 가족 환경이 비슷했고, 어린 그녀는 그 속에서 영양분을 공급받았다. 나는 말을 돌리지 않고 바로 질문을 던졌다. "삼촌이 당신을 만진 적이 있나요, 이상한 행동을 했다든가, 삼촌과 오래 유지한 비밀이 있나요, 좋아하는 것들을 서로 나누었나요?" 내 질문에 그녀는 표정이 일그러졌지만, 눈물은 한 방울도 흘리지 않았다. 뭔가 불편하면서도 티를 내지 않으려고 노력했다. "그건 아무한테도 말한 적이 없어요." 그녀는 휴먼 바이오그래피 작성을 시작한 후 처음으로 자신에게 벌어졌던 잔혹한 일을 털어놓았다. 그 학대의 가해자는 그녀에게 인형을 갖다 준 외삼촌뿐만이 아니었다. 친할아버지도 가담자였다. 그들 외에 그녀 몸을 자유롭게 만질 권리를 얻은 또 다른 가족 명단도 확인했다. 물론 언니들이나 남동생들도 마찬가지 학대를 당했을 것이다.

놀랍게도 그녀는 이 일을 말하면서도 전혀 감정 동요가 없었다.

그녀는 악어가죽을 입고 살아가는 데 이미 익숙했다. 나는 학대의 일반적 정의와 함께 어머니가 자녀들을 보호하고 사랑을 주는 데 필요한 헌신이 무엇인지 설명해 주었다. 하지만 그녀의 어머니가 처한 정서적 현실은 너무 피폐했다. 나는 그녀의 어린 시절 삶에 대한 실마리를 찾고자 노력했다. 우선 의식적 망각이 어떻게 일어나는지와 고통당한 학대의 범위에 접근하는 것이 얼마나 어려운지 설명했다. 구체적인 상황은 모르지만, 그녀가 구타와 성적 학대 등 여러 가지 학대를 받는 아이였다는 사실을 확인했다. 그것은 사랑의 부스러기를 얻기 위해 지불해야 했던 대가였다. 그녀는 내 말을 머리로는 이해하는 것 같았지만, 여전히 감정은 냉담함을 유지했다.

남편인 라미로 때문에 갑자기 인터뷰가 중단되었다. 그는 벨렌보다 연하로 서른다섯 살이었는데, 긴 머리에 가죽옷을 입고 오토바이를 타고 나타났다. 첫인상이 그녀와 완전히 달랐다. 둘이 함께 인터뷰를 진행할 것인지 묻자 둘 다 고개를 끄덕였다. 그는 이것이 불임 상담인 줄 알고 왔다. 나는 그에게 그녀의 어린 시절에 있었던 일들, 즉 소외와 학대, 성적 학대, 의식의 망각, 생존을 위해 입었던 악어가죽에 대해서 살펴보게 될 거라고 간단하게 설명했다. 그는 그런 이야기를 듣고도 안색 하나 변하지 않았고, 그런 모습에 오히려 내가 더 놀랐다. 어쨌든 상담은 계속 이어졌다.

그녀는 열세 살에 학교를 그만두었다. 아버지가 더 이상 뒷바라지를 하지 않을 거라고 단호하게 말했기 때문이다. 어쩔 수 없이 돈을 벌기 위해 일을 시작했다. "저는 일을 해서 돈을 벌었어요. 반대로 언니들은 아이가 생기면서 아무 일도 안 했어요." 그녀는 자신과 언니들의 삶을 비교하면서 그녀들이 삶을 낭비한 '실패자'라고 말했다. 그리고 열심히 일해서 모은 재산을 매우 자랑스러워했다. 아주 어렸을 때부터 텔레비전 제조 공장에서 일을 시작해서 높은 자리까지 올랐다. 나는 그녀에게 아버지와 어머니가 한 말, 또는 스스로 자신에게 하는 말이 있었는지를 질문했다. 그녀는 임신을 '재앙'이라고 표현했다. 나중에 불임 문제를 직접 다룰 때 이런 생각을 다시 살펴보기로 했다.

계속해서 그녀의 삶을 시간 순서로 따라가다가 텔레비전 제조 공장에서 일하던 때에 이르렀다. 그녀는 그곳에서 일하면서 고용주에게 성적 학대를 당했다. 그러나 이런 일이 그녀에게는 일상적인, 즉 '정상적인' 일이었다. 언니들이 대략 열여섯에서 열여덟 살 사이에 남자 친구가 생겨서 임신하는 것을 보고 자랐기 때문이다. 아버지는 그녀에게 언니들처럼 임신하면, "머리를 총으로 쏘아 버린다."라고 경고했다. 그 외에도 아버지가 많은 말을 했을 것이다. 그래서 그녀는 '아이를 낳아 아무것도 못 하는 실패자'가 되지 않으려고 일찍 일을 시작했고, 독립적인 사람이 되었다.

그녀는 열여덟 살 때 처음 텔레비전 제조 공장에 들어갔다. 이 기간에 사귄 남자들에 대해서 물어보자, 이성에는 전혀 관심이 없었고 남자 친구가 생기면 임신하게 될까 봐 두려웠다고 했다. 물론 나는 어린 나이에 임신한 언니들이 어리석었다는 그녀 말에 동조했다. 첫 상담을 마무리하면서 살펴본 내용을 요약했다. 그녀는 직장을 다니며 경제적으로 독립하는 것을 피난처로 삼았다. 그녀는 이 상담이 끝나자 안도감을 느끼는 것 같았다. 나는 그녀에게 정말 남편이 이 상담을 다시 받을 필요가 있는지 함께 이야기해 보라고 말했다. 만일 그가 이 일에 대해 진짜 관심이나 욕구가 없다면 다시 상담할 필요가 없었기 때문이다.

다음 상담은 그녀 혼자 참석했다. 나는 경제적 발전 부분을 다시 되짚어 보고, 임신해서 자녀를 낳고 자기 삶을 잃어버린 언니들과의 관계에 집중해 보기로 했다. 그녀는 부모가 지금 사는 집을 자신이 마련했으며, 그곳은 어릴 때 살던 '안전하지 못한' 지역이 아닌 매우 '안전한' 지역이고 잘사는 동네라고 강조하며 자랑스러워했다. 그 말에는 의심의 여지가 없었지만, 나는 가장 위험한 곳은 집 주변이 아닌 집 안이라고 말해 주었다. 물론 그녀는 그 말을 이해하지 못했다. 몸을 뒤덮은 두꺼운 악어가죽 때문에 그녀는 이 상황을 전혀 '느끼지' 못했다. 그녀는 언니들이 엉망으로 살고 있고 여전히 경제적으로 허덕이며 남편들도 자녀와 아내를 때리는 폭력적인 사람들이라고 했다. 반면에 자신은 경제적으로 나아졌고 언니 동생들에게도 경제적인 도움을 준다고 강조했다. 대부분 형제자매가 어머니 집에 같이 살고 그 외 친척들도 그 주변에 살았다. 따라서 조카들도 같은 공간에서 지냈는데, 폭력이 빈번해서 모두 소리 지르고 욕하며 때리고 서로 위협하는 생활이 반복되었다.

다시 그녀의 삶을 시간 순서대로 따라갔다. 마침내 그녀는 남자친구인 세르히오를 만났고 그와 스물두 살에서 마흔두 살까지 20년간 함께 살았다. 지금 그녀는 마흔네 살이다. 그는 동네 친구로 가족끼리도 잘 아는 사이였으며, 그 역시 가정에서 폭력을 당한 희생자였다. 나는 그가 성적 학대를 당했는지 물었으나 그 부분은 알지 못했다. 그는 성실한 페인트공으로 수십 년간 같은 건설 회사에서 일했다. 오래 일하다 보니 회사 대표의 '오른팔'인 실세가 되었다. 우선 그와의 관계에 대해 질문하자 그녀는 '예' 또는 '아니요'라고 단답형으로 대답했고, 그래서 더 많은 질문을 할 수밖에 없었다. 이런 과정을 통해 그녀와 그가 같은 희생자로서 동질감을 느끼며 하나가 되었다는 사실을 알았다. 두 사람에게는 직장이 매우 중요했고, 자기 집을 사려고 경제 활동에 매우 몰두했다. 그들은 땅을 사서 집을 지을 돈을 모아야 한다는 하나의 목표로 종일 일에만 집중했다. 또한, 결혼 초기 그녀는 그와 합의된 성관계만

했다. 이에 대해 더 질문했지만 더 이상 대답하지 못했다. 나는 그녀에게 두 사람이 배우자보다는 형제애에 가까운지, 공동의 목표로 둘이 하나가 되었다고 느낀 건지 질문했다. 그들은 서로에게 성욕을 느끼지 않았고, 그저 같은 목표를 이루기 위해 서로 돕는 관계였다. 그녀는 스물여덟 살에 이제까지 꿈꾸던 땅을 살 만큼 충분한 돈을 모았다. 그리고 1년 후 마침내 그곳에 집을 지었다. 그러나 그들은 계속 더 많은 시간을 일에만 집중했다. 나는 둘이 이것 외에 또 어떤 바람으로 하나가 되었는지, 어떤 것이 부부 생활을 유지하게 했는지 알아보려고 했지만, 더 이상 나타나지 않았다. 그들은 딱히 자녀를 갖고 싶다는 마음도 없었다. 그저 경제적인 신분 상승을 꿈꾸는 마음으로 하나가 되었다.

20년 결혼 생활에 대한 많은 질문을 했지만 별로 눈에 띄는 대답이 없었다. 이것이 가장 큰 문제였다. 그중에서 그나마 눈길을 끌었던 것은 그녀가 강하고 단호하며, 진취적이고 용감한 여성이라는 사실이다. 물론 이런 특징은 직장 생활을 하면서 생긴 모습이다. 나는 그녀에게 이 모든 사실을 전해 주었다. 그녀에게 결혼은 마치 목표를 이루려고 만든 기업과 같다고 하자 그녀도 그 말에는 바로 동의했다. 그녀는 남편이 얼음장같이 찬 사람이며, 그녀의 사생활에 대해서는 한 번도 질문한 적이 없다고 했다. 그래서 반대로 그녀가 그의 사생활에 대해 질문한 적이 있는지 물었다.

물론 그녀도 하지 않았다. 얼음장처럼 냉랭한 두 사람이 한 집에서 함께 살았다. 그녀는 불안하게 웃으며 내 말을 인정했다. 결혼하고 몇 년간은 남편과 많이 싸웠으며, 일을 더 열심히 해서 돈을 많이 벌었고, 일하는 동안 한 번도 지친 적이 없다는 말만 계속 반복했다. 나는 이 기간에 있었던 중요한 내용을 정리했다. 텔레비전 제조 공장에서 한 일은 그녀에게 경제적 가능성뿐만 아니라, 사회적 관계도 열어 주었다. 물론 남편은 그런 사교 모임들에 함께 가지 않았다. 그는 아주 소심하고 말이 없는, 거칠고 무미건조한 남자였다. 그녀는 많은 친구와 사귀면서 남편과 더 멀어졌다. 그렇다면 왜 결혼 생활이 끝이 난 걸까? 그녀가 출판사에 일하는 지금 남편 라미로를 알게 되었기 때문이다. 라미로와는 좀 다르게 시작했다. 처음에는 그의 성적 매력이 그녀를 사로잡았다. 마흔두 살 라미로는 누구도 따라가지 못할 정도로 활력적인 사람이었다. 결국 그녀는 전남편인 세르히오를 버렸다. 그때 세르히오의 반응은 어땠을까? 평소와 별다르지 않았다. "그는 제가 원하는 대로 하라고 했어요." 나는 그들이 형제자매 같은 관계였고, 오래전에 그들을 하나로 묶어 줬던 목표가 이미 이루어졌음을 확인했다. 그녀는 그와 헤어지고 함께 살던 집에서 나왔다. 그들 사이에 남은 건 경제적인 부분뿐이었다. 그 집이 공동 소유로 되어 있었기 때문이다.

라미로는 중산층 가정에서 자랐고 전남편보다 좀 더 세련된 사람이었다. 그들은 많은 성관계를 했고, 얼마 안 돼서 작은 아파트를 빌려 함께 살았다. 그의 직장은 그녀에 비해서 안정적이지 못했지만, 그녀에게는 별로 중요하지 않았다. 그에게는 필요할 때마다 도움을 주는 부모가 있었다. 그녀는 그와 함께 산 지 얼마 되지 않아서 바로 아들을 낳고 싶다는 생각이 들었다. 그들은 자녀를 낳기 위해 노력했다. 몇 달이 지나도 임신이 안 되자, 함께 의사와 상담을 하고 다양한 불임 검사도 했다. 이야기를 듣던 나는 모든 일이 너무 서둘러 진행된 느낌이 들어서, 다음 상담에서 지금 상황을 좀 더 자세히 이야기 나눠 보자고 했다.

세 번째 상담에서 그녀는 불안한 듯 말을 많이 했고, 불임 문제만 이야기하고 싶어 했다. 그러나 나는 우선 하나씩 제자리를 찾기 위해 노력했다. 모든 면에서 그녀보다 더 어리고 똑똑한 라미로가 무슨 역할을 했는지 분명히 알 수가 없었기 때문이다. 나는 그 이야기를 더 자세히 물어보며 그들이 만난 초기에 무슨 일이 있었는지 알아보았다. 그녀와 만나기 전, 그는 전 부인과 사이에서 낳은 아이를 잃었고 그 결과 아내가 이혼을 원해서 관계를 끝낸 상태였다. 그는 그녀와 함께 이전에 잃어버렸던 것을 회복하고 싶어 했다. 그래서 그녀를 자주 '멋진' 곳에 데려갔다. 좋은 식당에서 식사하고, 드라이브도 하며 즐겼다. 브라질에서 여름휴가를 보냈고 많은 친구를 만나 함께 시간을 보냈다. 무엇보다도 그들은 성적 취향이 잘 맞았기에, 임신에 온통 관심을 쏟았다. 그들은 라미로가 경제적으로 지원 가능한 범위 내에서 불임 치료를 했다.

그러나 여러 번 임신에 실패하면서 1년 후 둘 사이에 금이 가기 시작했다. 돈이 줄어들자 사랑도 식었다. 그렇게 싸우면서 부부로서 맺은 약속인 섹스와 자녀에 대한 욕구가 희미해졌다. 싸움은 그녀가 유년 시절에 배운 생존을 위한 교환 수단이었기 때문에, 어려운 문제 앞에서는 자동으로 싸울 수밖에 없었다. 아무리 노력해도 아이는 생기지 않았고 섹스도 식었다. 나는 그녀에게 이런 상황을 모두 이야기해 주면서 불임 치료를 받는 것이 별로 도움이 안 되는 것 같다고 말했다. 이런 어려운 문제에는 무엇보다도 많은 이해와 인내, 성숙이 필요하기 때문이다. 그녀는 그런 사실을 인정하면서 슬프다고 '말했다'. 그러나 그 고통을 겉으로 드러내지 않으려고 애썼고, 그것 때문에 '무너지지' 않으려고 애썼다. 그녀는 이후에 오히려 외모에 더욱 신경을 썼다. 전에 휴먼 바이오그래피를 통해 살펴봤던 내용을 간단하게 다시 봐야 할 것 같았다. 즉, 유년 시절에 겪은 학대와 방치, 피난처로 삼은 직업, 피상적 관계들과 정서적인 부분들은 신경 쓰지 않고 목표에만 매달리는 삶을 다시 살펴보았다. 그녀는 임신에 너무 집착한 나머지, 그 외에 다른 부분들은 신경 쓰지 못했다. 그녀는 '그 말'에 동의하더니, 일하지 않으면 마치 '죽은' 느낌이 든다고 말했다. 동시에 그녀는 자신이 '악어가죽'을 입고 있다는 사실을 인식했다. 벌어지는 모든 일에 무뎠고 별로 중요하게 여기지도 않았다. 나는 그녀와 함께 지금까지의 상황을 짚어 보았다. 그녀에게는 그와 함께하면서 더 높은 경제, 사회적 지위를 얻고 그것을 통해 자신을 구원하고자 하는 환상이 있었다. 그리고 아이를 낳으면, 그런 행복한 공주 이야기가 완성될 거라고 생각했다. 처음으로 그녀의 얼굴에 변화가 나타났다. "네, 네, 맞아요(그녀는 반응할 준비를 제대로 한 것 같았다). 저는 더 이상 고통이 싫어요. 그저 저를 돌봐 주는 한 남자의 공주가 되고 싶어요. 그는 저보다도 어리니까, 만일 아이가 생기지 않으면 절 떠날 거예요." 눈가가 젖어 드는 듯했지만, 그녀는 재빨리 약한 모습을 거두었다.

그러고 나서 이제까지 받았던 모든 치료와 고통에 대해서 말했다. 호르몬의 불균형을 견뎌야 하는 그 치료가 얼마나 고통스러운지는 모두가 잘 안다. 그래서 그 고통을 견디기 위해서는 분명한 확신과 지속적인 신체적 혼란을 이해하고 감당할 만한 정서적 성숙이 뒤따라야 한다. 따라서 다음 상담에서는 불임이라는 복잡한 주제에 대해서 더 깊이 다가가 보기로 했다. 불임 때문에 이들이 처음 맺었던 부부 서약도 무효가 되었다. 그들은 성관계도 하지 않았고, 서로 계속 화만 냈다. 그들의 관계를 이어 주는 끈은 싸움뿐이었다. 싸울 때만 하나가 되었다. 그렇게 복잡한 상황이 지속되었다. 나는 이야기를 나누면서 그녀의 '전체 그림'과 마주하게 되었다. 그 안에는 그녀의 고통과 그것을 방어하는 방법이 드러나 있었다. 그녀가 갑자기 아이를 원한 이유는 그가 이전 결혼 생활에서 얻지 못한 아이를 새로운 결혼 생활에서 얻으려고 했기 때문이며, 이 목표가 둘을 하나로 묶어 주었다. 그런데 지금은 그 목표가 무너졌다. 이제 그들이 가려는 방향은 어디일까? 왜 각자 삶에서 진정으로 원하는 것을 생각하지 않고, 비싼 치료에만 집착하며 고통스러워하는 걸까? 이 질주를 멈추면 안 될까? 여러 의문이 들었다. 적어도 이 질주를 멈추고 좀 더 현실적인 일에 집중하는 게 현명하다고 나는 생각했다. 그녀도 이 말에 동의했다. 계속해서 복잡한 상황을 파고들다 보니, 남편이 더 이상 불임 치료 비용을 대지 않는다는 사실이 나왔다. 최근 2년간 그녀 혼자 치료비를 감당해 왔다.

나는 그녀에게 현실을 있는 그대로 알려 주었다. 종종 상담사 눈에는 명확히 보여도 내담자 눈에는 '안 보일 수도' 있기 때문이다. 그녀가 원하면 모든 불임 치료를 받을 수 있다. 열 명을 낳든 입양하든 그것도 그녀의 자유이다. 나 같은 상담사가 할 일은 가능한 한 전체 시나리오 속에 '무슨 내용이 있는지'를 보여 주고, 최소한 내담자가 눈을 뜨고 의식적인 결정을 내릴 수 있게 돕는 것이다. 이 과정에서 아무것도 판단하지 않고, 삶에 대해 특정 태도를 취하지 않는 것이 중요하다. 이 사례에서 상담사는 그녀가 남편의 뜻과 상관없이 계속 시술을 받는 것에 대해 절대 판단하지 않는다. 이것은 오로지 그녀가 결정할 일이다. 상담사는 내담자가 시나리오 속 역할을 깨닫도록 함께 전체적인 관계를 살펴본다. 상담사의 역할은 그 이상도 그 이하도 아니다.

그녀에게 벌어지는 일을 정확하게 보여 줄수록, 그녀는 더 화를 내며 아이를 낳고 싶다는 말만 반복했다. 나는 그녀가 스스로 만든 환상 속에서 신데렐라라고 믿고 싶었지만, 얼마 안 돼서 마차가 호박으로 변한 것과 같다고 말했다. 그녀는 이 말을 듣고 무너지고 말았다. "맞아요." 그리고 긴 침묵이 이어졌다. "그래서 제가 이제 뭘 해야 하죠?" 그녀가 절망적인 목소리로 물었다. 나도 해답은 모르지만, 적어도 그 장면을 함께 봐줄 수는 있다고 대답했다. 나는 분노로 폭발할 것 같은 얼굴로 우는 그녀의 모습을 처음 보았다. 그녀에게 어떤 결정을 하든 함께할 거라는 확신을 주었지만, 그녀는 숨기려고 한 것보다 훨씬 더 고통스러운 진실과 마주했다.

두 달 후 그녀와 다시 상담을 했다. 남편과 관계가 좀 더 편해졌고, 모든 시술 과정을 멈추었다고 말했다. 호르몬 수치가 좋지 않아서, 의사가 6개월 정도 쉬자고 했기 때문이다. 쉬는 동안 임신에 대한 압박이 줄었고, 부부는 모두 안도감을 느꼈다. 대신 그녀는 어머니 때문에 걱정이 많다고 했다. 혈압이 너무 높아서 입원하셨는데 그 모든 일을 그녀가 도맡았기 때문이다. 병간호뿐만 아니라,

대신 장을 보고 약을 사다 주는 일도 했다. 그런 일을 할 만한 경제적인 능력이 되는 사람이 가족 중 그녀뿐이었기 때문이다. 그녀가 '가족 관계 도표'를 떠올리고 아버지와 어머니, 형제자매, 형부, 시누이들, 조카들을 바라보려고 노력하는 것은 새로운 변화였다. 그녀는 원래 그런 내용을 보는 걸 별로 좋아하지 않았다. 유년 시절 가족 관계처럼 여전히 서로를 불신했고, 이런 상황에서 경제적 여유가 있는 사람은 그녀뿐이었다. 그녀는 남편에게 도움을 청했지만 거절당했다. 그녀가 어머니 문제로 온종일 피곤하게 보내다가 집에 돌아와도, 그는 여전히 컴퓨터 앞에 붙어 앉아 그녀의 하루가 어땠는지 간단한 안부도 묻지 않았다. 나는 남편에 대해 불평을 시작하려고 하는 그녀의 말을 바로 막았다. 대신 관계 도표와 그들 부부의 유형, 그리고 암묵적 합의 내용을 보여 주었다. 그때까지 살펴본 바로는 부부 사이에는 어떤 소통이나 돌봄, 보호도 없었다. 결국, 그녀에게는 어려움을 하소연할 대상이 없었다. 대신 그녀는 이곳에 와서 계속 남편을 향한 불평을 쏟아 냈다. 나는 그녀에게 그렇게 하는 게 아무 의미가 없음을 차분하게 설명해 주었다. 하지만 이 일보다는 다시 상담하러 온 그녀가 뭔가 다른 방식으로 생각하게 되었는지, 다르게 관찰할 수 있게 되었는지 확인하는 게 더 중요했다. 전혀 변화가 없다면 다음 상담까지 시간을 좀 둘 수도 있었기 때문이다.

그녀는 남편과 대화를 시도하며 그에게 거부감을 느낄 때가 있다고 넌지시 말을 꺼냈다. 그에게 매력을 느끼지만, 동시에 거부하고 싶을 때가 있다고 털어놓았다. 나는 그 말이 충분히 이해가 가고, 특히 그녀가 차가운 보호막을 치고 있어서 아무것도 느낄 수 없을 거라고 했다. 그녀가 큰 소리로 동의하며 말했다.

"맞아요. 저는 '그것이' 그렇게 영향을 끼치게 될 거라고는 생각도 못 했어요. 그래서 그것을 잊고 싶었어요."

"말씀하신 '그것'이 뭔가요?"

"저에게 벌어졌던 일이요."

"성적 학대들이요?"

"네."

"그 단어를 직접 말로 할 수는 없나요?"

"못해요."

"그렇다면 제가 말해 드리죠. 성적 학대. 그것의 이름은 바로 성적 학대예요."

그녀가 한숨을 길게 쉬었다. 남편과 이 일에 관해서 이야기를 나눈 적은 있었지만, 자신의 유년 시절 경험을 상상도 못 할 거라고 말했다. 이후, 그녀는 잠깐 쉬자고 하고는 한 달 후에 다시 찾아왔다.

그렇게 한 달이 조금 지나서 그녀를 다시 만났다. 불안한 모습으로 상담실로 들어서며 머릿속에 정리해야 할 일이 많다고 했다. 그러나 뭔가 순서를 찾기 시작했다는 내면의 확신이 섰다고 했다. 당연히 그것은 좋은 신호였다. 그녀는 드디어 네 명의 언니들과 만나기로 마음먹었다. 언니들에게 휴먼 바이오그래피 작성 내용을 말하면서 더 이상 침묵할 수 없는 비밀을 털어놓았다. 그렇게 유년 시절에 당했던 성적 학대들을 말했다. 마침내 그녀가 스스로 그것을 말할 수 있었다. 그녀 입으로 직접 성적 학대라는 단어를 꺼낼 수 있었다. 그러자 언니들도 한 명씩 자기 이야기를 시작했다. 물론 언니들 모두 같은 경험을 했다. 어떤 언니들은 그녀보다 더 잔인한 일을 겪었다. 언니들은 조심스럽게 그녀의 이야기를 듣더니 자신들이 겪은 일들도 자세하게 털어놓았다. 주인공은 대부분 친할아버지였고, 어떤 경우는 아버지가 주인공이 되기도 했다. 친삼촌은 학대 강도가 특히 더 심했는데, 수년간 다른 남자들이나 이웃까지도 데려왔다. 그중 큰언니가 털어놓은 고통이 가장 끔찍했다. 그녀는 이 이야기를 하면서 울었다. 처음으로 그녀가 울었다. 단순한 눈물이 아니라 마음속 깊은 곳에서 흘러나온 눈물이었다. 다섯 자매는 몇 시간 동안 계속 대화를 나누었고, 서로를 껴안았다. 형부들 중 한 명이 집으로 들어오다가 자매들의 울음소리를 들었다. 그는 아내에게 무슨 일이 벌어졌는지도 모른 채 그냥 안아 주었다. 조카들도 아무 영문도 모른 채 진정시킬 물과 사탕을 들고 다가

왔다. 그녀 바로 위의 언니는 수년 동안 어머니에게 이 일에 대해 도움을 청했지만, 오히려 자신을 거짓말쟁이로 취급했다는 사실도 털어놓았다. 어머니가 그녀를 학대로 내몰았다는 사실이 확인된 순간이었다. 그녀는 계속 울었고, 휴먼 바이오그래피를 함께 작성하던 나는 진실하고 건강한, 내면과 연결된 그 울음의 순간을 함께 해 주었다.

한 시간 이상 울먹이며 이야기를 나눈 끝에 나는 그녀에게 정말 자랑스럽다고 말했다. 그녀가 오래 죽어 있던 온 가족의 에너지를 깨웠기 때문이다. 그녀가 직접 가족 그림자의 문을 열었고, 덕분에 온 가족이 혜택을 입었다. 그 과정에서 그녀들에게 더 많은 기억이 떠올랐다. 예를 들어, 한 언니는 어머니에게 필사적으로 도움을 청했지만, 그저 다른 학교로 전학시키고 말았다. 선생님들이 그녀가 학교 수업에 집중을 잘 못하고 계속 그러면 앞으로도 공부를 잘 못할 거라고 했기 때문이다. 최근에 그녀는 그 언니와 함께하며 그때의 학습 장애가 어린 시절에 경험한 정신적 혼돈의 결과였다는 것을 알게 되었다. 나는 그녀가 이렇게 빨리 많은 변화를 보이는 것이 믿어지지 않을 정도였다. 이것은 그녀가 네 명의 언니들에게 거부감 없이 솔직하게, 어떤 싸움과 위협 없이, 그 누구에게도 미쳤다고 비난하지 않고 대했음을 뜻했다. 이런 일들이 그녀에게도 완벽하게 가능한 일이었다.

나는 폭력적인 가족 메커니즘과 누군가를 정신 이상이나 장애자로 대할 때 얻는 이점들, 지배를 위해 나누는 목적을 설명할 때 이 용감한 폭로자의 예를 활용한다. 그녀는 재빨리 어머니가 자녀를 학대로 내몬 상황과 일반적 학대 시스템을 확인할 만한 사건들을 기록했다. 그리고 이제 어머니를 '놓아줄' 때가 되었다고 느꼈다. 그녀 혼자 어머니의 모든 일을 감당하던 것을 멈추기로 했다. 어머니의 삶을 모조리 책임지지 않는다고 해서 사랑하지 않는 건 아니기 때문이다. 이제 그녀도 어머니가 되는 건강한 길을 달려갈 수 있을 것이다. 나는 그녀에게 함께 나누고 치유하고 극복하기 위해 언니들과 주기적으로 만나라고 권유했다.

나는 그녀의 흩어진 퍼즐을 계속 맞춰 나가기 위해 다음 상담에 언니들과 함께 올 수 있는지 조심스럽게 물었다. 그러나 그녀는 이것 외에 많은 계획이 있고, 우선은 자신에게 더 많은 시간을 할애하고 나서 생각해 보고 싶다고 했다. 이 일에 많은 힘을 쏟느라, 말 그대로 지친 하루하루를 보냈기 때문이다. 그녀는 상담을 통해 앞으로 더 할 일이 많다는 걸 알지만, 상담을 그만 멈추기로 했다. 자기 속도에 맞게 이 일을 해결해 나가고 싶어 했다. 물론 나를 비롯한 상담 팀은 언제라도 원할 때 이 공간을 사용하라고 용기를 북돋아 주었다. 그리고 이 상담을 정리하려고 하자, 그녀는 경찰인 바로 아래 남동생과 만난 이야기를 덧붙였다. 그녀는 남동생에게 자신뿐만 아니라 언니들이 당했던 성적 학대를 말했다. 그런데 남동생은 인상을 찌푸리면서 "나는 경찰이고 다른 사람들을 지키는 일을 맡았어. 그렇지만 누나들을 지킬 능력은 없어!"라고 소리쳤다. 그러고는 경찰서에서 호출을 받고 바로 자리에서 일어섰다. 이후의 이야기를 들어 보니, 경찰서에서 맡은 사건이 하필이면 어린 소녀가 성폭행을 당한 사건이었다. 거부할 수 없는 일이라 맡긴 했지만, 사건 기록을 살펴보다가 기절했고 정신을 차리자마자 바로 구토를 했다. 당연히 그의 동료들은 그에게 예전에 무슨 일이 있었는지 알 리가 없었다. 그녀는 이후 동생과 이 이야기를 다시 나누지는 못했지만, 동생에게 늘 문을 열어 두게 되었다고 했다.

나는 휴먼 바이오그래피를 작성하며 그녀를 부드럽게 다독였다. 분명 남동생도 어렸을 때 성적 학대를 당했을 거고, 그녀의 말을 듣고 그림자 속에 숨어 있던 기억이 의식으로 떠올랐을 거라고 설명했다. 그래서 성폭행을 당한 소녀 사건을 대하기가 힘들었을 것이다. 그러나 이 모든 일은 그녀에게 진짜 변화가 일어났다는 건강한 신호였다. 그녀는 이제 자기 삶에 초점을 맞추고 현실에 맞서며, 원했던 것을 할 수 있게 되었다. 가족들 사이에서 '베일을 벗기는 자'의 역할을 했는데, 이것은 그녀뿐만 아니라 자기 자신을 더 잘 알고 싶어 하는 가족들에게 도움이 되었다.

마침내 헤어질 순간이 다가왔다. 그녀는 나를 비롯한 상담 팀과 눈물을 흘리며 포옹했다. 마침내, 그녀는 많은 감정을 표현할 수 있게 되었다. 순간 아주 차가운 모습으로 처음 상담실에 들어섰던 그녀 모습이 떠올랐다. 마지막에 흘린 그녀의 눈물은 이 모든 과정에 있었던 헌신과 노력의 결과였다.

8
치유의 말

어머니가 말하지 않은 부분

안타깝게도 의식은 **말하지 않은 부분**은 기록하지 않는다. 즉, 의식하지 못한다. 우리는 자신에 대해서, 특히 유년 시절이나 욕구에 대해서 전혀 모르거나 기억하지 않고도 살아갈 수 있다. 실제로 거의 모두가 그렇게 살아가고, 그런다고 세상이 멈추는 것도 아니다. 그러나 실제로 휴먼 바이오그래피를 작성할 때는 이것이 가장 큰 걸림돌이다. 휴먼 바이오그래피 작성은 대화를 바탕으로 하기 때문이다. 처음부터 상담사가 질문하면 내담자가 대답하는 형식이다. 그런데 "몰라요." 또는 "기억이 안 나요."라고 대답하거나, 더 최악의 사태로 거짓말로 꾸며서 대답하면, 어떻게 해야 할까? 이럴 때 가장 큰 어려움에 봉착한다. 어쨌든 여기에서 가장 중요한 것은 실제로 일어났지만 어머니가 말하지 않은 일을 알아보고, 가족 중에 공식적인 말을 주도하는 사람을 파악하며, 그 경험 중 많은 부분이 그림자 속에 있다는 사실을 인식하는 일이다. 이것이 바로 이 과정의 첫걸음이다.

거기서부터 상담사는 엄청난 창의력을 발휘한다. 상담사가 짐작하는 내담자의 내적 경험이나 벌어진 일을 제대로 표현할 만한 **새로운 말을 만들어 내야** 하기 때문이다. 이 일은 마치 어두운 방에서 손으로 더듬어 무언가를 찾는 일과 비슷하다. 상담사는 새로운 단서가 나타나는 부분을 '찾을' 때까지 천천히, 섬세하게 손으로 더듬어야 한다. 무엇보다도 상담사는 내담자가 상담 목적과 상관없이 하는 말에 **관심을 갖지 말아야** 한다. 이 말에 뭔가 거부감이 들 수 있겠지만, 상담사가 내담자의 말에 말려들면 정말 찾아야 하는 내용을 찾지 못하게 되기 때문에 꼭 명심해야 한다. 어머니가 많은 말을 했을 수도 있다. 그러나 상담사에게 그것보다 더 중요한 건 **어머니가 말하지 않은 부분**이다. 물론 말하지 않은 부분을 찾기는 매우 어렵다. 그래서 이것이 상담사에게 큰 도전이다.

안타깝게도 나를 비롯한 상담사들은 미덥지 않은 이야기들을 반복하는 내담자에게 사용할 만한 질문 목록이 없다. 그래서 이 일을 하는 상담사가 각각 상담 상황에 맞게 여러 질문을 만들어야 한다. 무엇보다도 어렸을 때 아무도 말하지 않아서 듣지 못한 내용은 내담자가 커서도 말할 수 없다는 걸 명심해야 한다. 또한, 휴먼 바이오그래피를 작성하는 상담사의 말이 내담자에게 중요한 의미가 된다는 것도 잊지 말아야 한다.

온라인 휴먼 바이오그래피

독자들에게 기쁜 소식이 있다. 나는 솔직히 수년 동안 컴퓨터와 카메라를 통해 상담사와 내담자가 만나는 시스템을 거부했다. 그러나 휴먼 바이오그래피에 관심을 갖는 수많은 사람들(특히 스페인 사람들)의 요청으로 시도해 보기로 했다. 처음에는 동료들의 거부감도 상당했다. 그러나 어느 순간 "저도 해봤어요."라는 말이 여기저기에서 들렸다. 여러 시험을 거치고 나서야 제대로 이루어졌는데, 방법은 간단했다. 스카이프^{Skype}를 통해서 시작했다. 처음 시작할 때만 해도 몇 분 내에 수만 킬로미터 떨어진 곳에 있는 사람들과 이런 일을 할 수 있을 거라고는 상상도 못했다. 그러나 다른 분야 전문가들도 이 일을 독려했고, 결과는 매우 좋았다. 나는 친밀감이 단지 신체적 접촉이 아닌, 마음을 여는 것과 지적 능력, 그리고 다른 이에게 진실하게 다가가는 능력과 관련된 것임을 깨달았다. 국경을 넘어선 휴먼 바이오그래피 작업을 통해 많은 것을 깨달았고, 새로운 경험들을 했으며, 열정도 살아났다. 요즘 나는 전 세계 사람들과 만나는데, 이것은 다양한 문화와 사고방식과 삶의 방식을 배우는 중요한 기회이다. 가까운 미래에 또 어떤 국경을 넘게 될지 모르겠다. 아마도 이 책이 당신 손에 들어갈 쯤이면 좀 더 쉽게 가까이할 수 있는 또 다른 방법이 생겼을지도 모르겠다.

호안: 말 부족

호안은 스페인에서 태어났다. 좀 더 자세히 말하면 카탈루냐 출신이다. 그와는 인터넷 스카이프를 통해서 휴먼 바이오그래피 작성을 시작했다. 그는 서른네 살 남성으로 아내가 있지만, 자녀는 없다. 내가 바르셀로나에서 했던 강연을 듣고 그가 연락을 해왔다. 처음에는 상담보다도 나에게 더 관심이 많아 보였다. 그의 가장 큰 걱정은 불안감이었다. 그는 매우 조용한 성격으로 누군가 하라고 떠밀지 않으면 뭐든 스스로 나서서 하는 편이 아니었다. 나는 먼저 그에게 이 일의 시작과 과정에 대해 이야기를 했다.

호안의 부모는 스페인 중부 카스티야 출신이지만, 북동부 카탈루냐 지방으로 이주했다. 그가 태어나고 3년 후 쌍둥이 형제인 마넬과 안토니오가 태어났다. 그는 유년 시절 기억이 전혀 없었다. 신기할 정도로 단 하나도 없었다. 그래서 휴먼 바이오그래피 작성을 시작하면서 계속 구체적인 질문을 해야 했다. 그렇게 해도 끌어낼 수 있는 유년 시절 이야기는 많지 않았다. 그 어머니가 늘 일을 했다는 것 외에는 기억하는 게 없었다. 아침에 일어났을 때 어머니가 집에 있었던 기억이 거의 없었다. 대신 아버지가 늘 아침 식사를 준비했고 아이들을 학교에 데려다주었다. 이런 정보를 전달하는 과정에서 그가 늘 주어를 '우리'라고 표현한다는 점을 지적했다. 이 말에 그는 충격을 받았다. 실제로 늘 3형제가 함께 있었다. 아무도 그들을 각각 한 명으로 바라보지 않았다. 그렇게 그들은 마치 한 덩어리처럼 움직였다. 그는 충격이 큰지 잠시 아무 말도 잇지 못했다. 3형제는 책임감이 강했다. 예를 들면, 아무도 학교 숙제를 도와줄 필요가 없었다. 반대로 어머니는 아주 무질서했다. 휴먼 바이오그래피 작성을 하며 많은 질문을 할수록 호안은 '그럴 수도 있을 것 같네요', '아마도', '네' 또는 '모르겠어요'라는 말을 많이 사용했다. 나는 그가 쓰는 단어가 많지 않다는 사실에 주목했고, 아마도 그런 유년 시절을 보냈을 거라 짐작했다.

그러나 그가 경제적으로 어렵게 보내지 않은 건 확실했다. 가족이 관리하는 재산도 있었다. 어머니 성격은 강한 편이고 요리는 아버지가 했다. 그러나 그 이상은 알 수가 없었다. 부모의 애정 관계에 대해서 질문한 후 그들이 사교적이지 않았다는 것을 알게 되었다. 어머니는 차가운 편이고 사람들과 감정을 많이 나누지 않았다. 부모가 싸움을 했는지 물어봤지만, 역시 기억하지 못했다. 그저 아버지는 착하고 말수가 적은 사람으로 사람들과 다투지 않았다고만 했다. 그가 자신을 잘 표현하지 못하고 창백한 얼굴에 표정도 적어서 정보를 많이 얻지는 못했다. 그래서 우선 한 몸처럼 움직이는 3형제와 어머니, 그리고 아버지가 있는 '도표'를 그렸다. 이때도 거의 말을 하지 않아서 알 수 있는 내용이 적었다.

그는 집에 있는 걸 좋아하는 아이였다. 그러나 집에서도 '문제를 일으키지 않도록' 조용히 있는 편이었다. 부모 말을 잘 듣기 위해 많은 기본 욕구를 억눌렀고, 스스로를 제한하다 보니 주도권 없이 약하게 지냈다. 이것은 초기 상담에서 설명한 그대로였다. 그는 초기 상담 내용과 지금 모습의 관계를 처음 알았다는 듯 매우 놀랐다. 나는 그의 진짜 모습과 활력 없이 생활하게 된 원인을 살펴보자고 했다. 아마도 그만 그런 게 아니라 나머지 두 동생도 같은 상태일 거라 짐작했다.

부모의 관계를 질문하니, 두 사람 사이에는 다툼뿐만 아니라 그 어떤 것도 없었다. 이것을 전반적인 '결핍' 상태라고 부른다. 이런 환경에서 자란 사람에게서 말을 이끌어 내는 건 매우 힘든 일이다. 그는 조용한 청소년기를 보냈다. 여자 친구도 없었는데, 이성 교제가 그에게는 큰 숙제였다. 스스로 소녀들 앞에 나설 수가 없다고 생각했다. 물론, 집에서도 이런 주제로 이야기를 꺼낸 적이 한 번도 없었다. 형제들도 똑같은 상황이었다. 나는 성적 억압에 대한 말을 꺼냈다. 그러자 그는 놀라면서 그 말을 이해하지 못했다. 그에게 자세히 설명하면 할수록 더 많이 놀랐다. 그가 할 말이 별로 없다는 사실이 가장 큰 문제였다. 집에서 그는 거의 말을 하지 않았을 것이다. 열여덟 살이 되던 해 그는 4개월 동안 영국으로 어학연수를 떠났다. 그는 이 여행에 대해서도 특별히 할 말이 없었다. 나는 쌍둥이 남동생들과의 관계를 질문했다. 이미 눈치를 챘겠지만, 그의 대답은 "아주 좋았어요."였다. 청소년기에 부모의 다툼에 대해서도 기억하는 바가 없었다.

그의 대답이 별로 도움이 안 돼서 다른 사람들의 목소리라도 들어 보기로 했다. "중학교 때 친구들이 당신에 대해서 뭐라고 했나요?"라고 물었다. 그러자 '시간을 잘 안 지키는 사람, 그리고 모든 일에 절대 관여하지 않는 사람'이라고 대답했다.

"친구들이 그런 말을 하면 기분이 어땠나요?"

"괜찮았어요."

"괜찮았다고요? 친구들이 시간을 잘 안 지키고, 남들과 관계도 별로 없었다고 했는데, 전혀 신경이 안 쓰였나요? 남들은 상관없고 당신 자신에게만 충실했던 거군요. 당신 눈에 다른 사람은 존재하지 않았네요. 마치 어머니의 욕구 속에 당신이란 존재가 없는 것처럼 말이죠."

그는 이 말은 정확하게 이해했다. 시간을 따라가다 보니 그가 타인뿐만 아니라 자신도 신경 쓰지 않았고, 거품 속에 갇혀 살아가는 법을 배웠음이 드러났다. 그는 친구들이 부모와 몇 시간씩 전화 통화를 하는 것을 보았지만, 자기는 그런 적은 없고, 전화할 일이 생기면 그저 이삼 분 만에 통화를 끝냈다고 했다. 나는 그의 활력 없는 삶에 주목했다. 나는 한동안 그의 감정 세계 속으로 '들어갈' 길을 찾지 못했다. 그는 대체로 잘 지냈지만, 이성 교제는 없었다. 외모에 대한 자신감도 없었고 대화를 잘할 능력도 없었다. 그는 여러모로 경험이 적었고, 그의 '세상'은 좁았다. '뭔가를 할 때' 대체로 하는 일에 대해 생각을 하는지 물어보자, 아니라고 하고는 그냥 멍하게 있었다.

그는 대학 졸업 전에 베네수엘라로 교환 학생을 요청했다. 거기에서 지금의 아내이자 인생의 유일한 여성인 파트리시아를 만났다. 그녀는 친절하고 매력적이며 강한 성품의 소유자였다. 그러나 그는 그녀와 어떻게 만났는지는 역시 제대로 말하지 못했다. 그는 그녀와 첫 성관계 후에 조금씩 자신감이 생겼다. 베네수엘라에 살면서 조금 더 자신을 '풀어놓기' 시작했다. 스스로 자유롭고 독립적이라는 생각이 들었고 점점 더 자신감이 생겼다. 마침내 그녀에게 청혼했고 받아들이자 함께 스페인으로 돌아왔다. 그녀는 학업을 끝내지 않았지만, 스페인에서 마칠 수 있을 거라고 생각했다. 나는 지금까지 본 것을 요약하는 선에서 첫 번째 상담을 마무리했다.

다음 '상담'에서는 전 시간에 나누었던 대화에 대해서 생각해 보았는지 물어보았다. 그는 자신이 남과 잘 사귀지 못하는 사람이라는 사실에 충격을 받았다고 했다. 더 이상 지금처럼 살고 싶지 않다며 이 '작업'을 어떻게 계속해 나갈지 물었다. 나는 이 과정은 시간이 필요한 일이고, 함께 방법을 살펴보고 이해함으로써 이후에 원하는 대로 결정하도록 돕는 작업임을 천천히 설명해 주었다. 그리고 이제까지 기록한 내용을 보여 주었다. 어머니와의 감정 교류 부분이 약하고 모든 면에서 애정이 결핍되었으며, 나누었던 말도 부족하고, 혼자 있던 상황임을 전해 주었다. 그는 과잉 적응*을 보였는데, 마치 그러기 위해 사는 사람 같았다. 자존감이 낮으면서도 외부의 기대에 부응하려고 노력했다. 그도 이런 말에 동의했다. 그는 언제나 자기 삶이 바로 코앞에서 지나가는데 뭔가를 하지 못하고 그저 바라보고만 있는 것처럼 느껴진다고 고백했다. 그래서 그가 계속 수동적인 태도를 보였다는 말도 덧붙였다. 그의 배역 속에 감춰진 혜택을 살펴볼 시간이 왔다고 말하자, 드디어 그가 자기 생각을 드러냈다. 마침내! 그는 열심히 말했다. 다른 사람 핑계를 대거나 벌어진 일을 책임지지 않는 등 늘 다른 사람이나 대상에게 잘못을 전가했다는 사실을 깨닫게 되었다. "이제 변하고 싶어요!" 그는 차분하게 말했다. 상담 팀 중 한 명이 "드디어! 우리가 그를 깨웠군."이라고 낮게 중얼거렸다.

그는 어머니가 "난 어머니(호안의 할머니) 같은 조종자가 되고 싶지 않았어."라고 말했던 것을 생각해 냈다. 마침내 어머니의 입에서 나온 말이 떠올랐다! 나는 진심으로 함께 기뻐했다. 그는 또 어머니가 '너는 할머니랑 똑같아.'라고 말했다고 덧붙였다. 나는 그와 이 말에 대해서 생각해 보았다. 아마도 그는 어머니 말에 갇혀서 계속 그 생각을 했을 것이다. 어머니는 말을 거의 하지 않았고,

---

*자기 심신의 파탄이 오더라도 외부의 환경에 적응하는 상태.

그는 그저 그녀의 침묵과 슬픔, 분노만 바라보았다. 그가 방치된 채로 자랐다는 증거이다. 나는 그가 얼마나 말없이, 방치된 채로, 자신이 원하는 것이 무엇인지 알지도 못한 채 보냈는지 확인해 주었다. 아무도 그에게 물어보지 않고 말도 걸지 않아서 어떤 욕구나 원하는 것도 없었다. 그는 이 말을 듣고 매우 놀랐다. 나는 이것이 지어낸 게 아니라 실제로 벌어진 일을 말로 표현한 것뿐이라고 대답했다. 그러자 그는 "제가 배역에 너무 충실해서 당신이 한 말을 듣고 스스로 책임을 지는 대신 또 핑계를 대며 어머니에게 잘못을 뒤집어씌울 수도 있겠군요?"라고 물었다. 나는 그의 통찰력에 박수를 보냈다. 적어도 그는 무의식적으로 하는 반응과 행동을 인지했다. 그는 늘 수동적인 태도로 자신을 책임지지 않아도 된다고 생각해 왔다. 그가 자신의 모습을 점점 더 깨달으면, 이후에 그 배역을 계속해 나갈지 여부를 결정할 것이다. 나는 다시 그의 삶을 시간 순서대로 따라갔다.

그와 함께 스페인으로 온 파트리시아는 잘 지내지 못했다. 스페인으로 오기 전에 학교에 대한 조사를 제대로 하지 않아서 이수했던 과목을 다시 들어야 했다. 하지만 매우 적극적인 성격이라 이런 장애물 앞에서도 쉽게 넘어지지 않았다. 그러나 그의 부모는 그녀에게 친절하지 않았다. 그때 그녀를 위해서 무엇을 했는지 물어보았다. 당연히 그는 아무것도 하지 않았다. 그래서 나는 그가 어떻게 그녀를 스페인으로 데리고 왔는지 말했다. 그리고 공격적인 부모로부터 그가 그녀를 제대로 보호하지 못했음을 알려 주었다. 실제로 둘 사이에는 감정적인 교류가 거의 없었고, 그런 상황에 익숙했다. 그는 어머니가 얼마나 남들을 통제하고 조종하는 사람인지, 아버지가 매우 엄격하며 얼마나 외국인을 혐오하는지 깨달았다. 그리고 자신이 매우 순종적이고 생기가 없으며 텅 빈 마음으로 살아왔음을 깨달았다. 그녀는 그에게 수십 번도 더 부모의 그런 태도에 대한 불만을 제기했지만, 그는 그런 말을 인정할 수 없었다. 나는 그 부분에 대해서도 정확하게 정리해서 말해 주었다. 그러자 결국 그는 울기 시작했다. 이제까지 여러 상담을 받는 동안 울음을 아주 잘 참았지만, 이번만은 더 자유로워지려고 노력했다. 이 울음이 어머니의 침묵에 눌리고 사로잡혔던 그 안의 아이를 풀어 주고, 어떤 대가를 치르더라도 어머니의 통제와 죽음에 대한 공포를 막겠다는 절실한 표현이기 때문이다. 그는 최근에서야 그녀가 자기 부모에 대해 했던 말들을 인정했다고 고백했다.

그리고 그녀가 고향으로 돌아갈 결심을 했다는 사실도 털어놓았다. 그러나 그때도 그는 그녀의 말에 반응을 보이지 않았다. 싸우거나 함께 있어 달라고 애원하는 것조차 하지 않았다. 그는 여전히 배역을 신뢰하고 있었다. 그녀는 함께하길 원했지만, 그는 아무것도 원하지 않았다. 이 대화가 끝나자마자 그는 그녀를 다시 만나러 비행기를 타겠다고 했다. 어떻게 하든 적극적으로 행동하고 책임감 있게 자신의 삶을 스스로 결정해 나가는 건 다행이다. 나는 그와 마지막 인사를 나누었다. 이틀 후, 베네수엘라로 가고 있다는 소식을 그가 메일로 전해 왔다. 그는 자신의 결정에 행복해했다. 그녀가 다시 관계를 회복하고 싶은지는 모르겠지만, 그는 무엇이든 자신의 미래를 받아들일 준비가 되어 있다고 했다. 나는 휴먼 바이오그래피 작성을 위한 두 번의 만남을 통해 그에 대해서 이해한 부분을 전하는 답장을 했다. 그리고 베네수엘라에 간 그와 다시 연락이 닿았다. 세계화된 세상에서는 컴퓨터와 인터넷만 있으면 이 모든 게 가능하다. 처음 만났을 때 그는 말과 표현이 거의 없고, 기억하는 것도 없었으며, 수동적이며 순종적이었다. 그러나 상담 후 나는 할 말이 많이 생긴 젊은이와 마지막 인사를 나누었다.

내적 현실을 드러내는 말의 기능

늘 강조하지만, 상담사가 휴먼 바이오그래피 작성법을 '배울 때' 가장 힘든 부분 중 하나는 공식적 대화를 주도하는 사람(주로 어머니)이 말하지 않은 부분들을 표현할 말을 '만드는' 능력을 기르는 것이다. 즉, 과거의 모순되고 미성숙하며 이상화된 내적 현실을 표현하는 새로운 말을 만들어 내는 능력이다. 무엇보다도 **말로 표**

현하는 것이 가장 중요하다. 말로 드러나지 않은 부분을 모두 말로 표현해야 한다. 정확하고 적당한 말은 복잡한 양가감정을 확실히 깨닫게 해준다. 이런 말은 무질서한, 특히 피난처가 되는 배역과 모순되기 때문이다. 예를 들어, 내가 성적 억압을 받았다면, 그런 관계에서 감당할 수 없는 격렬한 흥분 상태를 말로 표현할 수가 없다. 내 사전에는 그런 상황을 표현할 만한 감정적 단어가 없기 때문이다. 그러나 누군가 그것을 말로 표현하면 그제야 그것이 무엇인지 깨닫는다.

분명 그 누구도 어린 시절에 방치되었던 정서적 현실에 대해서는 말하지 않았을 것이다. 어머니와 아버지, 주변의 어른들도 그것을 말하지 않았다. 유년 시절의 정서적 방치와 학대, 소외, 외로움, 불공평, 두려움, 온갖 공포, 사랑과 공동 의식 결핍의 모든 증거, 피난처들은 휴먼 바이오그래피 작성 시 가장 많이 사용하는 단어들이다. 같은 말을 반복하는 경우도 많다. 물론 이야기마다 학대와 폭행이 다양하게 나타난다. 그러나 그 내용을 확인하고 알맞은 자리에 배치하고 이름을 붙이는 것은 상담가의 몫이다.

내담자는 이전에 중요한 의미를 부여하지 않았던 단어를 한 번만 들어도 그것이 자신의 내적 현실과 부합하는지 재빨리 알아챈다. 그 반응은 아주 자동으로 일어난다. 모든 경험을 그림자 속에 넣어 버렸어도 상관없다. **그림자 속에 있다고 경험들이 사라지**

는 건 아니기 때문이다. 그림자는 그저 파티 초대를 받을 때까지 커튼 뒤에서 기다리는 피난처일 뿐이다. 개인 탐구 과정을 하다 보면 다양한 방식의 '단서'와 '신호'가 나오고, 벨도 '울리기' 때문에 상황을 더 잘 파악하는 데 도움이 된다.

상담사는 감지하는 내용(말로 나오길 바라는 부분)을 말로 표현하는 것도 중요하지만, 특별히 신중하게 해야 하는 일임을 잊어서는 안 된다. 이 일은 **해석이 아니다**. 상담사는 내담자가 모르는 것을 해석하지 않는다. 또한, 호언장담하는 이론으로 내담자를 놀라게 하지 않는다. 그저 내담자가 자신도 모르게 드러내는 사실을 말로 표현해 준다. 예를 들어, 만일 내담자가 어머니를 걱정했던 경험을 모두 자세히 기억하면, '어머니를 통해 자신을 보고 있다' 그리고 '어린 시절 내담자를 바라보는 어머니의 시선은 없었다'라고 사실을 말한다. 상담사는 절대 해석하지 않는다. 그저 '거짓 자아'의 말 속에서 보호받은 내담자가 이미 말한 내용을 새로운 단어로 표현할 뿐이다.

개인적으로 나는 상담사가 내담자와 관계를 악화시키는 해석을 할까 봐 늘 염려한다. 보통 이 일이 상담사의 의견과 판단, 많은 저자의 의견, 생각과 도덕성에 대한 특별한 연구 들을 바탕으로 하지만, 이런 내용이 다 내담자의 영역과 관련 있는 건 아니기 때문이다. 내담자가 모른다고 상담사도 전혀 모르는 건 아니다. 상담사의 역할은 모든 악기 소리를 듣고 최고의 앙상블을 찾는 오케스트라 지휘자와 비슷하다. 그러나 상담사는 내담자가 피아니스트나 바이올리니스트라는 사실 그 이상은 모른다. 각 음악가가 해야 하는 연주에 대해서는 모른다. 그저 **총체적인 삶의 비전**을 제공하기 위해 노력할 뿐이다.

과달루페: 사춘기 딸

과달루페는 마흔 살 여성으로 공무원이고 열네 살 딸 마레나가 있다. 그녀는 아이 아버지와 이혼하고 지금은 친정어머니와 오빠가 사는 집 뒤편에서 자녀가 없는 다른 남자와 산다. 그녀는 딸과 문제가 있다며 상담을 요청했다. 딸이 늘 기분이 안 좋고 지금 동거 중인 남자를 아버지로 받아들이지 못한다는 게 이유였다. 나는 사춘기 소녀가 어머니와 잘 지내지 못하는 것은 지극히 '정상'이라는 말과 함께 휴먼 바이오그래피 작성이 무엇인지 설명해 주었다. 그녀는 바로 상담을 시작하겠다고 했다.

그녀의 부모는 아주 권위적이고 엄했으며, 둘 다 가족이 많은 집안에서 자랐다. 어머니는 평생 가정주부로 지냈는데 불평이 많고 늘 자신이 피해자라고 말했다. 자녀로는 큰딸인 그녀와 남동생 에르네스토가 있었는데, 어머니는 이 둘을 완전히 차별했다. 남동생은 늘 기분이 안 좋았다. 비만이고 일하기 싫어해서 지금까지 어머니와 함께 산다. 반대로 그녀는 늘 착하고 바르며 열심히 일했고 말썽을 부리지도 않았다. 그녀는 특별한 사건 없이 유년기를 보냈다. 작은 마을에 살았는데 거리에서 놀 때도 단 한 번도 어머니를 걱정시키지 않았다. 좀 더 자세히 질문하다 보니 어머니는 불평을 달고 살면서, 심지어 자주 자살 시도를 했다. 그렇다면 그런 어머니를 누가 돌봤을까? 물론 그녀였다. 나는 어머니의 삶의 의지가 그 작은 꼬마 아이의 손에 달려 있었음을 말해 주었다. 그러자 그녀는 유년 시절 혼란스러웠던 일들을 기억해 냈다. 나는 이 작업이 행복하거나 '평범한' 유년기에 대해서 말하는 게 아니라, 진짜 내적 현실에 다가가는 것임을 설명해 주었다. 아버지에 대해서는 아무런 장면도 나타나지 않았다. 그래서 그녀가 어머니에게 걱정을 끼치지 않으려고 바르게 행동했고, 어머니의 자해 여부가 어린 딸에게 달려 있었다는 사실을 확인해 주었다. 그녀는 이 말을 듣고 많이 울었다. 강조하지만, 새로운 단어나 말을 입 밖으로 표현하는 것이 휴먼 바이오그래피를 작성하는 데 가장 중요한 단서이다. 나는 그녀에게 작은 그림을 그려 주었다. 어린 그녀가 어머니를 바라보는 그림이었다. 그림에서 그녀를 바라보는 사람은 아무도 없었다. 그녀는 잠시 생각에 잠기더니 한 번도 생일 파티를 한 적이 없었다고 했다. 생일 때마다 늘 어머니에게 뭔가 예상치 못한 일이 벌어졌기 때문이다. 나는 이런 사실이 그림의 내용과 일치함을 확인시켜 주었다. 그러나 기본적으로 상담사인 나의 말이 그녀 내면의 삶과 일치하는지 계속 확인해야 했다.

계속 시간 순서대로 삶을 따라갔다. 그녀가 중학교를 마칠 무렵, 어머니에게 몇 가지 사건이 있었는데 거의 다 비슷한 일이었다. 그녀는 간호사가 되겠다고 마음먹었지만, 금방 흐지부지되었다. 스물두 살이 되던 해 그녀는 대기업 리셉션 직원으로 일을 시작했다. 거기에서 기혼이었던 남자와 첫 번째 성관계를 했지만, 당시에 어땠는지 중요한 일들은 말하지 못했다. 그와의 관계가 끝나고 스물여섯 살에 에스테반과 사랑에 빠졌다. 그는 다채로운 성격으로 자신감 있고 삶을 잘 꾸려 가는 사람이었다. 고지식하고 불안감이 많으며 온순한 그녀와는 반대였다. 몇 달 후 그녀는 그의 청혼을 받아들였다. 그는 파티를 준비하면서 초대할 사람들과 살 곳과 신혼여행 장소를 직접 결정했다. 그가 모든 것을 결정했다! 그녀는 눈을 반짝이며 그가 꿈에 그리던 남자였다고 말했다.

"하지만 그 관계에서 당신은 없었네요."

"맞아요. 하지만 그때 제가 원했던 건 그를 기쁘게 해주는 것뿐이었어요."

"어머니에게 했던 것처럼 말이죠."

"무슨 말씀을 하시는 건지 모르겠네요."

신혼여행에서 돌아온 후 남편은 직장을 잃었다. 그 후로 그는 우울해하며 늘 기분이 안 좋았다. 그녀는 그를 위로하기에 바빴다. 나는 그녀에게 다시 그림을 보여 주었다. 거기에 있던 '어머니' 자리가 '그'의 자리로 바뀌었다. 그녀는 이 그림을 조금씩 이해하는 듯 보였다. 그때까지 살펴본 그녀의 모습은 남편의 응석을 받아 주거나 원하는 것을 해주면서 사랑을 구하는 젊은 여성이었다. 그는 아들을 원했지만, 그녀는 반대였다. 하지만 어쨌든 그녀는 바로 임신을 했다. 그녀의 말에 따르면 '아름다운 임신기'를 보냈다. 독자들도 눈치챘겠지만, 이런 상황에서는 그녀의 말을 자세히 조사해야 한다. 원칙적으로 상담사는 사실을 확인할 때까지는 아무것도 믿지 않기 때문이다. 출산 날이 다가올 때쯤 아기가 거꾸로 있는 바람에 이런저런 조처를 했고, 그래도 소용이 없자 제왕절개를 선택했다.

지금까지 살펴본 바로 그녀는 다른 사람의 욕구를 채우거나 필요를 공급하거나 키워 주는 역할을 했지만, 정작 자기 자신에 대해서는 특별한 욕구를 보이지 않았다. 나는 그녀에게 다음 상담에는 딸의 탄생에 대해 살펴볼 거라고 말했다. 그러자 헤어지기 전에 그녀가 이렇게 물었다.

"어머니가 휴먼 바이오그래피 작업을 하러 오는 게 좋을까요?"

"어머니요? 연세가 어떻게 되시죠?"

"여든이요. 정말 불쌍한 분이죠. 삶의 굴곡이 심했거든요…….."

"당분간은 어머니 말고 딸에게 집중을 좀 더 하는 게 좋겠어요."

나는 그림을 살펴보면서 이렇게 대답했다. 그녀는 내 말에 충격을 받은 듯 보였지만, 곧장 상황을 파악하고는 금방 말을 바꿔서 자조 섞인 농담을 했다.

다음 상담에 그녀가 조금 늦게 와서 시간이 부족했다. 지하철을 타고 오다가 딴생각을 해서 역을 지나쳤다고 했다. 물론 그녀의 시간이고 돈이며, 사용권이다. 이번에는 그녀가 거의 말을 하지 않아서 반강제적인 상담이 되었다. 나는 그녀에게 기쁨을 주는 배역과 그것의 숨겨진 혜택을 찾으려고 노력했지만, 아무것도 파악할 수 없었다. 그녀가 원하지 않아서 강요할 수도 없었다. 그녀는 어린 시절에 숨었던 곳에 계속 있었지만 깨닫지 못했고 알고 싶어 하지도 않았다. 그녀는 누군가 이 어려움을 대신 해결해 주기만을 바랐다. 첫 번째 의심스러운 부분을 말로 표현하자 그녀는 '머리가 하얗게' 되었다고 했다. 그러면서 상담이 어려워졌다. 그래서 나는 딸이 아기였던 시절을 떠올리게 하며 천천히 가보기로 했다. 그러나 그녀는 그때에 대해서도 거의 기억하지 못했다. 딸아이가 어렸을 때 많이 울었는지, 잠을 많이 잤는지, 아니면 반대였는지, 소아과에 갔었는지도 몰랐다. 대신 남편이 자신을 아이 취급 했고 자신이 아무것도 할 수 없는 존재라는 것을 확인시켜 줬다는 것만 희

미하게 기억했다. 그와의 성관계도 별로였고 딸이 태어나면서부터
는 더 악화되었다. 그때쯤 그녀는 남편에게 다른 여자가 있다는 의
심이 들었다. 실제로 몇 년 후 그는 두 자녀를 낳은 다른 여자와 합
법적인 부부 관계를 이루었다. 나는 그때 그 어려움을 직접 직면했
는지, 그리고 그 일에 대해 서로 이야기를 나누었는지 물었다. 물
론 아니었다. 나는 **모르거나 모른 척하는 그녀의 배역**을 더 확인
해 보기로 했다.

먼저 그녀와 어린 딸의 관계에 대해 질문을 많이 했지만, 거의
아무것도 몰랐다. 출산 후 3개월 만에 다시 직장에 나가게 되면서
아이를 친정어머니에게 맡겼다. 친정어머니는 그녀가 아이에게 아
무 도움도 안 되는 나쁜 어머니이고, 남편에게 버림받을 거라고 말
하곤 했다. 즉, 친정어머니와 남편 모두 그녀를 아이 취급 했고, 그
녀는 그런 역할에 길들었다. 그녀는 딸을 맡겼지만, 어머니도 온전
히 책임지지는 못했다. 아이가 한 살이 되었을 때, 남편이 집을 떠
나면서 그녀는 어머니 집에서 함께 살게 되었다. 전남편은 지금의
아내와 결혼 생활을 시작하면서, 일주일에 며칠은 딸을 데리고 가
서 함께 시간을 보냈다. 이 일로 그와 싸우지는 않았다. 그러나 그
가 딸을 강제로 뺏어 갔다며 울었다. 나는 사실 그에게 딸을 내어
준 사람은 그녀임을 확인시켜 주었다. 같은 해 그녀는 현재 남편인
찰리를 알게 되었다. 그녀는 안 지 얼마 안 된 남자에게 성욕을 느

겼고, 한 살배기 어린 딸은 안중에도 없었다. 일주일에 며칠 아이를 돌봐 주던 전남편과 그의 아내는 완전히 아이를 데리고 가겠다고 협박하기도 했다. 아마 전남편 부부가 그녀보다 더 성숙하게 딸을 책임졌던 것 같다.

직장에서 일하는 시간이 늘어나면서, 딸은 전남편 집에서 더 많은 시간을 보냈고, 그러면서 문제가 생겼다. 실제로 딸은 월요일에서 금요일까지 전남편 집에 있었고, 주말에만 그녀와 보냈다. 나는 이때 유치원에는 다녔는지, 초등학교 입학은 어땠는지 등 딸에게 있었던 일들을 살펴보기로 했다. 그러나 그녀는 딸에 대해서 거의 아는 게 없었다. 나는 휴먼 바이오그래피 작성을 하면서 이것이 분명 눈에 보이지는 않지만, 매우 높은 수준의 폭력임을 말해 주었다. 사람은 벌어진 일에 대해서 전혀 알아차리지 못하는 사람과 함께 있을 때 엄청난 무력감과 분노를 느끼기 때문이다. 바로 그때 휴대폰이 울렸다. 원하면 전화를 받으라고 몸짓을 보냈다. 전화기 너머로 아버지가 파티에 못 가게 하고, 그 집에서는 모두가 싸워서 엄마 집으로 가고 싶다고 우는 딸아이 목소리가 들렸다. 그녀는 아무 말 없이 듣고만 있었다. 딸에게 그 어떤 위로의 말이나 의견, 제안도 해주지 못했다. 나는 딸이 있는 곳으로 바로 가보는 게 좋겠다고 했다. 전화를 끊고서 그녀는 이제까지 딸에게 어떤 규제도 한 적이 없다고 했다. 그러나 엄마로서 무엇을 해줘야 하는지도 몰랐다.

마흔 살 여자의 유치증*은 심각했고 겉으로 드러난 모습뿐만 아니라 내적 능력도 심각할 정도로 부족했다. 나는 이런 상황을 그대로 말해 주고 이 작업이 내면 성숙에 도움이 될 거라고 했다. 물론 이것도 그녀의 결단에 달렸다. 나는 그녀가 자기 삶을 꾸렸으며 또 다른 남자를 만났고, 공부하고 즐기고 일하며, 그녀 곁에 14년을 고통스럽게 보낸 딸이 있다는 사실을 분명하게 말해 주었다. 딸은 늘 혼자였고, 눈에 보이는 학대를 한 아버지와 책임을 회피하는 엄마가 있었다는 사실도 확실히 전달했다.

다음 상담에서 그녀는 딸아이가 태어났을 때 했던 첫 기록을 보여 주었다. 그리고 역할이 바뀌어서 딸이 외할머니를 어떻게 돌보았는지를 보여 주는 일화도 말해 주었다. 나는 딸을 돌봄을 받아야 하는 원래 자리로 되돌려 놓기 위한 작업을 해야 했다. 그녀의 기억이 많이 부족했지만, 실제로 딸이 어렸을 때 어떤 생활을 했는지 따라가 보았다. 나는 딸의 청소년기 생활 및 환경과 관련해서 아주 구체적이고 다양한 질문을 했다. 그러나 그녀는 딸에 대해서 실제로 아는 게 거의 없었다. 나는 그 사실에 주목했다. 그래서 딸과 단둘이 만나서 딸이 어떤 요구를 하는지 들어 보라고 제안했다. 그렇게 할 수 있을지 물어보니 우선 그러겠다고 대답하고는 상담실을

---
*어린아이와 같은 언행.

나갔다.

　다음 상담에 나타난 그녀 얼굴에 걱정이 가득했다. 지금 남편 찰리와 딸 사이가 안 좋아서 '뭘 어떻게 해야 할지 모르겠다고' 했다. 나는 늘 딴청만 피우는 그녀가 이 싸움과 논쟁을 일으키는 사람이 아닐까 의심했다. 말인즉슨, 딸이 강아지 선물을 받아서 집에 데리고 와도 되는지 그녀에게 물어보았고, 그녀는 찰리와 의논도 없이 허락했다. 그러나 찰리는 원래 강아지를 몹시 싫어했다. 따라서 강아지 때문에 큰 갈등이 생겼다. 나는 잘 나타나지 않는 찰리의 역할에 관해서 물었다. 그녀는 남편이 강아지를 참지 못할 정도로 싫어한다는 걸 아주 잘 알았다. 그런데도 강아지를 데리고 오는 일에 그의 의견을 묻지도 않았다. 나는 이런 상황을 듣고 할 말이 없었다. 그녀가 '전혀 상황 파악을 하지 않는 것'이 남편과 딸 사이 갈등의 원인임을 강조하고, 그저 '아닌 척하면서' 뭘 어떻게 해야 할지 모르겠다고만 하는 그녀의 미성숙한 모습을 확인시켜 주었다. 나는 그녀가 딸을 끔찍한 사춘기를 겪는 소녀로, 남편을 집안일에 의사 결정권을 갖거나 목소리를 낼 수 없는 아이처럼 취급한다고 말해 주었다. 아무도 알아채지 못했지만 실제로 일어난 일들을 확인시켜 주기 위해 분명한 말로 표현했다.

　이후 그녀는 더 많은 불만을 쏟아 냈다. 딸이 뚱뚱한데 계속 먹고 아버지 집에 가길 거부하며, 자기 말을 귀담아듣지 않는다고 했다. 그러나 그녀 역시 딸이 하는 말을 들을 준비가 안 되어 있었다. 딸은 고작 열네 살 어린 소녀로 실은 엄마에게 관심과 존중, 도움을 요청했다. 그러나 정작 엄마는 딴 곳만 바라보았다. 이런 이야기를 하자 그녀는 많이 울었다. 나는 그녀를 안아 주며 이 상담은 아주 힘들지만, 있는 그대로 이야기를 해야 하는 일이라고 말해 주었다. 그녀 옆에 너무나 외로운 어린 소녀가 있었기에, 더는 시간을 낭비할 수가 없었다. 초반에 말한 상담 이유처럼 그녀는 딸이 늘 화가 나 있는 이유를 알고 싶어 했다. 이미 그 이유는 나왔다. 이렇게 되면 내담자는 상담을 계속할지를 결정한다. 그녀는 딸에게 많은 걸 해주지 않았음을 깨닫고, 딸과 관계를 회복하고 싶다고 했다.

딸의 일상생활을 좀 더 자세히 질문하다가 딸이 날마다 택시를 타고 학교에 혼자 간다는 사실을 알았다. 나는 그녀에게 왜 딸을 학교에 데려다주지 않는지 물었다. 그러자 그녀는 오히려 놀란 얼굴로 나를 쳐다보았다. 그녀도 누군가와 함께 간 적이 없었기 때문에 그 상황을 이해하지 못했다. 나는 딸이 동의한다면 아침마다 함께 학교에 가라고 제안했다. 또한, 찰리와 강아지를 키워도 될지 의논해 보고 모두를 존중하는 해답을 찾을 때까지 대화를 나눠 보라고 권했다. 그렇게 아주 구체적인 숙제를 말해 주며 헤어졌다.

그다음 주 그녀는 딸에게 함께 등교하자고 했지만, 딸은 그 말을 듣고 비웃었다. 그녀는 농담이라며 바로 말을 돌렸다. 그녀 자신도 그 '결심'이 며칠 못 가리라는 걸 너무 잘 알았다. 아동과 청소년들은 매우 똑똑한 존재이다. 딸의 말도 일리가 있었다. 그녀는 별로 끈기가 없는 엄마였다. 그렇다면 강아지에 대해서는 남편과 대화가 잘 이루어졌을까? 찰리는 이 일에 대해서 그녀가 아닌 딸과 직접 대화를 나누었다. "찰리는 왜 아내인 당신이 아니라 딸과 이야기를 했나요?" 이 질문에 그녀는 갑자기 어린아이처럼 말이 없어졌다. 나는 아무것도 못 하고 주변 사람들에게, 특히 결정하고 책임지는 역할을 맡은 딸아이에게 폐를 끼치는 그녀의 천진난만한 배역을 다시 확인해 주었다. 그녀는 무슨 일이 있어도 아침마다 딸을 학교에 데려다주겠다고 다시 약속했다. 나는 그녀를 격려하며 구체적이고 확실한 큰 변화가 일어날 거라고 용기를 주었다. 나의 임무는 보이지는 않지만 중요한 이 과정을 그녀와 함께해 주는 것이다.

다음 상담에서도 그녀는 딸에 대한 불평을 쏟아 놓았다. 나는 여러 불만을 따돌리고 그녀를 다시 책임 있는 어머니의 자리에 되돌려 놓았다. 상담 때마다 일을 정돈하듯이 그녀를 안정시키고 나서 상담을 시작했다. 딸은 엄마를 따라 이 상담에 오고 싶어 했다. 그러자 그녀는 바로 안 된다고 말했다. 휴먼 바이오그래피 작성을 하면서 그녀에게 왜 그 제안을 거부했는지 물어보았다. 그러나 그녀는 다시 말이 없어졌다. 나는 딸이 이곳에 오고 싶어 하는 이유가 여기에서 변화가 일어나고 있으며, 이것이 모든 사람에게 도움이 된다는 것을 알아챘기 때문이라고 했다. 내 말대로 딸은 이곳이 아주 좋은 공간이라고 생각하며 이 과정에 참여하고 싶어 했다. 나는 딸을 상담에 초대하도록 권했다. 목적은 그녀 안에서 어린아이 역할을 거두어 내고, 어른이자 어머니의 책임을 다하는 일에 집중하게 하는 것이었다. 이 공간이 모두가 더 좋은 방향으로 갈 수 있게 해주는 곳이 되는 건 늘 환영이다.

실제로 그녀는 다음 상담에 딸을 데리고 왔다. 딸은 처음에는 좀 어색해했고 학교 시험을 잘 못 봐서 머리가 아프다며 약간 화까지나 있었다. 그러나 시간이 지나면서 조금씩 편해졌다. 나는 이곳이 무엇을 하는 곳인지 아는지 물었다. 그러자 딸은 내가 엄마를 도와주는 사람이라고 했다. 나는 그 말대로 엄마가 딸과 관계를 잘 맺도록 도와준다고 말했다. 그 말을 듣고 딸은 오래 울었다. 너무 울어서 숨을 쉴 수 없을 정도였다. 조금 과체중이었지만 아주 똑똑하고 예민하며 활력 있는 소녀로 상담 분위기에도 잘 적응했다. 하지만 엄마한테는 아주 화나 있었다. 그래서 처음에는 다양한 주제로 이야기를 시작했다. 먼저 엄마와 사이가 어떤지 묻자, 딸은 울고 또 울었다.

"엄마랑 함께 있은 적은 없고, 있어도 저에게 별로 관심이 없어요. 엄마가 필요할 때 전화를 해도 어디 있는지 알 수가 없어요. 늘 늦게 왔거든요."

엄마는 딸의 말을 듣자마자 변명을 하려고 했지만, 아니라고 하지는 못했다. 딸은 찰리와의 관계에 대해서도 말했다.

"찰리와는 안 친해요. 대화를 안 하고 사는 건 정말 끔찍한 일이잖아요. 죄송해요. 그는 저를 공격해야 할 때만 말을 걸거든요."

그 말에도 엄마는 찰리를 변호하려고 했다. 그러나 딸은 엄마의 핑계를 인정하지 않았다. 또한, 외할머니와 외삼촌의 극심한 정서적 학대에 대해서도 털어놓았다.

"저는 그들을 더 이상 참을 수가 없어요. 할머니의 불평에 질렸어요. 물론 나름대로 이유가 있겠죠. 나이도 드시고 엄마가 많은 것들을 맡겼으니까요. 하지만 저는 불평을 할 대상도 없어요. 안 그래요, 엄마?"

딸은 갑자기 엄마 쪽으로 얼굴을 돌리며 묻고는 다시 말을 이었다.

"외삼촌은 아주 빌붙는 사람이에요. 여자 친구랑 열두 살 된 딸이 있는데, 주말마다 우리 집에 와서 자요. 그 딸이 계속 제 방에서 자는데 정말 더는 못 참겠어요. 그런데 엄마는 한마디도 안 해요."

그렇게 말하면서 딸은 다시 엄마를 쳐다보았다.

"그 사람들이 우리 집에 와도 되는지 저에게 한마디도 물어보지 않았어요. 누가 이런 상황을 참을 수 있겠어요, 엄마. 이건 우리 집이라고요."

엄마는 다시 말이 없어졌다. 친할머니 루시아에 대해서는, "저랑 유일하게 잘 지내고, 제가 누구인지도 아는, 늘 저를 사랑해 주시는 분이세요."라고 말하더니 다시 말도 못 할 정도로 심하게 울었다. 그 모습에 엄마는 말없이 얼어붙었다. 나는 딸이 울음을 멈출 때까지 기다렸다가 쉬운 말로 엄마의 이야기를 들려 주었다. 늘 어린아이처럼 취급을 받고 살아서 자기 삶을 책임지기 어렵지만, 원래는 다정하고 아주 용감하며 삶의 키를 잡고 잃어버린 시간을 회복하고 싶어 한다는 말도 덧붙였다. 이미 벌어진 많은 일에 책임이 있고, 실은 늘 딸을 아주 사랑해서 지금 이 상담을 하는데, 쉽지만은 않다는 것도 말해 주었다. 딸은 마치 처음으로 말과 감정이 일치했다는 듯 엄마를 큰 눈으로 쳐다보았다. 그렇게 이해와 사랑이 가득한 말을 들으면서 안정을 찾아 갔다.

이 상담을 끝내면서 엄마에게 특별히 원하는 게 있는지 물었다. 그러자 머뭇거림도 없이 바로 "엄마는 이미 알겠지만, 방학을 함께 보내고 싶어요. 단둘이서요. 살면서 딱 한 번만이라도 엄마랑 단둘이 있고 싶어요."라고 말했다. 딸의 요구는 너무나 분명하고 구체적이었다. 나는 그녀가 딸의 요구를 들어줄 수 있기를 바라며 헤어졌다. 그리고 그녀에게 딸이 매우 성숙하고 자신에게 벌어지는 일이나 원하는 것을 분명하고 단순한 말로 표현할 줄 안다고 알려 주었다. 아주 아이 같은 엄마와 함께할 수 있는 유일한 방법이 성숙한 사람 역할을 맡는 것이기 때문이다. 나는 그녀가 딸을 잘 배려하고 신경 써서, 딸이 자기에게 맞는 자리로 돌아가게 도와야 했다. 딸의 자리는 더 이상 엄마를 돌보지 않고, 또래 친구들과 즐겁게 놀며 여러 경험을 하는 것이다.

다음 상담에서 그녀는 내 칭찬을 기대하며 기쁘게 말을 꺼냈다. 그녀는 휴가 때 딸이 원하는 곳의 숙박과 음식이 포함된 여행 패키지를 끊었다. 그런데 자세히 말하다 보니 거기에는 찰리도 들어 있었다. 나는 그녀에게 당장 이 계획을 멈추라고 요청했다. 그리고 지금 무슨 일을 하는 건지 아느냐고 물어보았다. 그녀는 이해하지 못했고 딸의 부탁을 들어주었다는 생각만 하며 기뻐했다. 나는 다시 청소년기 딸의 유일한 소망이 단둘이 일주일을 함께 보내는 거라고 강조했다. 즉, 그 기간에 엄마가 자신에게만 집중해 주길 바란다고 강조했다. 그러나 그녀는 결국 그 요청을 '들어주지' 못했다. 딸아이의 유일한 요구에 아이가 원하지 않는 셋을 위한 패키지 상품을 샀다. 여전히 그녀는 어린아이처럼 행동하며 딸의 말을 무시했다. 나는 이런 식으로 하면 또다시 힘들어질 거라고 강조했다. 그러자 '어리석은' 행동을 한 그녀는 누구도 딸아이를 완전히 만족시켜 줄 수는 없다며 변명했다. 그러나 그런 핑계를 대기

전에 그녀가 감정에 책임을 지고 찰리와 이에 대한 이야기를 나누었어야 했다. 딸이 원하기 때문에 단둘이 휴가를 보내면서 아이에게 집중하고 싶다고 설명해야 했다. 그러나 계속 그녀는 자신이 무슨 일을 하는지 잘 모르는 순진무구한 아이 배역 속으로 피했다. 그러면서 그 속에서 움직일 생각도 하지 않았다. 나는 그 일은 그대로 두고 전문가의 입장에서 분명한 가설을 세우고, 그녀가 준비될 때까지 계속 따라가며 이 과정을 함께하기로 했다.

9

나를 찾아서

휴먼 바이오그래피는 곧 하나의 우주이다

휴먼 바이오그래피 작성과 관련하여 일화를 더 소개할 수도 있지만, 그렇게 한다고 많은 개인 경험과 느낌, 발견, 모순, 특히 독특한 사고들을 다 다룰 수 있는 건 아니다. 상담을 요청하는 사람들은 하얀 도화지를 마주한 예술가와 같다. 그들은 그 위에 모든 것을 그릴 준비가 되어 있다. 거기에서 상담사에게 가장 중요한 일은 적극적으로 들어 주고 모든 직관을 발휘해 더 영적이고 아름답고 깊은 의미를 찾도록 도와주는 것이다.

나는 종종 우리 기관 상담사들에게 내담자를 대하기 전에 그들의 경험 속으로 잘 들어가도록 몇 분간 명상하거나 내면에 집중하면서 자기 에너지를 조절하라고 조언한다. 이것은 상담사의 마음속에 있는 염려와 편견, 피로로 쌓인 독소를 빼내어 가능한 한 마음을 깨끗하게 하고 힘을 얻기 위해서이다. 물론 모든 일이 늘 이상적인 상태에서 이루어지지는 않는다. 그러나 개인 탐구 과정을 함께할 때 적어도 영적 정화*Spiritual cleansing*가 꼭 필요하고 중요하다. 상담사의 삶이 완벽해야 한다거나 모든 것을 해결할 수 있어야 하는 건 아니다. 만일 그래야 한다고 생각한다면 자기 기준에 차지 않으면 무조건 거부하는 배역을 맡았기 때문일 수도 있다. 따라서 상담사가 내담자의 현실을 잘 보려면 먼저 자신의 정서적 현실을 잘 알아야 한다.

사실 상담사는 어디로 가는지도 모른 채 내담자에게 접근하고 존중하며 상처받은 내면을 어루만진다. 이 일은 상담사에게 하나의 모험이다. 상담사는 특별한 목표와 원하는 결과가 없고, 조언이나 어떤 직접적 도움을 주려고 하지도 않는다. 그저 **함께 이 길을 걷자고** 손을 내밀 뿐이다. 『우리가 어렸을 때 무슨 일이 있었을까 *Qué nos pasó cuando fuimos niños y qué hicimos con eso*』라는 책에서도 말한 것처럼 나는 더 많은 사례를 제공하고 싶다. 이 사례들이 특별한 의미가 있거나 특수해서가 아니라, 경험이 더해질수록 상담사가 더 훈련되고, 그것이 결국 내담자에게 도움이 된다고 믿기 때문이다.

나를 찾아서

안전 욕구*는 인간의 타고난 기본 욕구이다. 우리는 필요한 것을 얻지 못하면, 곧바로 외부 현실과 일치하지 않는 그 충동으로부터 자신을 방어하는 법을 배운다. 예를 들어, 어머니에게 분노가 생기면, 재빨리 그 감정을 억누른다. 우리에게는 분명히 보호하고 사랑해 줄 어머니라는 존재가 필요하고, 어릴 때 어머니와 맞서는 것은 경솔하다고 판단하기 때문이다. 그래서 우리에게 **일어난 일을 일**

---
* 공포, 위협, 고통을 회피하려는 욕구.

어나지 않았다고 세뇌하며 방어기제를 만든다. 이것이 바로 배역, 즉 최고의 피난처를 만드는 작업이다. 따라서 우리에게 무슨 일이 일어났는지는 별로 중요하지 않다. **그 일에 대해서 우리가 자신에게 무슨 말을 하는지**가 더 중요하다.

우리는 일어나는 모든 일에서 **억압**^{*repression**}, **투사**^{*projection***}, **전위** ^{*displacement****}, **승화**^{*sublimation*****} 등의 방어기제를 사용할 수 있다. 때로는 주위 현실에 적응하기 위해 긍정적인 자기표현을 억누를 필요도 있다. 따라서 내면의 부정적인 면뿐만 아니라 긍정적인 면도 모두 억누르고 제거한다. 또한, 우리는 최고의 덕목을 더 높거나 영적인 덕목으로 옮겨 놓을 때도 있다. 따라서 우리가 어떻게 내면의 위대함을 의식에서 사라지게 하는지 살펴보는 것도 흥미롭다. 우리 그림자는 반드시 부정적인 면들이 모여서 형성되는 게 아니라, 때로는 우리에게 바라는 모습, 즉 우리 신분이 될 '그 모습'과 상반되는 긍정적인 면도 가득하다. 따라서 자아를 찾는 과정에서 첫 번째는 '깊은 곳에 있는 본질적 자아'와 '거리로 나올 때' 사용하는 배역 사이의 차이를 관찰하는 일이다. 나는 이 일을 위해 휴먼 바이오그

---

[*] 고통스럽고 불쾌한 생각이나 기억을 의식에서 축출하여 무의식에 가둠.

^{**} 다른 사람에게 죄의식, 열등감, 공격성과 같은 감정을 돌림으로써 부정함.

^{***} 내적인 충동이나 욕망을 관련 대상이 아닌 다른 대상에게 분출함.

^{****} 사회적으로 허용되지 않는 충동을 허용되는 행위로 전환함.

래피 방법을 사용했고, 몇 가지 사례들을 소개했다. 물론 휴먼 바이오그래피는 수없이 많고, 하나하나가 다 독특하다. 수많은 '거짓 자아의 말'이 있고, 그것을 파헤치는 일정한 방법을 파악하기가 어렵다. 그러나 나와 상담사들은 인내와 직감, 감수성 및 훈련을 통해 늘 더 나은 '방향으로' 이 일을 해나갈 수 있을 것이다.

우리가 더 넓게 삶의 이야기를 바라보고 이것이 우주 속의 일부임을 인식하면, **삶의 의미**를 찾으려는 욕구, 즉 경험이나 사건에 특별한 의미를 부여함으로써 진짜 자아를 찾는 일에 더 흥미를 느낄 것이다. 사실 모든 문화권에서 벌어지는 일에 의미를 부여하기 위해 상징과 신념을 만든다. 이것은 힘들고 고통스러운 시간을 견디기 위한 좋은 전략이다. 보통 우리는 일어나는 일을 넓은 관점으로 보려고 여러 변수를 포함하는 설명적 틀 속에 우리 경험들을 끼워 넣는다. 여기에서 넓은 관점은 개인적 변화뿐만 아니라, 집단적 변화의 관점도 포함된다. 이런 관점으로 보면 마음이 편안해지고 이해력도 높아진다.

그렇다면 왜 어떤 사람은 삶을 좀 더 총체적으로 보려고 하고, 어떤 사람은 좁은 개인의 삶 속에 머물러 있는 것처럼 보일까? 사람에게는 다양한 욕구가 있기 때문이다. 가장 기본 욕구는 생리적 욕구, 즉 숨 쉴 때 필요한 산소를 비롯한 음식, 수면 또는 성적 욕구와 관련된 욕구이다. 그다음 단계는 안전 욕구이다. 그다음은 사랑과 소속, 관계 또는 우정에 대한 욕구이다. 그리고 그다음 단계로 올라가면 인정, 자율성, 역량의 욕구가 있다. 마지막 단계에는 자아실현과 진실 탐구, 창의력 또는 정의 갈망 등의 욕구가 있다. 물론 이런 욕구들은 나이에 따라 달라진다. 어릴수록 낮은 수준의 욕구에 관심을 갖고, 어른이 되면서 상위 단계 욕구들로 '올라가려고' 한다. 사랑을 주고받고, 음식을 먹거나 공급받고 싶어 하는 욕구만큼이나 **영적 차원에 도달하려는 욕구도 타고난 본능이다**. 물론 높은 수준의 욕구로 올라가면 갈수록, 요구되는 것도 많고, 도전도 커진다. 또한, 알려지지 않은 의식의 영역으로 들어서면 설수록 안전을 보장받지 못하는 고통도 참아 내야 한다.

정확히 말하면, 이 모든 치료 과정의 목적은 **상위 자아**Higher Self를 향해 다가가는 것이다. 즉, 진실을 찾고 모든 것을 통합하는 동안에 **자신을 초월**하기를 바라는 자아를 향해 간다. 보통은 가장 단순한 단계에서 출발한다. 즉, 개인 문제인 세속적 고통에서 시작한다. 적어도 우리는 앞 장에서 본 가면이나 배역 뒤에 숨은 **참 자아**True Self와 만나려고 노력해야 한다. 늘 쓰는 가면은 **긍정적으로 보이지만 거짓된** 자아 이미지이다. 그리고 **그 아래에 그림자가 있다**. 동시에 우리는 남들 모르게 나타나는 내면의 움직임을 의심하기도 한다. 가면은 우리의 흔적으로 만들어진다. 우리는 종종 내면의 가장 중요한 부분을 숨긴다. 치료나 내면 탐구 과정을 거부하는 경우도 많다. 왜냐하면, 어떻게 자신의 부정적인 부분과 직면해야 할지 몰라서 두렵기 때문이다. 그리고 치료 과정을 시작하고 더 깊은 곳을 바라봐야 하는 시점에서 저항이 일어나기도 한다. **참 자아**와 만나려면 가면을 벗은 후에 남아 있는 자신의 모습과 직면해야 한다. 흥미롭게도 그 안에는 부정적인 면뿐만 아니라 긍정적인 면도 꽤 많이 들어 있다. 그러나 벗기 전에는 무엇이 들어 있는지 모른다. 이 모든 개인 탐구 과정에서 **참 자아** 찾기가 시작된다.

물론 참 자아 또는 정직한 자아와 만난다고 꼭 행복과 만족이 보장되는 건 아니다. 기쁨과 고통이 함께하는 삶을 살 수도 있지만, 적어도 자신을 속이지는 않게 된다. 이미 우리는 어릴 적부터 부모를 화나게 하지 않는 방법을 배우고 부모의 기대에 맞춰 살아왔다. 태어나면서부터 그 방법을 계속 갈고닦았다. 그러나 이제는 어린 시절에 받은 지침과 규범을 바꿔 가야 한다. 자기 그림자와 대면하는 과정을 하다 보면 내담자가 어머니나 아버지의 무의식적 욕망에 계속 반응하지 않으면서 뭔가를 할 때마다 계속 허락을 요구하는 경우도 있다. 물론 억압되지 않은 자아가 일부분 있을 수도 있지만, 이런 경우는 아무도 자극하지 않았을 가능성이 높다. 자기 확신을 하는 데도 타인의 허락이 필요한 사람들이 있다. 심지어 어떤 사람은 자신의 가장 약한 부분을 인정할 때도 타인의 허락이 떨어지기를 기다린다. 내면에 무엇이 있든 간에 어쨌든 그것을 바라보는 건 도움이 되고, 그렇게 할 만한 가치가 있다. 그것이 바로 버려졌던 자아와 다시 만나는 첫걸음이다. 그리고 이 모든 과정이 **진정한 자아를 받아들이는** 유일한 길이다.

참 자아는 개인 본성의 가장 깊숙한 부분을 반영한다. 그것을 찾기는 쉽지 않다. 오랫동안 내면에 쌓아온 **거짓 자아**(앞에서 말한 '배역' 또는 '신분' 또는 '가면')**를 벗어던져야** 하기 때문이다. 물론 쉽지 않은 일이지만, 자기 방어를 멈추고 두려움과 불안을 버리려면 오래된 배역과 직면해야 한다. 그러나 참 자아와 마주하는 과정에서 꼭 **상위 자아**를 만나는 건 아니다. 즉, 그림자를 바라보는 일이 꼭 자아의 초월성*이나 총체성 _Totality_**을 의미하지는 않는다. 또한, 참 자아와 만나는 것이 최종적 계시 단계인 것도 아니다. 오히려 그 반대이다. 이후에도 여전히 가야 할 길이 많다. 물론 명상과 종교, 자기반성 등 많은 방법을 통해 자아 한계를 넘어 **더 깊은 자아**로 들어갈 수는 있다. **상위 자아**를 찾는 것이 초월성과 관련이 있다고 하는 건, 매우 깊은 단계로 들어가면 우주 즉, 자신보다 훨씬 더 광대한 존재의 일부라는 느낌을 받기 때문이다. 그 단계에 도달하며, 상위 자아는 우리 개인보다 뭔가 더 큰 것을 위해 우리 에너지를 사용하도록 권면한다. 그럴 때 타인을 생각하는 **봉사에 관심이**

---

*사르트르에 따르면 자아는 의식의 모든 활동을 통일하는 초월적 대상이다.

**욕구, 행동, 태도 등이 전체적으로 통합되는 상태를 말한다.

생기기도 하는데, 우리에게 더 좋은 세상을 만드는 역할이 있다는 걸 깨닫기 때문이다. 그러면서 뭔가 높은 곳으로 에너지가 흘러감을 느낀다. 즉, 자아실현에서 초월의 단계로 나아간다. 이 과정에서 오래 사용하던 배역이나 신분을 버리게 된다. 따라서 이런 높고 탁월한 부분과 만날 때 저항이 생기는 건 매우 당연하다.

겉으로는 이 과정이 참 좋아 보이지만, 실제로는 많은 노력과 헌신이 필요하다. 특히 개인의 영성*spirituality*이 진정한 자아와 만난 결과인지, 아니면 어린 시절의 피난처인지도 정확히 구분해야 한다. 주로 집단적 기만*collective deception* 속에서 영성을 피난처로 이용하는 일이 자주 일어난다. 많은 사람이 영성이라는 이름으로 **우리 안에 부정적인 면이 있다는 생각을 억압한다.** 그러나 그렇게 해서는 **그 무엇도 초월하거나** 다스릴 수 없고, 두려움만 안겨 줄 뿐이다. 이렇게 **초월**과 **억압**은 종이 한 장 차이이다. 우리는 그것을 다스릴 수 있는 영역이라고 착각하면서 억누를 수 있다. 그러나 존재 자체를 거부한 것을 다스린다고 믿는 것은 정말 우스운 일이다. 따라서 가장 먼저 내면의 고통과 분노, 좌절 등 부정적인 면을 인정해야 한다. 그림자와 무관심, 원했지만 얻지 못해서 겪었던 고통과 직면해야 한다. 이때 경험이 많고 마음이 열려 있으며 관대하고 현명한 사람들의 도움을 받아 이런 어두운 면을 살펴보는 것도 매우 중요하다. 휴먼 바이오그래피 작성도 그 방법 중 하나이다. 물론 유일하거나 가장 좋은 방법은 아니다. 단지 여러 많은 방법 중 하나일 뿐이다. 이 방법은 인류가 내면을 여행하도록 오랜 시간 개발한 '로드맵'과 같다. 개인 경험과 가족사, 도표에 나타난 자신의 역할, 배역을 연기할 때 얻는 혜택들을 살펴볼 때, 정서적 현실을 깊이 이해할 수 있다. 그리하여 어쩌면 개인을 넘어 인류에 봉사하는 입장에 있게 될지도 모른다.

개인 탐구 과정에 동행할 때 상담사도 자기 속의 악마와 마주할 준비를 해야 한다. 상담사가 꼭 완벽하거나 행복하고 갈등 없이 살아야 하는 건 아니다. 그러나 어둠의 고통을 알고 현실을 좀 더 넓게, 열린 마음으로 관대하게 바라보는 훈련은 꼭 필요하다. 그렇게 해야만 조언이 소용없음을 깨닫고, 다른 건 몰라도 과도한 빛으로 시력을 잃지 않을 곳에서 그림자 즉, 진실을 바라볼 수 있게 된다. 휘황찬란한 말의 빛, 거만하거나 동정심이 많은 성격의 빛, 신분을 내세우는 빛이 없는 곳이다. 내담자가 자신을 알도록 도우려면 그들의 어두운 부분으로 데려가야 한다. 이렇게 인간이 타인을 위해서 뭔가를 하는 것보다 더 아름다운 일은 없다.

우리가 자신 및 타인과 감정 교류를 하며 살아간다면, 자아가 더 발전하고, 자아의 총체성을 이루게 될 것이다. 우리는 빛과 어둠이 끝없이 반복되는 시대에 산다. 밝은 환희의 순간이 있으면 계속 따라붙는 스트레스와 긴장이 흐르는 어두운 순간도 있다. 삶에는 모든 고통과 희망이 **뒤섞여 있다**. 또한, 사회 활동을 하다 보면 인내심의 한계를 느낄 때도 많다. 특히 거짓이 팽배하는, 즉 가면을 쓴 **배역과 배역들끼리** 관계를 맺을 때 더 그렇다. 오랫동안 사용하면서 보호받았던 가면이 더 이상 소용없어지고 상처만 남긴다. 가면이 자기 이해를 하지 못하게 막는데도 많은 사람이 계속 그것에 집착한다. 물론 그 가면이 지금까지 알았던 세상의 전부이기 때문에 쉽게 버릴 수는 없다. 우리는 사회 '규범'에 따라 교육받은 대로 행동하고, 맡은 배역에 따라 할 일을 한다. 이렇게 아이 같은 영혼들은 늘 잘 알고 익숙한 것에 보호받기를 원한다. 물론 상처투성이 영혼들도 마찬가지이다. 상담사인 내가 지나칠 수 없는 장면이 있다. 헐벗은 영혼들과 두려움, 그리고 어린 시절의 상처를 그대로 안고 살아가며 사랑을 받고자 애쓰는 수많은 남녀의 모습이다. 우리가 이런 모습에서 벗어날 수 없는 이유는 아직도 어머니의 사랑을 간절히 기다리기 때문이다. 그러므로 그 안에 고통과 결핍이 있을지라도, 정확한 정서적 현실을 알고 확인하며 조사해 나가야 한다. 그것이 더 높은 차원의 삶을 향한 첫걸음이다.

라우라 구트만의 책들

- *La maternidad y el encuentro con la propia sombra*
  모성과 자기 그림자의 만남 (2003/2017)

- *Puerperios y otras exploraciones del alma femenina*
  산욕기 및 여성의 마음 탐구 (2004/2014)

- *Adicciones y violencias invisibles*
  보이지 않는 중독과 폭력 (2006/2017)

- *La Maternidad*
  모성 (2007)

- *Crianza*
  양육 (2008)

- *La revolución de las madres*
  어머니들의 혁명 (2009/2014)

- *La familia nace con el primer hijo*
  첫 아이가 태어난 가정 (2009/2013)

- *Mujeres visibles, madres invisibles*
  보이는 여성, 보이지 않는 어머니들 (2010/2017)

- *El poder del discurso materno*
  엄마가 한 말이 모두 사실일까 (2011/2016)

- *La familia ilustrada*
그림으로 본 가정생활 (2011/2016)

- *Amor o dominación : Los estragos del patriarcado*
사랑인가 지배인가 : 가부장제의 폐해 (2012/2017)

- *Conversaciones con Laura Gutman*
라우라 구트만과의 대화 (2013)

- *La biografía humana*
휴먼 바이오그래피 (2013/2015/2018)

- *Qué nos pasó cuando fuimos niños y qué hicimos con eso*
우리가 어렸을 때 무슨 일이 있었을까 (2016)

- *Una civilización niñocéntrica*
어린이 중심 문명 (2018)

『엄마가 한 말이 모두 사실일까』의 원제를 그대로 번역하면 『엄마 말의 힘』이다. 그 외 모든 책은 원제와 가깝게 번역한 제목으로 표기하였다. 단, 『우리가 어렸을 때 무슨 일이 있었을까』는 제목이 길고 의미가 겹치는 부분이 있어 줄였다. 줄이지 않고 번역하면 『우리가 어렸을 때 무슨 일이 있었을까, 그리고 그것을 가지고 무엇을 했을까』이다.

팔호 안의 연도 표기는 초판/개정판 순이며, 개정판이 여러 번 출간된 경우 최종 개정판 발행 연도를 표기하였다.

엄마가 한 말이 모두 사실일까

초판 1쇄 펴냄 2019년 5월 22일
초판 2쇄 펴냄 2021년 1월 20일

라우라 구트만 지음 | 김유경 옮김

펴낸이 박종암 | **펴낸곳** 도서출판 르네상스
출판등록 제2020-000003호
주소 전라남도 구례군 용방면 사림1길 7-2
전화 061-783-2751 | **팩스** 031-629-5347 | **전자우편** rene411@naver.com
편집 김태희 | **디자인** 아르떼203 | **일러스트** 박지은
함께하는 곳 이피에스, 두성피앤엘, 월드페이퍼, 도서유통 천리마

ISBN 978-89-90828-91-0 03180